新时代云南民族地区发展研究丛书

精准扶贫在云南

TARGETED POVERTY ALLEVIATION IN YUNNAN

杨临宏　等　著

杨临宏

1965 年 4 月出生，汉族。云南大学法学院教授，博士生导师。云南大学滇西发展研究中心原主任，云南省法治政府研究院院长。主要研究方向为公法学理论、扶贫理论。公开发表学术论文 60 余篇，独著、合著、主编学术著作 30 余部。

“新时代云南民族地区发展研究丛书”

编委会

总　序

党的十九大把习近平新时代中国特色社会主义思想确立为党的指导思想，实现了党的指导思想的与时俱进。作为马克思主义中国化的最新成果，习近平新时代中国特色社会主义思想内涵丰富，涵盖了新时代坚持和发展中国特色社会主义的总目标、总任务、总体布局、战略布局和发展方向等重大问题，是当代中国的马克思主义，是21世纪的马克思主义，开辟了马克思主义发展的新境界。

2017年9月，云南大学成为云南省唯一入选一流大学建设高校，这充分体现了党和国家对云南民族地区高等教育的关心、对云南大学的关爱与期望，同时也体现了近百年来云南大学办学的深厚积淀和云大人的不懈努力。云南拥有面向“两亚”、肩挑“两洋”的独特区位优势，是中国—东盟自由贸易区、大湄公河次区域、孟中印缅经济走廊合作交汇点和“一带一路”建设的重要支点。2015年1月，习近平总书记考察云南时提出云南要“主动服务和融入国家发展战略，闯出一条跨越式发展的路子来，努力成为我国民族团结进步示范区、生态文明建设排头兵、面向南亚东南亚辐射中心”的发展定位。为进一步深入学习贯彻落实习近平新时代中国特色社会主义思想，更好地服务国家战略需求和云南高质量跨越式发展，云南大学时任校长、现任校党委书记林文勋教授提出组织编写“新时代云南民族地区发展研究丛书”。这主要是基于以下三个方面的考虑。

一是推动新思想学习宣传研究阐释。新时代孕育新思想，新思想指导新实践。党的十八大以来，党和国家事业之所以取得全方位、开创性的历史成就，发生深层次、根本性的历史变革，根本在于以习近平同志为核心的党中央的坚强领导，在于习近平新时代中国特色社会主义思想的科学指导。这套丛书以习近平新时代中国特色社会主义思想在云南民族地区的理论与实践为主线，研究新情况、阐释新观点、总结新经验，着力在讲透、讲清、做实上下功夫，不断推动学习宣传研究阐释习近平新时代中国特色社会主义思想热潮。丛书联系云南实际，既注重整体学习宣传，又注重研究阐释，对于推动新时代中国特色社会主义思想的学习宣传研究阐释，增强边疆民族地区广大党员干部和群众对这一重要思想的政治认同、思想认同、情感认同，用党的创新理论武装头脑、指导实践、推动工作，具有十分重要的作用。

二是支撑学校相关学科建设。在“双一流”建设中，学科建设是重中之重。云南大学以一流学科建设为牵引，通过实施新时代新文科发展计划、新工科发展计划和基础学科振兴计划，统筹推进人才培养、科学研究、队伍建设、社会服务和国际交流，全面提升综合实力、核心竞争力和社会服务能力。丛书以开展习近平新时代中国特色社会主义思想在云南边疆民族地区的理论与实践研究为契机，对云南经济、政治、社会、文化、生态文明和党的建设等方面内容进行深入调查和系统研究，形成理论联系实际、高质量的创新性成果。项目的实施，凝练了学术方向、汇聚了研究队伍、增强了发展活力，对于促进云南大学“双一流”建设，带动马克思主义理论、民族学、政治学、经济学、生态学等具有竞争优势和独具特色的学科建设，起到了重要的推动和支撑作用。

三是持续服务经济社会发展。当今世界面临百年未有之大变局，全球治理体系和国际秩序变革加速推进，实现“两个一百年”奋斗目标和中华民族的伟大复兴，国家和社会对高校提出越来越高的要求。入选“双一流”建设行列客观上进一步明确了云南大学的办学方向与发展目标，赋予了学校新的历史使命。始终植根云岭大地，主动融入和服务国家战略和云南经济社会发展，这是学校的使命和担当。丛书以习近平新时代中国特色社会主义思想为指导，紧密结合云南民族地区经济社会发展的实际，结合新时代云南在推动经济社会发展进程中所进行的一系列实践探索，系统回顾总结了云南民族地区的中国特色社会主义建设进程，特别是对云南如何主动融入和服务国家战略，闯出一条跨越式发展路子，建设民族团结进步示范区、生态文明建设排头兵、面向南亚东南亚辐射中心等进行了理论与实践的总结。这是云南大学服务云南经济社会发展的集中体现，对于努力书写新时代高质量跨越式发展的云南答卷，不断在新时代征程中谱写新的辉煌，无疑大有益处。

丛书的领衔作者，都是云南大学哲学社会科学领域的知名学者，丛书是他们各自研究成果的缩影和精华。当然，由于习近平新时代中国特色社会主义思想博大精深、内容丰富，丛书作者学习和思考尚缺一定的深度、高度和广度，因此，难免有一些不足和缺憾，敬请读者批评指正。

“新时代云南民族地区发展研究丛书”编委会

2020 年 6 月

目　录

第一章

精准扶贫：云南扶贫的治本之策

在习近平新时代中国特色社会主义思想指引下，我国的脱贫攻坚已到了决战决胜、全面收官的关键阶段。在第六个国家扶贫日到来之际，中共中央总书记、国家主席、中央军委主席习近平对脱贫攻坚工作做出重要指示强调，新中国成立70年来，中国共产党坚持全心全意为人民服务的根本宗旨，坚持以人民为中心的发展思想，带领全国各族人民持续向贫困宣战，取得了显著成就。党的十八大以来，党中央把脱贫攻坚摆到更加突出的位置，打响脱贫攻坚战，全党全国上下同心、顽强奋战，取得了重大进展。困扰中华民族几千年的绝对贫困问题即将历史性地得到解决，这将为全球减贫事业做出重大贡献。云南省广大干部群众认真、全面、精准地贯彻落实党中央、国务院决策部署，再接再厉，持续推进脱贫攻坚各项工作，咬定脱贫攻坚目标、一鼓作气，为全面解决“两不愁，三保障”突出问题，集中力量攻克深度贫困堡垒；千方百计采取有效措施，巩固拓展脱贫攻坚成果，确保高质量打赢脱贫攻坚战，为确保全省农村贫困人口全部脱贫，同全国人民一道迈入小康社会而努力奋斗。

第一节　从散漫到精准：摸索中前行的云南扶贫

贫困是一个伴随人类社会始终的世界性问题，通常是指生活资料和生产资料不能够满足人们生产生活的需要。扶贫则是指扶助贫困人群或者贫困地区发展生产、改善生活、改变贫穷状况的活动。其含义与国际通行的反贫困、减贫相当。消除贫困，让每个人都过上富足、健康、幸福、快乐的生活，是人类千百年来梦寐以求的目标，但至今尚未实现。

一　云南农村贫困的基本情况

我国曾经是世界上最贫困的国家之一。在党和政府的坚强领导下，经过多年来坚持不懈的努力，我国取得了举世瞩目的扶贫成效。过去40年我国减贫8.5亿人，对全球减贫贡献率超过70%。党的十八大以来，以习近平同志为核心的党中央向全国人民庄严承诺：脱贫开发工作是我们的一个突出短板，要举全国之力抓好，确保到2020年农村贫困人口全部脱贫。① 这既是党中央的庄严承诺，也是中国共产党人的担当。

党的十八大以来，在党中央的统一决策部署下，中共云南省委、省人民政府以习近平总书记精准扶贫、精准脱贫的重要论述为指导，千方百计采取措施推动全省脱贫攻坚取得实效。2770个贫困村出列、15个贫困县（市）② 摘帽、556万贫困人口摆脱贫困，全省贫困发生率降到9.89%。2019年4月4日，云南省人民政府网站发布《关于东川等33个县（市、区）退出贫困县序列的公示》，经州市审核，省级核查和第三方实地评估检查，33个贫困县（市、区）③ 均已达到贫困县退出标准，拟退出贫困县序列。2017—2019年云南实现374万农村贫困人口脱贫，贫困发生率下降

① 《习近平关于全面建成小康社会论述摘编》，中央文献出版社，2016，第16页。

② 实现脱贫摘帽的15个贫困县（市）分别是：昆明市寻甸回族彝族自治县，曲靖市罗平县，楚雄彝族自治州的牟定县、姚安县两个县，红河哈尼族彝族自治州石屏县，普洱市宁洱哈尼族彝族自治县，西双版纳傣族自治州的勐海县，大理白族自治州祥云县、宾川县、巍山彝族回族自治县、洱源县、鹤庆县5个县，德宏傣族景颇族自治州芒市，丽江市玉龙纳西族自治县，临沧市的云县。

③ 33个贫困县（市、区）分别是：昆明市东川区、禄劝县，昭通市威信县、绥江县，曲靖市富源县、师宗县，保山市龙陵县、昌宁县，楚雄州双柏县、南华县、大姚县、永仁县，红河州泸西县，文山州砚山县、西畴县，普洱市景谷县、镇沅县、西盟县、孟连县，西双版纳州勐腊县，大理州漾濞县、南涧县、永平县，德宏州盈江县、陇川县，迪庆州香格里拉市、德钦县，临沧市临翔区、凤庆县、镇康县、耿马县、沧源县、双江县。

到5.39%，贫困村数量减少5068个。

但云南省是全国脱贫攻坚的主战场之一，面临的困难和问题还十分严峻，具体表现为以下五个方面。[①]

第一，致贫原因多样化、复杂化。云南省集边疆、民族、山区、贫困于一体，特殊复杂的历史文化、地理区位、民族结构、资源禀赋决定了致贫原因复杂化和多样化，贫困现象面广极贫、众多贫深，这就决定了云南省扶贫工作的长期性和艰巨性。云南省下辖16个州市、129个县（市、区），其中有8个自治州、29个自治县；云南省地处我国西南边疆，土地面积为39.4万平方公里，其中6%是坝区，94%是山区，地热起伏大，海拔悬殊，平均海拔在2000米左右；云南有25个边境县，国境线长达4060公里，与缅甸、老挝、越南毗邻；云南省人口结构特殊，是全国少数民族最多的省份，其中有25个特有世居少数民族、16个跨境民族、7个人口较少民族、9个“直过民族”、25个人口在5000人以上的民族。

第二，贫困面广，贫困程度深，脱贫攻坚任务繁重，硬骨头多。全省共有88个贫困县，占全省县级行政区划的68.2%，涉及乌蒙山区、石漠化地区、滇西边境山区、藏族聚居区4个集中连片特困区，27个深度贫困县（涉及贫困人口211.5万，占全省贫困人口总数的63.7%，其中14个县的贫困人口在5万以上，超过10万人的县有两个，贫困发生率在20%以上），怒江州和迪庆州是“三区三州”[②] 深度贫困地区，怒江州还有16.4万贫困人口，贫困发生率高达38.31%，是“三区三州”所有州市中贫困发生率最高的地区。迪庆州有5.6万贫困人口，贫困发生率为19.31%，是继西藏和四省藏区后贫困发生率排名第三的州。昭通有92万建档立卡贫困人口，是全国贫困人口最多的市（其中镇雄县有23.2万贫

① 云南省脱贫攻坚面临的困难和问题参考了2019年云南省两会系列新闻发布会第六场——脱贫攻坚主题新闻发布会，http：//ynxwfb.yn.gov.cn/html/2019/zuixinfabu_0130/1470.html，最后访问日期：2020年10月28日。

② “三区”是指西藏、新疆南疆四地州和四省藏区，“三州”是指甘肃的临夏州、四川的凉山州和云南的怒江州。

困人口，是全省乃至全国贫困人口最多的县）。曲靖市北部地区、红河州南部山区、文山州石漠化地区、普洱边境一线的区域性整体贫困问题十分突出。截至 2017 年底，云南省还有 332 万农村贫困人口，占全国贫困人口总数的 11.69%，其中 2/3 集中在深度贫困地区，目前还是全国唯一一个贫困人口超过 300 万的省份，全省贫困发生率是全国平均水平的 3 倍多，是名副其实的全国脱贫攻坚主战场。

云南省集中连片特困地区现状见表 1－1。

表 1－1　云南省集中连片特困地区现状

	滇西边境山区	乌蒙山区	石漠化地区	藏族聚居区
区域范围	云南省 10 个州市 56 个县（市、区）	四川、贵州、云南 3 个省 10 个地州市 38 个县（市、区）	广西、贵州、云南 3 个省区 15 个地州市 91 个县（市、区）	云南、四川、青海、甘肃 4 个省
片区涉及云南省情况	全部属于云南省	涉及云南昆明、曲靖、楚雄、昭通 4 个州市 15 个县（市、区）	涉及云南省文山、曲靖、红河 3 个州市 12 个县	涉及云南迪庆州 3 个市县
云南省在该片区中的人口数	1751.1 万人	845.6 万人	385 万人	40.18 万人
贫困特征	①贫困规模大，贫困程度深。②贫困分布既集中又分散。③条件型贫困与素质型贫困并存。④贫困问题和边境问题、民族问题交织	①资源承载过重，资源环境型贫困问题严重。②基础设施滞后，条件性贫困十分突出。③贫困面广，贫困程度深	①贫困人口和深度贫困人口较多，贫困发生率高。②基础设施薄弱，条件性贫困突出。③多地区存在贫困悖论，贫富差距大。④石漠化问题严重，面临贫困化与生态退化双重压力	①贫困人口比重大、区域发展不平衡、贫富差距大。②社会发展程度较低，扶贫开发成本高、脱贫难度大。③贫困群众收入结构和消费结构显现特殊性，脱贫产业基础薄弱。④贫困人口分布具有明显的海拔特征，致贫原因复杂多样

第三，贫困群众的脱贫意识不强，自力更生精神不强、适应市场经济能力弱，“等、靠、要”思想没有得到根本性根除。由于历史和地理原因，不少地区的贫困群众生活在相对封闭、与外界缺少充分信息交流的狭小贫瘠区域，沿袭传统粗放的半温饱的生产生活方式，市场意识、扩大再生产意识淡薄。习惯于要“鱼”，而不要“渔”；习惯于传统的“输血式”扶贫，而不习惯“造血式”脱贫；习惯于“等、靠、要”，而缺乏自己创业的勇气和担当。云南 11 个“直过民族”和人口较少聚集区民族贫困发生率达到 23.23%，其中傈僳族贫困人口超过 10 万，一些贫困群众长期处在封闭状态，“精神贫困”问题突出。

第四，历史欠账多、市场发育不全、集体经济薄弱、公共服务和基础设施严重不足、“造血式”可持续发展扶贫产业培育难度大，保障性扶贫任务艰巨。由于贫困地区历史欠账多，多数贫困地区自然条件差，公共基础设施严重不足，公共服务体系不完善，“三保障”任务较重。如 27 个深度贫困县中有 70% 的自然村不通硬化路，学前三年毛入学率、九年义务教育巩固率、高中阶段毛入学率远低于全省平均水平，义务教育阶段学生辍学成因复杂，还有部分群众不会听、不会讲通用语言。在全省建档立卡贫困人口中，65 岁以上老人占 9.6%，大病和慢性病患者占 9.9%，持证残疾人占 6.1%，老人、病人、残疾人等特定贫困群众比例超过 25.6%。

第五，建章立制多，脱贫攻坚责任落实、政策落实、工作落实还不到位。脱贫攻坚责任落实不到位，有的地方政策落实存在偏差。工作落实不到位，干部作风不够严、实、硬，扶贫资金管理使用效益存在薄弱环节，形式主义、官僚主义的问题不同程度地存在。

二 云南省扶贫工作的基本历程

新中国成立后，为了解决广大人民群众的贫困问题，中国共产党领导人民开展了扶贫工作。从 1949 年开始，我国的扶贫工作大致经历了救济式扶贫、开发式扶贫和精准扶贫三个历史阶段，同期，云南各族干部群众也开展了艰苦卓绝的反贫困斗争。

（一）救济式扶贫阶段

这一阶段是从新中国成立到20世纪80年代初期。国家“一穷二白”，农村整体贫困，虽然没有专门提出扶贫政策和专门的扶贫工作概念，但由于国家的贫困人口占的比例十分大，解决贫困问题在党和国家的工作中占有重要地位。1953年毛泽东同志提出“使农民能够逐步完全摆脱贫困的状况而取得共同富裕和普遍繁荣的生活”①，首次明确了共同富裕的思想。这一阶段的扶贫目标是保障贫困人口的基本生活，并不要求贫困群众通过扶贫实现自我发展。因此，人们将其称为“救济式扶贫”或者“输血式扶贫”。

当时整个国家特别是农村的社会经济政策和工作都与解决温饱、减少贫困有关。这一阶段的扶贫措施主要是在土地改革、合作化、人民公社等制度的基础上，国家和集体对特别困难的“五保户”、“贫困户”及孤寡老人按时发放一定数量的生活物资或者费用。

1950年云南解放后，党和国家就开始关注云南的扶贫问题，将解决农村人口的贫困问题作为一项重要的民生工作推进，但并没有形成相对完备的模式。直到1978年才开始形成相对完备、规范的扶贫制度，但基本上属于救济式扶贫模式。

（二）开发式扶贫阶段

开发式扶贫是指在国家必要支持下，利用贫困地区的自然资源，进行开发性生产建设，逐步形成贫困地区和贫困人口的自我积累和发展能力，进而主要依靠自身力量解决温饱、脱贫致富。在这一阶段，扶贫工作的主要变化是：从按贫困人口平均分配资金向按项目效益分配资金转变，从单纯依靠行政系统向主要依靠经济组织转变，从资金单向输入向资金、技

① 《建国以来重要文献选编》第4册，中央文献出版社，1993，第662页。

术、物资、培训相结合输入和配套服务转变。开发式扶贫阶段又可以分为四个小的阶段。

1. 1978—1985 年

党的十一届三中全会以后，我国开始实行农村经济体制改革，推行家庭联产承包责任制。农民收入迅速提高，大大缓解了农村的贫困问题。1982 年 12 月，国务院设立了“三西”地区[①]农业建设项目，标志着中国有计划的扶贫行动和扶贫政策的开始。1984 年 9 月 29 日，中共中央、国务院发布了《关于帮助贫困地区尽快改变面貌的通知》，进一步明确了开发式扶贫模式。这一阶段的扶贫工作主要围绕三条主线展开：一是实行农村经济体制改革，推行家庭联产承包责任制；二是农产品价格逐步放开，并且大幅度提高，激发和调动了广大农民的生产积极性，农产品量大幅度增加，农民收入迅速提高，大大缓解了农村的贫困问题；三是大力发展乡镇企业，农村剩余劳动力转移到非农业领域就业，使第二、第三产业的利益传递给贫困人口，促进贫困农民脱贫致富。通过这些行之有效的措施，全国贫困人口从 2.5 亿[②]减少到 1.25 亿，平均每年减少 1768 万人，贫困发生率从 30.7% 下降到 14.8%。

在这一阶段，云南省积极响应国家扶贫政策，开始鼓励和支持发展家庭副业，采取“放宽搞活政策”和科技扶贫措施，同时开始重视教育在扶贫工作中的作用。1984 年 9 月，云南省人民政府下发了《云南省贫困地区有关税收的若干规定》。1985 年中共云南省委成立了云南省贫困地区工作

① “三西”地区是指甘肃河西地区 19 个县（市、区）、甘肃中部以定西为代表的干旱地区 20 个县（区）和宁夏西海固地区 8 个县，共计 47 个县（市、区），总面积为 38 万平方公里，农业人口约 1200 万。1982 年党中央、国务院做出开展“三西”建设的重大决策，从此开启了我国有计划、有组织的大规模开发式扶贫的历程。“三西地区”——这个被联合国专家称为“不具备人类生存的基本条件”的区域，成为全国第一个区域性扶贫开发实验地，国家每年拿出 2 亿元对其进行开发式扶贫，计划用 10 年时间使其彻底告别贫困。但到了 1992 年，甘肃、宁夏都要求国家继续支持 10 年，到 2002 年两省区又请求国家再支持 10 年。

② 国家统计局在《关于中国农村贫困状态的评估和监测》中，将 1978 年的贫困线划定在 100 元以内，按这个标准计算，当时全国贫困人口的规模为 2.5 亿，占全国人口总数的 25.97%，占当时农村人口总数的 30.7%，占世界贫困人口总数的 25%。

领导小组，强调要集中力量解决连片贫困地区的问题。在这一阶段，云南省具体的扶贫措施有：①鼓励发展家庭作坊和运输业，搞活农村经济；②发展家庭养殖业；③推广农业新品种，改进种植技术，提高粮食单产；④开展临时性救济救助工作。

2. 1986—1993 年

通过前一阶段的扶贫工作，我国农村多数地区充分发挥了自身的发展优势，经济收入增长速度十分快，但一些受经济、社会、历史、自然、地理条件限制的少数地区，发展仍然十分滞后。贫困地区与其他地区（特别是东部沿海发达地区）在经济、社会、文化等方面的差距不断扩大。农村发展不平衡问题日益凸显，特别是低收入人口中已经有相当一部分人的经济收入不能维持其生存的基本需要。为了有效解决这些问题，党中央、国务院决定针对地区发展缓慢、部分群众生产生活十分困难的情况，在全国范围内有计划、有组织、大规模地开展扶贫开发。1986 年 5 月 14 日，国务院贫困地区经济开发领导小组（1993 年改名为国务院扶贫开发领导小组）召开第一次全体会议。会议通过的会议纪要首次确定国家贫困县标准，将 331 个贫困县列入国家重点扶持范围，提出争取在“七五”期间解决大多数贫困地区人民的温饱问题，明确了贫困地区实行新的经济开发方式的十点意见，从总体上奠定了我国扶贫政策的基础。这一阶段的主要扶贫措施有四种：一是成立专门扶贫工作机构；二是安排专项扶贫资金；三是制定专门的扶贫优惠政策；四是对传统的救济式扶贫进行彻底改革，确定开发式扶贫方针。通过采取这些措施，到 1993 年底，全国农村贫困人口从 1. 25 亿减少到 8000 万，平均每年减少 640 万人，贫困发生率由 14. 8%下降到 8. 7%。

在这一阶段，中共云南省委、省人民政府根据 1986 年中央一号文件精神，于 1986 年 3 月 14 日发布了《关于切实加强贫困地区工作　尽快解决温饱问题的决定》，确定了 38 个贫困县。此后，省、州、县级的扶贫工作领导小组和办公室也相继成立，标志着云南省农村扶贫全面列入党和政府的工作日程中，开始实行制度化扶贫。在这一阶段，云南农村致贫原因主要有：①发展商品经济形势下扶贫难度加大，贫困差距急剧拉大；②地区资金、人才大量流失；③地方财政赤字严重。针对这些原因，云南提出了“治穷先治愚”扶贫思路，强调政策支持和扶贫资金集中使用，实行科技、教育扶贫和特色产业扶贫。推行“五一工程”[①]和“四定三到户”[②] 措施。

3. 1994—2000 年实施《国家八七扶贫攻坚计划》阶段

由于前面两个阶段扶贫工作取得了明显的成效，我国贫困人口逐年大幅度减少，贫困人口分布呈现出明显的地缘性。针对这一特征，1994 年 4 月 15 日，国务院发出关于印发《国家八七扶贫攻坚计划》的通知。[③] 这个计划的核心是力争在 20 世纪的最后 7 年，集中人力、物力、财力，基本解决当时全国农村 8000 万贫困人口的温饱问题。以《国家八七扶贫攻坚计划》的公布实施为标志，我国的扶贫开发进入了最艰难的攻坚阶段。1996 年 9 月，党中央、国务院联合召开了中央扶贫开发工作会议，做出《关于尽快解决农村贫困人口温饱问题的决定》。该决定的主要内容有三个方面。

第一，扶贫开发工作要以党的基本理论、基本路线为指导，充分发扬自力更生、艰苦奋斗精神，坚持开发式扶贫，实行全党动员，全社会扶贫济困，突出重点，集中力量解决农村贫困人口的温饱问题。要求：①把解决贫困人口温饱问题作为首要任务；②继续坚持开发式扶贫；③把有助于

---

① 云南实施的扶贫“五一工程”就是要达到人均 1 亩基本农田，户均 1 亩经济林和 1 亩经济作物，户均每年出售 1 头商品畜，人均学会并能应用 1 ~ 2 门生产实用技术的目标。进入 20 世纪 90 年代后，“五一工程”发展成为有条件的地区，人均半亩至 1 亩稳产高产的基本农田；户均 1 亩林果园或者经济作物；户均向乡镇企业或者发达地区转移一个劳动力；户均一项养殖业或者其他家庭事业；户均掌握一项适用技术。

② “四定三到户”是指区乡建立贫困户卡片，做到定对象、定任务、定时间、定效果，目标到户、项目到户、责任到户。

③ 《国家八七扶贫攻坚计划》中“八七”的含义是：对当时全国农村 8000 万贫困人口的温饱问题，力争用 7 年左右的时间（从 1994 年到 2000 年）基本解决。该计划明确扶贫攻坚的奋斗目标有：一是到 20 世纪末，使全国绝大多数贫困户年人均纯收入按 1990 年不变价格计算达到 500 元以上，扶持贫困户创造稳定解决温饱问题的基础条件，减少返贫人口；二是加强基础设施建设；三是改变文化、教育、卫生的落后状态，把人口自然增长率控制在国家规定的范围内；四是继续坚持开发式扶贫方针，扶贫开发的基本途径和主要形式以及信贷、财税、经济开发方面的优惠政策，并对资金的管理使用、各部门的任务、社会动员、国际合作、组织与领导做出规定，还提出，自 1994 年起之后的 7 年里每年再增加 10 亿元以工代赈资金、10 亿元扶贫专项贴息贷款等。

直接解决群众温饱问题的种植业、养殖业和以当地农副产品为原料的加工业，作为扶贫开发的重点；④认真抓好科教扶贫和计划生育工作；⑤坚持因地制宜，分类指导；⑥扶贫攻坚要坚持到村到户；⑦要动员社会力量参与扶贫；⑧要发扬自力更生、艰苦奋斗精神。

第二，明确打好扶贫攻坚战的主要措施。具体包括：①增加扶贫投入；②在集中连片的重点贫困地区安排大型开发项目；③严格管理各项扶贫资金，努力提高使用效益；④对贫困地区实行优惠政策；⑤党政机关和企事业单位要进一步加强扶贫工作；⑥组织沿海发达省、直辖市对口帮扶西部贫困省、自治区①；⑦继续扶持初步解决温饱问题的贫困县；⑧围绕扶贫攻坚搞好培训工作；⑨发展和扩大与国际组织的交流合作。

对贫困地区实行的优惠政策包括：①对所有尚未解决温饱问题的贫困户，免除粮食定购任务；②根据扶贫开发的特点和需要，适当延长扶贫贷款的使用期限，放宽抵押和担保条件；③对所有尚未解决温饱问题的贫困户，按照《中华人民共和国农业税条例》的有关规定，减免农业税和农业特产税；④逐步加大对贫困地区转移支付的力度，各有关省、自治区要尽快建立和完善二级转移支付制度，为贫困地区提供更大的财力支持；⑤对贫困县新办企业和从发达地区到贫困地区兴办的企业，3 年内免征所得税；⑥从 1996 年起，根据谁受益、谁负担的原则，适当提高库区建设基金和库区维护基金标准，专项用于解决水库移民的温饱问题，具体办法由有关部门研究制定；⑦《国家八七扶贫攻坚计划》所确定的优惠政策，在 2000 年以前继续执行。

第三，加强对扶贫开发工作的领导。具体措施包括：①实行党政一把

---

① 东西互助是促进东西部优势互补、缩小差距、逐步实现共同富裕的重要途径。具体安排：北京帮内蒙古，天津帮甘肃，上海帮云南，广东帮广西，江苏帮陕西，浙江帮四川，山东帮新疆，辽宁帮青海，福建帮宁夏，深圳、青岛、大连、宁波帮贵州。扶持西藏和支援三峡的工作，按照中央原有的安排，继续执行。对口帮扶的任务要落实到县，协作要落实到企业和项目。组织富裕县和贫困县结成对子，进行经济合作，开展干部交流。动员富裕县的企业到西部贫困县去，利用人才、技术、信息、市场、管理、资金等各种优势，在互利互惠的基础上与贫困县共同开发当地资源。省一级对口帮扶的双方，要做好协调组织工作。

手扶贫工作责任制；②稳定贫困地区县乡干部队伍；③加强贫困地区农村基层组织建设；④加强贫困地区干部的思想作风建设；⑤加强和充实扶贫开发工作机构。1999 年 6 月，在我国扶贫攻坚的关键时刻，党中央、国务院再次召开会议，做出《关于进一步加强扶贫开发工作的决定》。在两次中央扶贫开发会议上，江泽民同志发表了重要讲话，动员全党和全社会切实做好扶贫攻坚战阶段的工作，确保实现在 20 世纪末基本解决农村贫困人口温饱问题的战略目标。

2000 年 10 月，中共中央在《中共中央关于制定国民经济和社会发展第十个五年计划的建议》中指出："实施西部大开发战略，加快中西部地区发展，关系经济发展、民族团结、社会稳定，关系地区协调发展和最终实现共同富裕，是实现第三步战略目标的重大举措。"将西部大开发与扶贫结合起来，把对口支援西藏和对口支援新疆作为党中央的一项重要工作。明确"通过国家和各地的支持，引进、吸收和应用先进技术和适用技术，集中力量推动跨越式发展，是我们必须采取的一种发展战略"。① 这充分表明帮助民族地区脱贫是一项重要的国家发展战略，对民族地区的对口帮扶措施要从传统的以基础设施建设援助为主，逐步转向科学技术等核心发展要素的援助上来。

在"八七扶贫攻坚"阶段，云南省根据致贫原因的变化，提出了针对滇西北区、滇东南区、滇东北区、滇西南区、滇西区五个片区的扶贫开发战略。这一阶段，云南省采取的农村扶贫措施主要有：①加强基础设施建设，启动以"改土工程""治水工程""办电工程""修路工程"为核心的"五大工程"；②实施小额信贷扶贫，在有条件开展小额信贷扶贫的扶贫攻坚乡全面开展小额信贷扶贫；③实施劳务输出扶贫（从 1997 年 4 月起，云南被列为劳务输出扶贫试点，劳动力转移就业扶持步伐加快）；④实施易地搬迁扶贫（1999 年开始实施易地开发扶贫，对基本丧失生存条件的 50

---

① 《中央第四次西藏工作座谈会》，新华网，http://www.farmer.com.cn/uzt/yzth/bjlj/201607/t20160711_1223814.htm，最后访问日期：2020 年 10 月 28 日。

万贫困人口实施有组织的“移民”扶贫，把移民同资源开发，支柱产业培植，小城镇、乡镇企业发展结合起来)；⑤实施对口帮扶（结合上海对口帮扶，由上海的12个区县分别在文山、红河、思茅3个贫困面较大的地州开展易地扶贫开发)。

4. 2001—2010 **年实施《中国农村扶贫开发纲要（2001—2010)》阶段**[①]

在这一阶段，国家确定了14.81万个贫困村作为扶贫工作重点，以产业化扶贫和劳动力转移培训为“两翼”实施整村的扶贫开发新模式。通过这一阶段的工作，农村贫困人口从2000年底的9422万减少到2010年的2688万，占农村人口比例从2000年的10.2%下降到2010年的2.8%。

进入21世纪，云南农村致贫原因更多地体现为能力不足、隐性失业严重以及部分从业者难以适应快速发展变化的市场经济等。根据《中国农村扶贫开发纲要（2001—2010)》，云南省制定和组织实施了《云南省农村扶贫开发纲要》《中共云南省委、云南省人民政府关于完善省级机关企事业单位定点挂钩扶贫责任制度的意见》，213个省级国家机关、企事业单位多渠道、多形式参与扶贫开发，并积极开展减贫领域的国际合作与交流。这一阶段云南省农村扶贫的主要措施有：①全面实施挂钩扶贫；②启动“一体两翼”战略，即整村推进、劳动力转移培训、产业扶持，综合推进贫困村、贫困地区产业发展、基础设施建设、劳动力素质提升，建立健全贫困地区社会保障体系；③启动兴边富民、扶持人口较少民族工程，扶持特殊区域、特殊少数民族群体成为扶贫工作的重点；④开始实施社会保障型扶贫。2003年，云南省被国务院确定为全国新型农村合作医疗试点省，当年启动了20个县（市、区）的试点工作，2007年，全省129个县（市、区）实行了新型农村合作医疗制度。⑤2003年，云南全面建立最低生活保障制度，并于2010年启动农村低保和扶贫开发两项制度有效衔接的试点工作。2009年，全省16个县（市、区）开展新型农村社会养老保险试点，2012年，云南省129个县（市、区）全面推行新型农村养老保障制度，年满60

① 这一阶段也有学者将其称为综合推进与社会保障型扶贫启动阶段。

岁的老年人均可享受基础养老金。2011 年，云南省制定实施了《云南省农村扶贫开发纲要（2011—2020）》。

（三）精准扶贫阶段

党的十八大以后，我国的扶贫工作进入了精准扶贫阶段。精准扶贫是贫困治理的重大创新，是党中央治国理政新理念新思想新战略的重要组成部分，是习近平总书记关于扶贫的重要论述的核心内容。

2012 年 12 月底，习近平到河北省阜平县考察扶贫开发工作时强调，消除贫困、改善民生、实现共同富裕，是社会主义的本质要求，“全面建成小康社会，最艰巨最繁重的任务在农村、特别是在贫困地区。没有农村的小康，特别是没有贫困地区的小康，就没有全面建成小康社会”。[①] 2013 年 11 月，习近平同志在湖南湘西考察扶贫时提出“精准扶贫”重要论述。他指出，扶贫要“实事求是、因地制宜、分类指导、精准扶贫”[②]，切忌喊口号，也不要定好高骛远的目标。之后，他又在各地多个重要场合多次提出关于“精准扶贫”的重要论述。2014 年 1 月，中共中央办公厅、国务院办公厅印发的《关于创新机制扎实推进农村扶贫开发工作的意见的通知》等文件，对精准扶贫工作模式的顶层设计等方面都做了详细规划，推动了习近平关于“精准扶贫”的重要论述落地生根。在创新扶贫开发工作机制方面，该通知主要提出要创新六大扶贫工作机制。一是改进贫困县的考核机制。由主要考核地区生产总值向主要考核扶贫开发工作成效转变。尤其是对限制开发区和生态脆弱的重点县，取消地区生产总值的考核，把提高贫困人口的生活水平和减少贫困人口数量作为主要的指标，引导贫困地区党政领导班子和领导干部把工作重点放在扶贫开发上。二是建立精准扶贫工作机制。按照“县为单位、规模控制、分级负责、精准识别、动态管理”的原则，对每个贫困村、贫困户进行建档立卡。三是健

---

① 中共中央党史和文献研究院编《习近平扶贫论述摘编》，中央文献出版社，2018，第 4 页。

② 李国斌：《“精准扶贫”，风起十八洞》，2018 年 12 月 14 日，第 2 版。

全干部驻村帮扶机制。普遍建立驻村工作队，确保每个村都有驻村工作队，每个户都有帮扶责任人。四是改革财政专项扶贫资金管理机制。项目资金要到户，项目审批权限原则上下放到县，以及在扶贫资金的监管方面要逐步引入社会力量，发挥社会监督作用。五是完善金融服务机制。六是创新社会参与机制，建立信息交流共享平台，形成有效协调、协作和监管机制，全面落实企业扶贫捐赠、税前扣除、鼓励市场主体到贫困地区投资兴业等相关的支持政策。

“十三五”时期是我国确定的全面建成小康社会的时间节点，各级党委和政府要把握时间节点，努力补齐短板，科学谋划好“十三五”时期扶贫开发工作，确保贫困人口到2020年如期脱贫。2015年10月16日，2015减贫与发展高层论坛在北京举行，习近平出席论坛并发表题为《携手消除贫困　促进共同发展》的主旨演讲。习近平在向出席论坛的有关国家元首、政府首脑、国际组织负责人介绍我国在扶贫攻坚工作中采取的精准扶贫方略时指出，“为了打赢这场攻坚战，我们将把扶贫开发作为经济社会发展规划的主要内容，大幅增加扶贫投入，出台更多惠及贫困地区、贫困人口的政策措施，提高市场机制的益贫性，推进经济社会包容性发展，实施一系列更有针对性的重大发展举措。现在，中国在扶贫攻坚工作中采取的重要举措，就是实施精准扶贫方略，找到‘贫根’，对症下药，靶向治疗。我们坚持中国制度的优势，构建省市县乡村五级一起抓扶贫，层层落实责任制的治理格局”，“我们坚持分类施策，因人因地施策，因贫困原因施策，因贫困类型施策，通过扶持生产和就业发展一批，通过易地搬迁安置一批，通过生态保护脱贫一批，通过教育扶贫脱贫一批，通过低保政策兜底一批。我们广泛动员全社会力量，支持和鼓励全社会采取灵活多样的形式参与扶贫”。①

2015年11月29日，中共中央和国务院联合发布了《关于打赢脱贫攻

① 习近平：《携手消除贫困　促进共同发展——在2015减贫与发展高层论坛的主旨演讲》，人民出版社，2015年，第6页。

坚战的决定》，强调消除贫困，改善民生、逐步实现共同富裕，是社会主义的本质要求，是我们党的重要使命，要围绕“四个全面”的战略布局，牢固树立并切实贯彻全新、协调、绿色、开放、共享的发展理念，充分发挥政治优势和制度优势，把精准扶贫作为基本方略，坚持扶贫开发与经济社会发展相互促进，坚持精准帮扶与集中连片特殊困难地区开发紧密结合，坚持扶贫开发与生态保护并重，坚持扶贫开发与社会保障有效衔接，咬定青山不放松，采取超常规举措，拿出过硬办法，举全党全社会之力，打赢脱贫攻坚战。强调脱贫攻坚的总体目标是：“到 2020 年，稳定实现农村贫困人口不愁吃、不愁穿，义务教育、基本医疗和住房安全有保障。实现贫困地区农民人均可支配收入增长幅度高于全国平均水平，基本公共服务主要领域指标接近全国平均水平。确保我国现行标准下农村贫困人口实现脱贫，贫困县全部摘帽，解决区域性整体贫困。”① 指出脱贫攻坚的基本原则是六个坚持，即坚持党的领导，夯实组织基础；坚持政府主导，增强社会合力；坚持精准扶贫，提高扶贫成效；坚持保护生态，实现绿色发展；坚持群众主体，激发内生动力；坚持因地制宜，创新体制机制。指出“实施精准扶贫方略，加快贫困人口精准脱贫”的具体措施是健全精准扶贫工作机制，发展特色产业脱贫，引导劳务输出脱贫，实施易地搬迁脱贫，结合生态保护脱贫，着力加强教育脱贫，开展医疗保险和医疗救助脱贫，实行农村最低生活保障制度兜底脱贫，探索资产收益扶贫，健全留守儿童、留守妇女、留守老人和残疾人关爱服务体系。在健全精准扶贫工作机制方面特别强调“抓好精准识别、建档立卡这个关键环节，为打赢脱贫攻坚战打好基础，为推进城乡发展一体化、逐步实现基本公共服务均等化创造条件。按照扶持对象精准、项目安排精准、资金使用精准、措施到户精准、因村派人精准、脱贫成效精准的要求，使建档立卡贫困人口中有约 5000 万人通过产业扶持、转移就业、易地搬迁、教育支持、医疗救助等措施实现脱贫，其余完全或部分丧失劳动能力的贫困人口实行社保政策兜底

① 《习近平谈治国理政》第 2 卷，外文出版社，2017，第 87～88 页。

脱贫”。提出了突破扶贫瓶颈的基本思路，即“加强贫困地区基础设施建设，加快破除发展瓶颈制约”，加快交通、水利、电力建设；加大“互联网+”扶贫力度；加快农村危房改造和人居环境整治；重点支持革命老区、民族地区、边疆地区、连片特困地区脱贫攻坚。加大财政扶贫投入力度，加大金融扶贫力度，完善扶贫开发用地政策，发挥科技、人才支撑作用。广泛动员全社会力量，合力推进脱贫攻坚，要求健全东西部扶贫协作机制、健全定点扶贫机制、健全社会力量参与机制。要求大力营造良好氛围，为脱贫攻坚提供强大精神动力；切实加强党的领导，为脱贫攻坚提供坚强政治保障。要求强化脱贫攻坚领导责任制，发挥基层党组织战斗堡垒作用，严格扶贫考核督查问责，加强扶贫开发队伍建设，推进扶贫开发法治建设。实行中央统筹、省（区、市）负总责、市（地）县抓落实的工作机制，坚持片区为重点、精准到村到户。党中央、国务院主要负责统筹制定扶贫开发大政方针，出台重大政策举措，规划重大工程项目。省（区、市）党委和政府对扶贫开发工作负总责，抓好目标确定、项目下达、资金投放、组织动员、监督考核等工作。市（地）党委和政府要做好上下衔接、域内协调、督促检查工作，把精力集中在贫困县如期摘帽上。县级党委和政府承担主体责任，书记和县长是第一责任人，做好进度安排、项目落地、资金使用、人力调配、推进实施等工作。要层层签订脱贫攻坚责任书，扶贫开发任务重的省（区、市）党政主要领导要向中央签署脱贫责任书，每年要向中央做扶贫脱贫进展情况的报告。省（区、市）党委和政府要向市（地）、县（市）、乡镇提出要求，层层落实责任制。中央和国家机关各部门要按照部门职责落实扶贫开发责任，实现部门专项规划与脱贫攻坚规划有效衔接，充分运用行业资源做好扶贫开发工作。军队和武警部队要发挥优势，积极参与地方扶贫开发。改进县级干部选拔任用机制，统筹省（区、市）内优秀干部，选好配强扶贫任务重的县党政主要领导，把扶贫开发工作实绩作为选拔和使用干部的重要依据。脱贫攻坚期内贫困县县级领导班子要保持稳定，表现优秀、符合条件的可以就地提级。加大选派优秀年轻干部特别是后备干部到贫困地区工作的力度，有计划地安排省部级后备干部到贫困县挂职任职，各省（区、市）党委和政府也要选派厅局级后备干部到贫困县挂职任职。各级领导干部要自觉践行党的群众路线，切实转变作风，把严的要求、实的作风贯穿脱贫攻坚始终。

2016 年 7 月，习近平在银川主持召开全国东西部扶贫协作座谈会时强调，东西部扶贫协作和对口支援，是推动区域协调发展、协同发展、共同发展的大战略，是加强区域合作、优化产业布局、拓展对内对外开放新空间的大布局，是实现先富帮后富、最终实现共同富裕目标的大举措，必须认清形势、聚焦精准、深化帮扶、确保实效，切实提高工作水平，全面打赢脱贫攻坚战。①

2016 年 12 月，国务院印发《“十三五”脱贫攻坚规划》，提出要按照党中央、国务院决策部署，坚持精准扶贫、精准脱贫基本方略，坚持精准帮扶与区域整体开发有机结合，大力推进实施一批脱贫攻坚工程。要求脱贫攻坚必须坚持精准扶贫、精准脱贫，坚持全面落实主体责任，坚持统筹推进改革创新，坚持绿色协调可持续发展，坚持激发群众内生动力活力。到 2020 年，稳定实现现行标准下农村贫困人口不愁吃、不愁穿，义务教育、基本医疗和住房安全有保障（以下称“两不愁，三保障”）。贫困地区农民人均可支配收入比 2010 年翻一番以上，增长幅度高于全国平均水平，基本公共服务主要领域指标接近全国平均水平。确保我国现行标准下农村贫困人口实现脱贫，贫困县全部摘帽，解决区域性整体贫困。确保现行标准下农村建档立卡贫困人口实现脱贫，建档立卡贫困村有序摘帽，贫困县全部摘帽。

2017 年 2 月 21 日下午，中共中央政治局就“我国脱贫攻坚形势和更好实施精准扶贫”进行第三十九次集体学习。中共中央总书记习近平在主持学习时强调，“农村贫困人口如期脱贫、贫困县全部摘帽、解决区域性

① 《习近平主持召开东西部扶贫协作座谈会——打赢攻坚战 携手奔小康》，《人民日报》（海外版），2016 年 7 月 22 日，第 1 版。

整体贫困，是全面建成小康社会的底线任务，是我们做出的庄严承诺。要强化领导责任、强化资金投入、强化部门协同、强化东西协作、强化社会合力、强化基层活力、强化任务落实，集中力量攻坚克难，更好推进精准扶贫、精准脱贫，确保如期实现脱贫攻坚目标”。[①] 习近平指出：“在实践中，我们形成了不少有益经验，概括起来主要是加强领导是根本、把握精准是要义、增加投入是保障、各方参与是合力、群众参与是基础。这些经验弥足珍贵，要长期坚持。”[②]

2017 年 10 月 18 日，习近平总书记在党的十九大报告中指出：“坚决打赢脱贫攻坚战。让贫困人口和贫困地区同全国一道进入全面小康社会是我们党的庄严承诺。要动员全党全国全社会力量，坚持精准扶贫、精准脱贫，坚持中央统筹省负总责市县抓落实的工作机制，强化党政一把手负总责的责任制，坚持大扶贫格局，注重扶贫同扶志、扶智相结合，深入实施东西部扶贫协作，重点攻克深度贫困地区脱贫任务，确保到二〇二〇年我国现行标准下农村贫困人口实现脱贫，贫困县全部摘帽，解决区域性整体贫困，做到脱真贫、真脱贫。”十九大报告提出了扶贫攻坚的新任务、新要求，即从 2017 年到 2020 年，中国进入全面建成小康社会的决胜期。做好全国在现行标准下农村贫困人口全部脱贫，是我们党做出的庄严承诺，更是必须完成的硬任务，绝无退路；同时还要让全国人民乃至世界人民普遍认可，并经得起历史的检验。十九大报告提出了扶贫攻坚的新机制、新策略，即：一是要全面动员全国全社会力量，二是坚持精准扶贫、精准脱贫，三是坚持中央统筹、省负总责、市县抓落实的工作机制。十九大报告提出了扶贫攻坚的新方法、新手段，即：一是注重扶贫同扶志、扶智相结合；二是深入实施东西部扶贫协作，重点攻克深度贫困地区脱贫任务。十九大报告提出了扶贫攻坚的新责任、新担当，即：一是坚决反对搞数字脱

① 《习近平：更好推进精准扶贫精准脱贫　确保如期实现脱贫攻坚目标》，新华网，2017 年 2 月 22 日。

② 《更好推进精准扶贫精准脱贫　确保如期实现脱贫攻坚目标》，http：//www. cpad. gov. cn/art/2017/2/22/art_ 624_ 59621. html，最后访问日期：2020 年 3 月 9 日。

贫、虚假脱贫；二是坚持实施最严格的考核评估；三是坚持巡查制度，强化扶贫领域监督执纪问责。①

2019 年 3 月，在第十三届全国人民代表大会第二次会议期间，习近平总书记在参加内蒙古代表团、河南代表团、甘肃代表团审议时强调，要把脱贫攻坚同实施乡村振兴战略有机结合起来，推动乡村牧区产业兴旺、生态宜居、乡风文明、治理有效、生活富裕，把广大农牧民的生活家园全面建设好。习近平总书记参加甘肃代表团审议时指出，党的十八大以来，党中央从全面建成小康社会全局出发，把扶贫开发工作摆在治国理政的突出位置，全面打响脱贫攻坚战。党的十九大之后，党中央又把打好脱贫攻坚战作为全面建成小康社会的三大攻坚战之一。这些年来，脱贫攻坚力度之大、规模之广、影响之深前所未有，取得了决定性进展。取得这样的成绩实属不易，谱写了人类反贫困历史新篇章。脱贫攻坚任务仍然艰巨繁重，剩下的都是贫中之贫、困中之困，都是难啃的硬骨头。脱贫攻坚越到紧要关头，越要坚定必胜的信心，越要有一鼓作气的决心，尽锐出战、迎难而上，真抓实干、精准施策，确保脱贫攻坚任务如期完成。要咬定目标不放松。脱贫攻坚的标准，就是稳定实现贫困人口“两不愁，三保障”，不愁吃、不愁穿，义务教育、基本医疗、住房安全有保障。在脱贫标准上，既不能脱离实际、拔高标准、吊高胃口，也不能虚假脱贫、降低标准、影响成色。要把握脱贫攻坚正确方向，确保目标不变、靶心不散，聚力解决绝对贫困问题，加大对非贫困县、贫困村内贫困人口的支持，严格执行贫困县退出标准和程序，确保脱贫成果经得起历史检验。要整治问题不手软。脱贫攻坚工作中存在的形式主义、官僚主义现象，影响脱贫攻坚有效推进。对群众反映的“虚假式”脱贫、“算账式”脱贫、“指标式”脱贫、“游走式”脱贫等问题，要高度重视并坚决克服，提高脱贫质量，做到脱真贫、真脱贫。脱贫攻坚越到最后时刻越要响鼓重锤，决不能搞急功近

① 王丛虎：《十九大报告：续写脱贫攻坚、有效扶贫的新篇章》，http：//www. china. com. cn/opinion/think/2017 - 10/20/content_ 41765916. htm，最后访问日期：2019 年 3 月 10 日。

利、虚假政绩的东西。要落实责任不松劲。脱贫攻坚是一场必须打赢打好的硬仗。各级党委和政府要坚决把责任扛在肩上，着力抓重点、补短板、强弱项。要强化领导体制和工作机制，坚持大扶贫格局，贯彻精准脱贫方略，加强扶贫同扶志、扶智相结合，对返贫人口和新发生贫困人口要及时予以帮扶。贫困县摘帽后，也不能马上撤摊子、甩包袱、歇歇脚，要继续完成剩余贫困人口脱贫问题，做到摘帽不摘责任、摘帽不摘政策、摘帽不摘帮扶、摘帽不摘监管。要转变作风不懈怠。脱贫攻坚任务能否完成，关键在人，关键在干部队伍作风。要把全面从严治党要求贯穿脱贫攻坚全过程，强化作风建设，确保扶贫工作务实、脱贫过程扎实、脱贫结果真实。要及时纠正脱贫攻坚中反映的干部作风问题，深化扶贫领域腐败和作风问题专项治理，完善和落实抓党建促脱贫制度机制，加强贫困地区农村基层党组织建设，加强对一线扶贫干部的关爱和保障。习近平最后要求大家以昂扬的斗志、饱满的热情、旺盛的干劲，为如期全面打赢脱贫攻坚战、如期全面建成小康社会做出新的更大贡献。①

进入新时期，云南农村致贫原因又有新的变化，面对原因的复杂性和多样性，云南根据中央精神在2013年启动精准识别工作，由此进入精准扶贫阶段。在这一阶段，云南省扶贫工作最见成效，最为规范化、法治化。

在这一阶段，云南省出台了关于精准扶贫、精准脱贫的一系列顶层设计的相关立法和政策。2014年7月27日，云南省第十二届人民代表大会常务委员会第十次会议通过了《云南省农村扶贫开发条例》，该条例共6章33条，从总则、扶贫开发措施、项目和资金、监督和管理、法律责任等方面对农村扶贫开发工作做了全面规定。2017年3月31日，云南省第十二届人民代表大会常务委员会第三十三次会议通过《云南省人民代表大会常务委员会关于修改〈云南省农村扶贫开发条例〉的决定》，修改后的条

① 《习近平在甘肃代表团参加审议时强调　脱贫攻坚越到最后时刻越要响鼓重锤》http://news.youth.cn/sz/201903/t20190308_11890227.htm，最后访问日期：2019年3月16日。

例增加了两条，更加体现精准扶贫的思想，更加符合云南精准扶贫、脱贫攻坚的实际。2015 年 7 月 20 日，中共云南省委、省人民政府发布《关于举全省之力打赢扶贫开发攻坚战的意见》《关于深入落实党中央国务院脱贫攻坚重大战略部署的决定》。2015 年 7 月 20 日，中共云南省委办公厅、云南省人民政府办公厅发布了《关于建立扶贫攻坚“领导挂点、部门包村、干部帮户”长效机制 扎实开展“转作风走基层遍访贫困村贫困户”工作的通知》。为保证党和国家、省委省政府关于脱贫攻坚战略部署的落实，云南省人民政府扶贫开发领导小组办公室，各省级单位，州（市）、县（市、区）的党委政府也相应制定了政策措施，云南省精准扶贫、脱贫攻坚工作进入规范化、法治化阶段。2015 年底，云南启动和实施“五个一批”扶贫工程，力争通过产业扶持，让 300 万人脱贫；通过劳动力转移就业，让 100 万人脱贫；通过易地搬迁，使 30 万户共 100 万人迁往新居。面对特殊的致贫原因，云南省委、省政府严格落实党中央、国务院决策部署，制定脱贫攻坚责任制实施细则，细化加强脱贫攻坚组织保障措施，构建了“党政主责、部门同责、干部主帮、基层主扶”的责任体系，形成了“五级书记抓扶贫、党政同责促攻坚”的工作格局。加强对脱贫攻坚的领导，精准识别贫困人群，实施挂图作战精准管理，全面、系统地展示全省各地贫困状况、扶贫进度、责任人等信息；强化脱贫目标管理，以 2020 年为时间节点，以现行标准下贫困人口脱贫目标倒逼脱贫攻坚；严格按照“两不愁，三保障”为核心的脱贫标准，全面实行应退则退精准脱贫管理。

2017 年，云南省着力推进精准扶贫、精准脱贫。深入开展“找问题、补短板、促攻坚”等专项行动，扎实开展深度贫困地区脱贫“十大攻坚战”。省级以上财政专项扶贫资金投入 117.8 亿元、增长 26%，整合 195 亿元涉农资金支持脱贫攻坚。实现转移就业 54 万人次，实施易地扶贫搬迁 20 万人，围绕“4 类重点对象”实施危房改造 32 万户，生态扶贫使 57.9 万贫困人口直接受益，精准资助贫困户学生 89 万人，贫困人口全部参加基本医保和大病保险。全年有望实现115万贫困人口脱贫。①

2018年8月25日，云南省出台了《中共云南省委　云南省人民政府关于打赢精准脱贫攻坚战三年行动的实施意见》，启动打赢精准脱贫攻坚战三年行动计划，聚焦深度贫困地区，扎实推进“十大攻坚战”。针对脱贫攻坚任务艰巨繁重的现实情况，坚决扛起政治责任，突出抓好产业扶贫和易地扶贫搬迁，扎实推进精准扶贫、精准脱贫，首次实现贫困县数量减少，在15个县市正式退出贫困县序列的基础上，有望再实现33个贫困县摘帽、151万贫困人口净脱贫。围绕“搬得出、稳得住、能脱贫”，采取“50条措施”，累计完成54.5万建档立卡贫困人口易地扶贫搬迁任务，产业扶贫覆盖411.2万贫困人口，教育、医疗、住房“三保障”工作积极推进，完成40万户“4类重点对象”农村危房改造任务。2019年，云南省继续坚决打好精准脱贫攻坚战。紧盯目标任务，完善退出标准，确保130万贫困人口净脱贫、2457个贫困村出列、31个贫困县摘帽、7个“直过民族”整族脱贫。聚焦迪庆、怒江、昭通等深度贫困地区，着力解决“两不愁，三保障”突出问题。大力推进产业、就业扶贫，新增转移就业贫困劳动力10万人以上，新增公共服务岗位10万个以上，优先满足深度贫困地区不能外出务工的家庭就业。完成易地扶贫搬迁任务，确保搬迁一户、稳定脱贫一户。加强贫困地区义务教育控辍保学。切实保障贫困人口基本医疗需求。全面完成“4类重点对象”危房改造任务。做好兜底保障工作。建立健全稳定脱贫长效机制，研究解决收入水平略高于建档立卡贫困户的群体缺乏政策支持等新问题。做好脱贫攻坚与乡村振兴的衔接，巩固脱贫成果。抓好中央脱贫攻坚专项巡视和考核评估，发现问题并整改落实，做好沪滇、粤滇扶贫协作工作，加强对脱贫攻坚一线干部和驻村队员的关爱激励。②

① 阮成发：《2018年政府工作报告——2018年1月25日在云南省第十三届人民代表大会第一次会议上》。

② 阮成发：《2019年政府工作报告——2019年1月27日在云南省第十三届人民代表大会第二次会议上》。

第二节 精心谋划、全力推进：云南省贯彻落实精准扶贫思想的举措

习近平总书记关于扶贫的重要论述博大精深、内容丰富，是新时代中国扶贫开发、脱贫攻坚的指导思想，具体包括“决胜脱贫攻坚，共享全面小康”“坚持党的领导，强化组织保证”“坚持精准方略，提高脱贫实效”“坚持加大投入，强化资金支持”“坚持社会动员，凝聚各方力量”“坚持从严要求，促进真抓实干”“坚持群众主体，激发内生动力”“携手消除贫困，共建人类命运共同体”① 等 8 个方面的内容。②

一 精准扶贫思想的理论基础和政治基础

习近平总书记关于精准扶贫的重要论述是中国进入新时代后辩证唯物主义思想在扶贫领域具体运用的结果，具有深厚的理论基础，闪耀着马克思主义的理论光芒。

（一）精准扶贫思想的理论基础

1. 精准扶贫思想是实事求是的思想路线的必然结果

实事求是是毛泽东同志对党的思想路线的概括与体现，要求从实际出发，探究事物发展的客观规律。1941 年，毛泽东在《改造我们的学习》中明确地界定了实事求是的科学含义：“‘实事’就是客观存在着的一切事

① 中共中央党史和文献研究院、国务院扶贫办编《习近平扶贫论述摘编》，中央文献出版社，2018。

② 也有学者认为习近平关于扶贫的重要论述包括六个方面的内容：一是消除贫困是社会主义本质要求，二是农村贫困人口脱贫是全面建成小康社会最艰巨的任务，三是精准扶贫，四是扶贫与扶志、扶智相结合，五是携手减贫，六是多途径扶贫（如科学扶贫、综合扶贫、社会扶贫、阳光扶贫、科技扶贫、绿色扶贫等）。这些关于扶贫的重要论述中，最核心的是精准扶贫。（黄国勤：《中国扶贫开发的历程、成就、问题及对策》，《中国井冈山干部学院学报》2018 年第 3 期）

物，‘是’就是客观事物的内部联系，即规律性，‘求’就是我们去研究。我们要从国内外、省内外、县内外、区内外的实际情况出发，从其中引出其固有的而不是臆造的规律性，即找出周围事变的内部联系，作为我们行动的向导。”《中国共产党章程》把党的思想路线的基本内容完整地表述为：“一切从实际出发，理论联系实际，实事求是，在实践中检验真理和发展真理。”进入脱贫攻坚阶段，党中央针对扶贫开发取得的成绩、存在的问题（经济带动减贫效益下降）、面临的任务，对扶贫工作提出了扶贫脱贫“不落一人”的高标准要求，不同的贫困地区、不同的贫困户和不同的贫困人口都有其特殊的致贫原因，必须改变原来“大水漫灌”式的扶贫方式，需要分别采用不同的扶贫措施才能有效持久地脱贫。习近平总书记总结自己长期的扶贫实践经验，坚持实事求是和从实际出发原则，针对性地提出了关于精准扶贫的重要论述，客观地分析和研究贫困现象存在的客观现实，为我国消除贫困寻找到了良方。

2. 精准扶贫思想是辩证唯物主义整体与部分关系在扶贫工作中的具体运用

辩证唯物主义认为，整体居于主导地位，统率着部分，具有部分不具备的功能，要求人们树立全局观念，立足整体，统筹全局，实现最优目标。整体由部分组成，部分离不开整体，部分制约整体，关键部分的功能及其变化甚至对整体的功能起决定作用。要求人们重视部分的作用，搞好局部，用局部的发展推动整体的发展。国家既要考虑整体发展，又要考虑局部地区的发展。扶贫工作也不例外，贫困有其共同性问题，也有其特殊性问题；有整体性问题，也有局部性问题。2015 年 10 月 16 日，习近平总书记在北京举行的 2015 减贫与发展高层论坛上指出：“全面小康是全体中国人民的小康，不能出现有人掉队。未来五年，我们将使中国现有标准下七千多万贫困人口全部脱贫。”习近平总书记强调：“没有贫困地区的小康，没有贫困人口的脱贫，就没有全面建成小康社会。我们不能一边宣布实现了全面建成小康社会目标，另一边还有几千万人口生活在扶贫标准线以下。如果是那样，就既影响人民群众对全面建成小康社会的满意度，也影响国际社会对全面建成小康社会的认可度。所以，‘十三五’时期经济社会发展，关键在于补齐‘短板’，其中必须补好扶贫开发这块‘短板’。”①

3. 精准扶贫思想是辩证唯物主义对立统一规律（两点论）和矛盾发展不平衡理论（重点论）在扶贫领域的具体运用

对立统一规律认为，社会和思想领域中的任何事物以及事物之间都包含着矛盾性，事物矛盾双方既统一又斗争，推动着事物的运动、变化和发展。在扶贫工作中，矛盾是普遍存在的，既具有普遍性，又具有特殊性，不同地区的扶贫，不同时期、不同农户的致贫原因各不相同，扶贫面临的矛盾和问题也不相同。不同矛盾和矛盾的不同方面在事物发展过程中的地位和作用各自不同，即事物发展过程中的主要矛盾和次要矛盾、矛盾的主要方面和次要方面各不相同。重点论强调，分析和解决矛盾必须抓住主要矛盾、矛盾的主要方面，不能“眉毛胡子一把抓”。在扶贫工作中坚持对立统一规律和矛盾发展不平衡理论相统一，要求在扶贫工作中看问题、办事情，既要全面、统筹兼顾，又要善于抓住重点和主流。既要反对离开重点谈两点的均衡论，又要反对离开两点谈重点的一点论。重点论以两点论为前提，两点论内在地包含着重点论。习近平同志指出，抓扶贫开发，既要整体联动，有共性的要求和措施，又要突出重点，加强对特困村和特困户的帮扶。

4. 搞好调查研究，从群众中来、到群众中去，是精准扶贫思想提出的基本方式

“调查研究是做好领导工作的一项基本功，调查研究能力是领导干部整体素质和能力的一个组成部分。”“调查研究不仅是一种工作方法，而且是关系党和人民事业得失成败的大问题。”“搞好调查研究，一定要从群众中来、到群众中去，广泛听取群众意见。人民群众的社会实践，是获得正确认识的源泉，也是检验和深化我们认识的根本所在。”② 习近平总书记精准扶贫论述的形成并非一朝一夕之事，也不是闭门造车、主观臆断的结果，而是习近平总书记长期亲自参与扶贫工作、在脱贫攻坚第一线亲力亲

---

① 《十八大以来重要文献选编（中）》，中央文献出版社，2016，第775页。

② 习近平：《谈谈调查研究》，《学习时报》2011年11月21日。

为的经验总结和对中国扶贫实践进行深入研究后的理论升华。众所周知，习近平总书记从青年时期就开始致力于扶贫工作，几十年坚持不懈。2015 年 10 月 16 日，习近平总书记在2015 减贫与发展高层论坛做主旨演讲时指出："回顾中国几十年来减贫事业的历程，我有着深刻的切身体会。上个世纪六十年代末，我还不到十六岁，就从北京来到了陕北一个小村庄当农民，一干就是七年。那时，中国农村的贫困状况给我留下了刻骨铭心的记忆。我当时和村民们辛苦劳作，目的就是要让生活能够好一些，但这在当年几乎比登天还难。四十多年来，我先后在中国县、市、省、中央工作，扶贫始终是我工作的一个重要内容，我花的精力最多。我到过中国绝大部分最贫困的地区，包括陕西、甘肃、宁夏、贵州、云南、广西、西藏、新疆等地。这两年，我又去了十几个贫困地区，到乡亲们家中，同他们聊天。他们的生活存在困难，我感到揪心。他们生活每好一点，我都感到高兴。"① 可见，关于精准扶贫的重要论述，是习近平总书记数十年亲身扶贫的经验总结。

（二）精准扶贫思想的政治基础

2015 年 11 月 27 日，习近平总书记在中央扶贫工作会议上讲话时指出："反贫困是古今中外治国理政的一件大事。消除贫困、改善民生、逐步实现共同富裕，是社会主义的本质要求，是我们党的重要使命。新中国成立前，我们党领导广大农民'打土豪、分田地'，就是要让广大农民翻身得解放。现在，我们党领导广大农民'脱贫困、奔小康'，就是要让广大农民过上好日子。""得民心者得天下。从政治上说，我们党领导人民开展了大规模的反贫困工作，巩固了我们党的执政基础，巩固了中国特色社会主义制度。在国际风云激烈变幻的过程中，我们党和我国社会主义制度岿然不动，就是因为我们党的路线方针政策给亿万人民带来了好处。""民为邦本，未有本摇而枝叶不动者。""天下之治乱，不在一姓之兴亡，而在

① 《携手消除贫困，促进共同发展——在2015 减贫与发展高层论坛的主旨演讲》，《十八大以来重要文献选编（中）》，中央文献出版社，2016，第 719 页。

万民之忧乐。”我们共产党人必须有这样的情怀。“中国共产党在中国执政就是要为民造福，而只有做到为民造福，我们党的执政基础才能坚如磐石。”[①] 可见，精准扶贫、脱贫攻坚是事关我党初心，事关我党执政基础的大事。我国农村贫困人口规模大，贫困程度深、致贫原因复杂。解决了广大农村的贫困问题，让广大农民群众过上小康社会的幸福生活，就巩固了我党的执政基础。在脱贫攻坚阶段，扶贫干预主体多元、资源投入大，有序、有效推进脱贫攻坚系统工程，需要强有力的组织领导力。这也是习近平总书记提出精准扶贫论述的重要政治基础，是建构扶贫治理体制机制的重要保障。

为了通过精准扶贫、脱贫攻坚巩固党的执政基础，20 世纪 90 年代中期以来，我国实施了《国家八七扶贫攻坚计划（1994—2000 年）》、《中国农村扶贫开发纲要（2001—2010 年）》和《中国农村扶贫开发纲要（2011—2020 年）》，以及长期坚持实施具有共同富裕性质的东西部扶贫协作和定点扶贫，体现了我国在贫困治理上的政治优势和制度优势。脱贫攻坚是“十三五”期间的头等大事和第一民生工程，省、市、县、乡、村五级书记一起抓扶贫，党政一把手签订脱贫攻坚责任书、立下军令状，层层落实责任，实行严格责任制度，同时，向贫困村派出第一书记和驻村工作队，把脱贫攻坚任务落实到“最后一公里”，不脱贫不脱钩。这样就筑牢了我党精准扶贫、脱贫攻坚的政治基础。

二　精准扶贫思想的核心内容

2015 年 6 月 18 日，习近平总书记在贵州调研期间，专门主持召开了涉及武陵山、乌蒙山、滇桂黔集中连片特困地区的扶贫攻坚座谈会。在座谈会上，习近平阐述了精准扶贫的核心内容——“六个精准”，即扶持对象精准、项目安排精准、资金使用精准、措施到户精准、因村派人精准和脱贫成效精准。2015 年 6 月 18 日，习近平总书记在部分省市区扶贫攻坚

① 《在中央扶贫开发工作会议上的讲话（2015 年 11 月 27 日）》，《十八大以来重要文献选编（下）》，中央文献出版社，2018，第 31 ~ 32 页。

与“十三五”时期经济社会发展座谈会上发表讲话时指出：“切实做到精准扶贫。扶贫开发推进到今天这样的程度，贵在精准，重在精准，成败之举在于精准。搞大水漫灌、走马观花、大而化之、手榴弹炸跳蚤不行。要做到六个精准，即扶持对象精准、项目安排精准、资金使用精准、措施到户精准、因村派人（第一书记）精准、脱贫成效精准。各地都要在这几个精准上想办法、出实招、见真效。”① 根据习近平总书记关于精准扶贫的系列讲话和论述，精准扶贫的内容包括六个方面。

（一）扶持对象精准

扶持对象精准，就要求精确识别贫困户，贫困户应当被准确识别出来接受帮扶，非贫困户不能作为扶贫对象接受帮扶，这是开展精准扶贫的前提。2014 年 3 月 7 日，习近平总书记参加十二届全国人大二次会议贵州代表团审议，发表讲话时指出：“精准扶贫，就是要对扶贫对象实行精细化管理，对扶贫资源实行精确化配置，对扶贫对象实行精准化扶持，确保扶贫资源真正用在扶贫对象身上、真正用在贫困地区。”② 要做到精准识别，扶贫工作要不断明确识别贫困户的标准和范围，通过入户到人的深入调查，对经济状况困难的农户和个人建档立卡，做到贫困户登记卡，贫困村登记册。之后对贫困户进行多维分析、综合评估、客观研判、准确识别，把扶贫工作从“大水漫灌”变为“精准滴灌”，严防出现“扶假贫”。③“精准扶贫，关键是要把扶贫对象摸清搞准，把家底盘清，这是前提。心中有数才能工作有方。如果连谁是贫困人口都不知道，扶贫行动从何处发力呢?”④ 对建档立卡贫困村、贫困户和贫困人口定期进行全面核查，建立

① 中共中央党史和文献研究院、国务院扶贫办编《习近平扶贫论述摘编》，中央文献出版社，2018，第 58 页。

② 中共中央党史和文献研究院、国务院扶贫办编《习近平扶贫论述摘编》，中央文献出版社，2018，第 58 页。

③ 中共中央党史和文献研究院、国务院扶贫办编《习近平扶贫论述摘编》，中央文献出版社，2018，第 83 页。

④ 中共中央党史和文献研究院、国务院扶贫办编《习近平扶贫论述摘编》，中央文献出版社，2018，第 59 页。

精准扶贫台账，实行有进有出的动态管理。根据致贫原因和脱贫需求，对贫困人口实行分类扶持。建立贫困户脱贫认定机制，对已经脱贫的农户，在一定时期内让其继续享受扶贫相关政策，避免出现边脱贫、边返贫现象，切实做到应进则进、应扶则扶。

（二）项目安排精准

项目安排精准要求安排扶贫开发项目时要根据贫困地区的实际情况，因地制宜地发展适合当地的特色产业项目，不搞“一刀切”。2012 年 12 月，习近平总书记在河北阜平县考察扶贫开发工作讲话时指出：“各项扶持政策要进一步向革命老区、贫困地区倾斜，国家大型项目、重点工程、新兴产业在符合条件的情况下优先向贫困地区安排，引导劳动密集型产业向贫困地区转移。”“对比较典型的贫困地区，怎样给予更加倾斜的政策，给予更大力度的支持？越是贫困的地方，越是拿不出配套资金，这样扶贫政策就很难落实，效果也不会好。这个问题要加以解决。”2018 年，习近平总书记在打好精准脱贫攻坚战座谈会上发表讲话时要求：“要建立县级脱贫攻坚项目库，加强项目论证和储备，防止资金闲置和损失浪费。要健全公告公示制度，省、市、县扶贫资金分配结果一律公开，乡、村两级扶贫项目安排和资金使用情况一律公告公示，接受群众和社会监督。要加大惩治力度，对扶贫领域腐败问题，发现一起，严肃查处问责一起，绝不姑息迁就!”

（三）资金使用精准

资金使用精准要求政府在安排扶贫资金时要将“好钢用在刀刃上”，将有限的扶贫资金精准地分配到发展扶贫生产、扶贫搬迁、生态保护扶贫、教育扶贫、社会保障扶贫等领域，避免出现扶贫资金分配使用不合理和浪费现象，防止扶贫资金被违规挪用、占用或者使用。关于资金使用精准，习近平总书记要求：“扶贫资金是贫困群众的‘救命钱’，一分一厘都不能乱花，更容不得动手脚、玩猫腻!”“在顶层设计上，要采取更加倾斜的政策。”“按照脱贫攻坚要求，明显增加扶贫投入。扶贫开发投入力度，要同打赢脱贫攻坚战的要求相匹配。”“要加大中央和省级财政扶贫投入，坚持政府年增长率在扶贫开发中的主体和主导作用，增加金融资金对扶贫开发的投放，吸引社会资金参与扶贫开发。要积极支持开辟扶贫开发新的资金渠道，多渠道增加扶贫开发资金。”“在增加财政投入的同时，要加大扶贫资金整合力度。”① 反复多次要求完善资金管理，做到阳光扶贫、廉洁扶贫。2013 年，云南省制定了《云南省财政专项扶贫资金管理办法》《云南省扶贫贷款贴息管理暂行办法》《云南省专项扶贫资金项目公告公示实施办法》，明确规定财政专项扶贫资金是各级人民政府为解决农村贫困人口温饱问题、巩固温饱成果，支持农村贫困地区加快经济社会发展，改善扶贫对象基本生产生活条件，增强其自我发展能力，帮助提高收入水平，促进消除农村贫困现象而设立的专项资金，规范财政专项扶贫资金的管理，要求加大政府扶贫贷款财息资金投入，扶贫贴息贷款被用于到户贷款的比例不得低于 50%。鼓励各州（市）、县（市、区）财政积极安排贴息资金，加大到户贷款的扶贫力度。专项扶贫资金项目公告公示应纳入地方各级政府整体信息公开工作范畴，统一管理，并遵循公正、公平、全民、及时原则。使用和管理财政专项扶贫资金的各级相关部门，依据各自职责和业务范围，在当地政府领导下开展公告公示工作。2016 年，云南省设立总规模为 1152 亿元的云南浦发扶贫投资发展基金。筹集 653 亿元资金，启动实施现代职业教育和县级公立医院及妇女儿童医院扶贫工程，首批 37 个项目开工建设。继续实施积极的就业政策，以创业带动就业，完成 83 万人次农民工技能提升培训，累计转移农村劳动力 1036 万人次，城镇新增就业 44.8 万人。②

（四）措施到户精准

措施到户精准要求对贫困户的扶贫措施要精准，根据贫困户不同的贫

① 中共中央党史和文献研究院、国务院扶贫办编《习近平扶贫论述摘编》，中央文献出版社，2018，第 87 ~95 页。

② 阮成发：《2018 年政府工作报告——2018 年 1 月 25 日在云南省第十三届人民代表大会第一次会议上》。

困原因制定不同的脱贫方案，采取不同的脱贫措施，做到因户因人施策。习近平总书记指出："精准扶贫，一定要精准施策。要坚持因人因地施策，因贫困原因施策，因贫困类型施策。俗话说，治病要找病根。扶贫也要找'贫根'。对不同原因、不同类型的贫困，采取不同的脱贫措施，对症下药、精准滴灌、靶向治疗。"① 2016 年 2 月 2 日，习近平总书记在井冈山市考察工作时强调："扶贫脱贫的措施和工作一定要精准，要因户施策、因人施策，扶到点上、扶到根上，不能大而化之。"② 要做到措施到户精准，就要在扶贫工作中针对致贫原因，综合研判建档立卡户的基本情况和特殊性，找准建档立卡户的需求点，因户因人施策，按照缺啥补啥的原则落实帮扶项目、资金和措施，确保建档立卡户增收有保障、脱贫有质量。

（五）因村派人（第一书记）精准

因村派人（第一书记）精准要求推进精准扶贫工作必须有坚强有力的组织保障，上级政府根据不同的贫困村的实际情况，派驻擅长相关业务的干部担任贫困村党支部的第一书记，由第一书记负责贫困村精准贫困户、组织更多外部资源和力量帮助实施扶贫工作。2015 年，习近平总书记在部分省区市扶贫攻坚与"十三五"时期经济社会发展座谈会上发表讲话时指出："选派扶贫工作队是加强基层扶贫工作的有效组织措施，要做到每个贫困村都有驻村工作队、每个贫困户都有帮扶责任人。"③ 之后在 2016 年东西部扶贫协作座谈会上发表讲话时又强调："打赢脱贫攻坚战，各级干部特别是基层一线干部十分重要。要保护好干部积极性，对以各种方式到西部地区工作的干部，对驻村帮扶干部、第一书记、农村基层干部包括大

---

① 习近平：《在部分省区市扶贫攻坚与"十三五"时期经济社会发展座谈会上的讲话》，载中共中央党史和文献研究院、国务院扶贫办编《习近平扶贫论述摘编》，中央文献出版社，2018，第 60 页。

② 曹艳春：《四个"精准"是落实习近平扶贫思想的重要法宝》，http://theory.gmw.cn/2016-02/06/content_18816499.htm，最后访问日期：2020 年 3 月 9 日。

③ 中共中央党史和文献研究院、国务院扶贫办编《习近平扶贫论述摘编》，中央文献出版社，2018，第 37 页。

学生村官，要多关心他们，及时帮助他们解决实际困难。”① 为了做到因村派人（第一书记）精准，2015 年云南省出台了《云南省驻村扶贫工作队管理办法》，对驻村工作队的选派和组队、职能职责、日常管理、考核和奖惩以及保障措施等问题都做了明确规定。据相关部门介绍，沪滇、粤滇扶贫协作和“携手奔小康”行动实现 88 个贫困县全覆盖；全省 17896 个机关企事业单位参与“挂、包、帮”定点扶贫，59 万名干部结对帮扶贫困户，选派驻村扶贫工作队 7068 支、队员 38492 人、第一书记 6512 人，2066 个贫困村有了民营企业结对帮扶，实现帮扶工作“全覆盖”；沪滇、粤滇等东西部扶贫协作扎实推进，三峡集团、华能集团、烟草专卖局等央企对口帮扶启动实施。三峡集团、华能集团、大唐集团、云南中烟工业有限责任公司、云南省烟草专卖局（公司）到位“直过民族”和人口较少民族帮扶资金 32.5 亿元，预计带动 11 万贫困人口脱贫。②

（六）脱贫成效精准

脱贫成效精准，就是要求扶贫成果必须真实可靠，对贫困户脱贫起到实实在在的作用。2015 年 11 月 27 日，习近平总书记在中央扶贫开发工作会议上讲话时指出：“脱贫攻坚要取得实实在在的效果，关键是要找准路子、构建好的体制机制，抓重点、解难点、把握着力点。空喊口号、好大喜功、胸中无数、盲目蛮干不行，搞大水漫灌、走马观花、大而化之、手榴弹炸跳蚤也不行，必须在精准施策上出实招、在精准推进上下实功、在精准落地上见实效。”③ 要切实转变观念，将扶贫的思路和举措转到精准帮扶上，瞄准建档立卡贫困人口，重点解决好不愁吃、不愁穿和义务教育、基本医疗、住房安全有保障问题，杜绝扶贫成果作假和贫困户、贫困人口

---

① 中共中央党史和文献研究院、国务院扶贫办编《习近平扶贫论述摘编》，中央文献出版社，2018，第 44 页。

②《云南：高质量打赢打好脱贫攻坚战》，http：//www.cpad.gov.cn/art/2018/1/31/art_5_77641.html，最后访问日期：2019 年 3 月 29 日。

③ 中共中央党史和文献研究院、国务院扶贫办编《习近平扶贫论述摘编》，中央文献出版社，2018，第 62 页。

“被脱贫”现象的发生。脱贫成效精准，在脱贫攻坚中具有十分重要的意义。习近平总书记于2017年12月28日在中国农村工作会议上讲话时指出：“精准脱贫是我在党的十九大报告提出的三大攻攻坚战中对全面建成小康社会最具有决定性意义的攻坚战。现在离全面建成小康社会就剩下三年时间了。全面小康目标能否如期实现，关键取决于脱贫攻坚战能否打赢。没有农村贫困人口全面脱贫，就没有全面建成小康社会，这个底线任务不能打任何折扣，我们党向人民作出的承诺不能打任何折扣。”①

为了做到脱贫成效精准，2016年云南省出台了《云南省贫困退出机制实施方案》《云南省退出考核实施细则》，规定贫困退出坚持实事求是、分级负责、规范操作、正向激励的原则，分解了转变目标任务，明确了退出程序和标准。按照要求，贫困人口的退出标准是：围绕国家“两不愁，三保障”的总体目标，主要以贫困户人均可支配收入稳定超过国家扶贫标准且吃穿不愁为称量标准，同时考虑安全稳固住房、适龄青少年义务教育保障、基本医疗和社会养老保障及享受扶贫政策、资金、项目帮扶等情况。贫困村的退出以贫困发生率低于3%为主要衡量标准，统筹考虑道路硬化、通电、通广播电视、通网络宽带、农村饮水、卫生室、公共活动场所、适龄青少年入学和产业发展等情况。贫困县的退出以贫困发生率低于3%为主要衡量标准，同时考虑贫困县农村常住居民人均可支配收入增幅高于全省农村常住居民人均可支配收入增幅、精准扶贫和教育发展等情况。为了扣好精准扶贫、精准脱贫的第一颗“扣子”，云南省全面确定扶贫对象，明确应纳尽纳“零漏评”、应退尽退“零错评”、应扶尽扶“零错退”、档案规范“全记录”、数据精准“可追溯”等5个目标任务。组建动态管理工作队2.6万支共32.3万人，累计走访调查农户573.7万户共1857.8万人，采集、核查、比对、录入到村信息67.96万条，到户信息4812.4万条。做到了贫困对象基本情况清、致贫原因清、帮扶措施清、帮扶责任

① 中共中央党史和文献研究院、国务院扶贫办编《习近平扶贫论述摘编》，中央文献出版社，2018，第25页。

清、资金投入产出清、退出规划计划时序清。①

精准扶贫、精准脱贫是新时期脱贫攻坚的基本方略，其核心内容，就是要针对贫困人口不同的致贫原因分类精准施策，切实解决好“扶持谁”“谁来扶”“怎么扶”“如何退”等四个基本问题。要注重调动贫困地区和贫困人口的积极性和主动性，激发内生动力，加快脱贫步伐。

精准扶贫的核心是精准，脱贫攻坚成败在于是否精准。必须坚持精准扶贫、精准脱贫基本方略，持续解决好“扶持谁”“谁来扶”“怎么扶”“如何退”问题，进一步提高乡村规划建设、扶贫脱贫举措、考核督查等的精准度，找准痛点、难点、重点，对症下药、精准滴灌、靶向治疗，真正扶到点上、扶到根上，确保扶真贫、真扶贫，脱真贫、真脱贫。

精准扶贫的关键在落实。精准扶贫的成效在于确保可持续。脱贫难，难就难在“持久”上。脱贫攻坚一分部署、九分落实。既要强化政策、资金、项目等“刚性落实”，又要注重扶贫干部和贫困群众的精气神、作风、效能等“软实力建设”，以教育为引导，以监督为保障，以严惩治违规，切实解决好形式主义、官僚主义、弄虚作假、贪污腐化等问题，确保扶贫领域风清气正、规范务实、心齐劲足，激励广大一线扶贫干部在新时代有新担当、新作为、新成效。

三　实现精准脱贫的基本措施

在2015年11月27日至28日的中央扶贫开发工作会议上，习近平总书记明确强调，要按照贫困地区和贫困人口的具体情况，实施“五个一批”工程，即“发展生产脱贫一批，易地搬迁脱贫一批，生态补偿脱贫一批，发展教育脱贫一批，社会保障兜底一批”。这“五个一批”的提出，为解决农村脱贫攻坚工作指明了路径和方向。

（一）发展生产脱贫一批

发展生产脱贫一批，要求从贫困地区实际情况出发，利用当地资源优

① 《云南两会举行专题新闻发布会：高质量打赢打好脱贫攻坚战》，http：//news. ifeng. com/a/20180130/55595537_ 0. shtml，最后访问日期：2019年3月24日。

势，发展特色产业，引导和支持有劳动能力的人实现就业，依靠自己的劳动实现就地脱贫。习近平总书记指出：“产业扶贫是稳定脱贫的根本之策，但现在大部分地区产业扶贫措施比较重视短平快，考虑长期效益、稳定增收不够，很难做到长期有效。如何巩固脱贫成效，实现脱贫效果的可持续性，是打好脱贫攻坚战必须正视和解决好的重要问题。”“扶贫不是慈善救济，而是要引导和支持所有有劳动能力的人，依靠自己的双手开创美好明天。对贫困人口中有劳动能力、有耕地或其他资源，但缺资金、缺产业、缺技术、缺技能的，要立足当地资源，宜农则农、宜林则林、宜牧则牧、宜商则商、宜游则游，通过扶持发展特色产业，实现就地脱贫。”① 发展生产脱贫一批的主要方式是对有劳动能力、可通过生产和务工实现脱贫的贫困人口，通过大力发展区域特色产业，开展技能培训和就业促进服务，让其在发展生产和务工中稳定增收。

在产业扶贫方面，云南省综合运用行政和市场两个方面的力量，坚持外出转移就业和就地就近就业两手发力，建立从动员到培训、输出、管理服务的全链条工作机制，实现对贫困劳动力技能培训全覆盖，提高转移就业组织化程度，提高农村转移人口的就业质量、就业收入和就业稳定性。2017 年，云南省出台了《云南省高原特色农业现代化建设总体规划（2016—2020年）》，云南省特色产业稳健发展，蔬菜、花卉、茶叶、水果、甘蔗、油料、咖啡、马铃薯、橡胶、蚕桑十大类特色经作种植面积为 6088. 7 万亩。其中，茶叶、蔬菜、花卉、水果 4 个产业的产值过百亿元，分别为 623 亿元、608 亿元、400 亿元和 230 亿元；甘蔗、马铃薯产业产值均接近百亿元。畜牧业产值为 1031 亿元。渔业总产值为 81. 7 亿元，水产养殖面积为 213. 3 万亩，产量为 93. 7 万吨，居西部省区第三。林业总产值为 317 亿元，同比增长 9. 7%。农业利用外资达 2825 万美元，农产品出口到 116 个国家和地区，出口额达 40. 55 亿美元，水果、蔬菜成为第一和第二大宗出口农产品。在产业、

① 中共中央党史和文献研究院、国务院扶贫办编《习近平扶贫论述摘编》，中央文献出版社，2018，第 65 ~ 66 页。

就业扶贫方面，实行特色产业精准到户、旅游扶贫带动到户、利益机制连接到户、金融支持惠及到户、培训就业服务到人。全年通过种植养殖业带动16.9万户贫困户脱贫，旅游业带动12.1万贫困人口脱贫，发放扶贫小额信贷资金100.69亿元、惠及22.57万贫困户；完成建档立卡贫困劳动力就业培训100.44万人次，实现转移就业63万人次。支持一大批农业龙头企业、农民专业合作社、家庭农场，与贫困户建立紧密的利益联结机制。

2016年12月20日，云南省人民政府办公厅印发了《云南省沿边开放经济带发展规划（2016—2020年）》（云政办发〔2016〕142号），规划范围为云南省怒江州、保山市、德宏州、临沧市、普洱市、西双版纳州、红河州、文山州8个边境州市的25个边境县市。规划坚持创新、协调、绿色、开放、共享的发展理念，以扩大沿边开放为主线，以推进协同发展为核心，以深化改革创新为动力，着眼内外联通、纵横连接，比较优势，统筹协调，完善功能，稳边安边，绿色发展，在联动廊带和区域协同中培育形成我省区域发展新的经济增长带，推动实现与全省同步建成全面小康社会，努力打造面向南亚东南亚辐射中心的前沿窗口。

（二）易地搬迁脱贫一批

易地搬迁脱贫一批，要求对于难以实现就地脱贫的贫困人口，要有计划、有步骤、有组织地实施搬迁。习近平总书记指出：“生存条件恶劣、自然灾害频发的地方，通水、通路、通电等成本很高，贫困人口很难实现就地脱贫、需要实施易地搬迁。这是一个不得不为的措施，也是一项复杂的系统工程，政策性强、难度大，需要把工作做深做细。”① 易地搬迁脱贫主要是针对居住在生存环境恶劣、生态环境脆弱、不具备基本发展条件的地区的贫困人口，以及居住过于分散、基础设施和公共服务设施配套难的地方的贫困人口，有计划地开展移民搬迁。易地搬迁脱贫要确保搬得出、

① 中共中央党史和文献研究院、国务院扶贫办编《习近平扶贫论述摘编》，中央文献出版社，2018，第66页。

稳得住、能致富，让“一方水土养得起一方人”，防止“贫困恶性循环”。[①]“要有序推进易地搬迁扶贫，让搬迁群众搬得出、留得下、能致富，真正融入新的生活环境。”[②]

2010年，云南省出台了《云南省易地扶贫开发项目管理暂行办法》，以“搬得出、稳得住、能致富”为目标，确立了易地扶贫开发必须遵循坚持“瞄准对象，群众自愿”“政府主导，自力更生”“集中力量，整合资金”“就地就近小规模集中和插花安置为主”“易地扶贫开发与工业化、城镇化、产业结构整合、生态建设、灾害防治、新农村建设有机结合”的原则。经过努力，云南省在“十三五”期间要完成150万人的易地搬迁任务。云南省民政厅下发《关于进一步做好易地扶贫搬迁相关工作的通知》，明确提出，搬迁到城镇区域且符合条件的困难群众，享受迁入地城市最低生活保障待遇；搬迁到农村区域且符合条件的困难群众，享受迁入地农村最低生活保障待遇。2017年，云南省实施44.5万建档立卡贫困人口易地扶贫搬迁，2018年，15万人搬迁任务全面加快，386个集中安置点100%开工。新增34.5万人搬迁任务有序推进。其中2018年下达的4万人搬迁任务，39个集中安置点100%开工；剩余的30.5万人搬迁任务已经同步开展前期工作。[③] 2018年，中共云南省委、省人民政府出台了《关于进一步做好易地扶贫搬迁工作的指导意见》，对易地搬迁脱贫一批做了明确、具体的要求。截至2018年，云南省累计完成54.5万建档立卡贫困人口易地扶贫搬迁任务。

（三）生态补偿脱贫一批

生态补偿脱贫一批，要求对生态环境特别重要和脆弱的地区实行退耕还

---

① 贫困恶性循环理论（vicious circle of poverty）由英国经济学家辛格于1949年最早提出，美籍爱沙尼亚经济学家、哥伦比亚大学教授纳克斯（Nurkse）于1953年在其著作《不发达国家资本的形成》一书中提出关于资本与经济发展关系的理论。纳克斯认为，“一国穷是因为它穷”（A country is poor because it is poor），即他认为发展中国家长期贫困的原因，并非国内资源不足，而是经济中存在若干互相联系、互相作用的“恶性循环系列”。

② 中共中央党史和文献研究院、国务院扶贫办编《习近平扶贫论述摘编》，中央文献出版社，2018，第82页。

③《云南省发改委全力推进易地扶贫搬迁工作》，http://yn.people.com.cn/n2/2018/1218/c378439-32424804.html，最后访问日期：2019年3月24日。

林、退耕还牧、退耕还湖等措施，开展加大贫困地区生态保护和修复力度的相关工作，扩大相关政策覆盖范围和领域，加大重点生态功能区转移支付力度，有意识地让有劳动能力的贫困人口就地转成护林员、护湖员等生态保护人员，以解决当地贫困人口的工作和收入来源问题。习近平总书记指出："在生存条件差、但生态系统重要、需要保护修复的地区，可以结合生态环境保护和治理，探索一条生态脱贫的新路子。不少地方既是贫困地区，又是重点生态功能区或自然保护区，还是少数民族群众聚居区，如西藏、四省藏区、武陵山区、滇黔桂部分贫困地区等。要加大贫困地区生态保护修复力度，增加重点生态功能区转移支付，扩大政策实施范围。"① 云南省选聘4.53万建档立卡贫困人口为生态护林员，落实生态护林员补助资金4亿元。

（四）发展教育脱贫一批

发展教育脱贫一批，要求政府相关部门把发展教育的经费和政策持续大量地投入贫困地区的国民基础教育、职业教育、技能培训等方面，帮助贫困地区改善办学条件，对农村贫困家庭幼儿特别是留守儿童给予特殊关爱，解决因学致贫、因贫失学家庭孩子的就学问题。2012年12月29日、30日，习近平总书记在河北省阜平县考察扶贫开发工作时指出："治贫先治愚。要把下一代的教育工作做好，特别是要注重山区贫困地区下一代的成长。下一代要过上好生活，首先要有文化，这样将来他们的发展就完全不同。义务教育一定要搞好，让孩子们受到好的教育，不要让孩子们输在起跑线上。古人有'家贫子读书'的传统。把贫困地区孩子培养出来，这才是根本的扶贫之策。"2014年，习近平总书记在中央经济工作会议上发表讲话时指出："抓好教育是扶贫开发的根本大计，要让贫困家庭的孩子都能接受公平的有质量的教育，起码学会一项有用的技能，不要让孩子输在起跑线上，尽力阻断贫困代际传递。"习近平总书记指出："扶贫必扶

① 中共中央党史和文献研究院、国务院扶贫办编《习近平扶贫论述摘编》，中央文献出版社，2018，第67页。

智，让贫困地区的孩子们接受良好教育，是扶贫开发的重要任务，也是阻断贫困代际传递的重要途径。”“发展教育脱贫一批，治贫先治愚，扶贫先扶智，国家教育经费要继续向贫困地区倾斜、向基础教育倾斜、向职业教育倾斜，帮助贫困地区改善办学条件，对农村贫困家庭幼儿特别是留守儿童给予特殊关爱。”① 2017 年，云南省精准推进教育扶贫，实施精准资助，春季学期共资助建档立卡贫困家庭学生 890474 人，落实资助资金 10. 38 亿元，秋季学期共资助建档立卡贫困家庭学生 1106755 人，落实资助资金 14. 72 亿元。2018 年，云南省出台了《云南省人民政府办公厅关于深化产教融合的实施意见》，从构建教育和产业深度融合发展格局、着力发挥企业重要主体作用、加强产教融合人才培育、促进产教供需双向对接、强化产教融合支撑保障等方面开展工作，通过产教融合，为云南省的教育扶贫做出积极贡献。

（五）社会保障兜底一批

社会保障兜底一批，要求对完全或者部分丧失劳动能力、无法通过产业扶持和就业帮助实现脱贫的贫困人口，包括贫困残疾人，以及“五保供养”的农村特困人员，由政府通过社会保障来兜底解决。当地要根据国家标准统筹协调农村扶贫标准和农村低保标准，实际给予贫困人口相应的物质帮助和精神鼓励，支持和引导社会救助机构、慈善机构和爱心组织参与社会救助活动；要加强医疗保险和医疗救助，新型农村合作医疗和大病保险政策要对贫困人口倾斜，防止因病致贫、因病返贫。② 要高度重视革命老区脱贫攻坚工作。主要针对患大病、慢性病的贫困人口，建立与新农合

① 中共中央党史和文献研究院、国务院扶贫办编《习近平扶贫论述摘编》，中央文献出版社，2018，第 68 页。

② 2016 年 8 月 19 日，习近平总书记在《全国卫生与健康大会上的讲话》时指出：“患病是致贫返贫的重要原因。据统计，我国农村贫困人口中患大病的有二百四十万人，患长期慢性病的有九百多万人。要深入实施健康扶贫工程，提高贫困地区医疗卫生服务能力，做到精确到户、精准到人、精准到病，通过加强人才培养、对口支援等形式提高当地卫生服务能力，保障贫困人口健康。”

制度有效衔接的大病保险制度。习近平总书记指出:“到二〇二〇年难免还有这样的贫困人口,要由社会保障来兜底。这就涉及农村扶贫标准和农村低保标准相衔接的问题。”“要统筹协调农村扶贫标准和农村低保标准,按照国家扶贫标准综合确定各地农村低保的最低指导标准,低保标准低的地区要逐步提高到国家扶贫标准,实现‘两线合一’,发挥低保线兜底作用。”①

2017 年,云南省出台了《云南省健康扶贫 30 条措施》,针对建档立卡贫困人口看病就医建立“四重保障”,实现“九个确保”②,全省建档立卡贫困人口参加城乡居民基本医保和大病保险率达到 100%。为进一步贯彻落实党中央、国务院决战脱贫攻坚、决胜全面小康的决策部署,全面加强建档立卡贫困户、低保户、农村分散供养特困人员、贫困残疾人家庭 4 类重点对象的农村危房改造工作,切实解决好 4 类重点对象的安居问题,2017 年云南省出台了《关于加强全省脱贫攻坚 4 类重点对象农村危房改造工作的意见》,实施危房改造 32.34 万户,开工率为 100%、竣工率为 87.5%,其中建档立卡贫困户为 19.82 万户。

(杨临宏 执笔)

---

① 中共中央党史和文献研究院、国务院扶贫办编《习近平扶贫论述摘编》,中央文献出版社,2018,第 59 页。

② 即从 2017 年起,建立完善城乡居民基本医疗保险、大病保险、医疗救助、医疗费用兜底保障机制“四重保障”措施,实现“九个确保”:确保建档立卡贫困人口 100% 参加基本医保和大病保险;确保建档立卡贫困人口家庭医生签约服务率达到 100%;确保建档立卡贫困人口 28 种疾病门诊政策范围内报销比例达到 80%;确保建档立卡贫困人口符合转诊转院规范的住院治疗费用实际补偿比例达到 90%;确保 9 类 15 种大病集中救治覆盖所有建档立卡贫困人口;确保医疗救助覆盖所有建档立卡贫困人口;确保符合手术条件的建档立卡贫困人口白内障患者得到免费救治;确保建档立卡贫困人口个人年度支付的符合转诊转院规范的医疗费用不超过当地农村居民人均可支配收入;确保贫困县脱贫摘帽时至少有 1 所县级公立医院达到二级医院标准(30 万人口以上的达到二级甲等),每个乡镇有 1 所标准化乡镇卫生院,每个行政村有 1 所标准化村卫生室。

第二章

产业扶贫：云南制造脱贫致富的“造血机”

产业扶贫是中国特色扶贫开发模式的重要特征。只有产业真正发展起来，才能彻底拔掉“穷根”，实现脱贫致富。在精准扶贫的实践中，产业扶贫在“五个一批”和“五个振兴”中都处于重要地位，也表明了习近平总书记对产业扶贫的高度重视。2016 年 4 月，习近平总书记在安徽考察时指出：“要脱贫也要致富，产业扶贫至关重要，产业要适应发展需要，因地制宜、创新完善。”同年 7 月，习近平总书记在宁夏考察时强调，发展产业是实现脱贫的根本之策，要因地制宜，把培育产业作为推动脱贫攻坚的根本出路。云南省自党的十八大以来深入贯彻习近平精准扶贫的有关理论和国务院的决策部署，进行了一些有益实践。云南省人民政府办公厅出台了《关于加快推进产业扶贫精准脱贫的指导意见》，确定了全省产业扶贫发展思路和总体目标，明确了省级各部门工作职责，提出了推进产业扶贫的具体措施。为了帮助贫困县发挥比较优势、选准扶贫产业，省农业厅联合省扶贫办等 8 个部门制定实施了《云南省“十三五”特色产业精准扶贫规划》，组织 88 个贫困县（市、区）编制了《特色产业精准扶贫规划》。2018 年，云南省农业厅制定了《云南省打好深度贫困地区产业就业攻坚战实施方案》《云南省农业厅助推深度贫困地区脱贫攻坚工作方案》，将政策精确瞄准全省 27 个深度贫困县。结合上述政策，本章从云南省的扶贫产业布局、资源禀赋、帮扶模式入手，介绍了云南省产业扶贫的政策设计，并结合云南温氏养殖、大理金融扶贫“政担银农保”、生态产业扶贫、“123518”旅游扶贫工程等典型案例介绍了云南省在产业扶贫中的创新与实践。最后，针对研究中发现的一些现实困境，提出了一些有益的政策完善建议。

第一节　中国产业扶贫的政策体系与典型模式

一　中国产业扶贫的政策体系

消除贫困、改善民生、逐步实现共同富裕，是社会主义的本质要求。从我国多年的扶贫工作实践来看，产业带动是脱贫攻坚的有力保障，甚至有人提出没有产业扶贫，就无法全面打赢脱贫攻坚战。产业扶贫一直是我国开发式扶贫的主要模式之一，与东西协作、易地扶贫搬迁、定点帮扶一脉相承。它与过去救济式扶贫模式不同，贯彻于我国新时期开发式扶贫模式的各个阶段。早在《国家八七扶贫攻坚计划》中就将“依托资源优势，按照市场需求……组织千家万户连片发展，专业化生产，逐步形成一定规模的商品生产基地或区域性的支柱产业”作为扶贫开发的主要形式。21世纪初提出的《中国农村扶贫开发纲要（2001—2010年）》中，仍然将发展种养殖业和推进农业产业化经营作为扶贫开发的重点内容和主要途径，并在这个时期正式提出了产业扶贫的概念，使其与农村劳动力转移、整村推进一起形成了“一体两翼”的扶贫战略模式。在《中国农村扶贫开发纲要（2001—2010年）》中，产业扶贫正式成为五大专项扶贫中的重要一环：“充分发挥贫困地区生态环境和自然资源优势，推广先进实用技术，培植壮大特色支柱产业，大力推进旅游扶贫。促进产业结构调整，通过扶贫龙头企业、农民专业合作社和互助资金组织，带动和帮助贫困农户发展生产。引导和支持企业到贫困地区投资兴业，带动贫困农户增收。”2012年，国务院扶贫办和农业部、林业局、旅游局共同下发了《关于集中连片特殊困难地区产业扶贫规划编制工作的指导意见》，明确提出每个片区用于产业发展的扶贫资金要占财政专项扶贫资金的70%以上。2015年中共中央、国务院颁布的《关于打赢脱贫攻坚战的决定》，将“发展特色产业脱贫”作为实施精准扶贫重点方略之一。2016年由农业部、国家发改委、财政部、中国人民银行等9个部门联合印发的《贫困地区发展特色产业促进精准脱贫指导意见》指出“发展特色产业是提高贫困地区自我发展能力的根本举措。这涉及3000万以上农村贫困人口的精准脱贫”。2017年11月，中共中央办公厅、国务院办公厅印发了《关于支持深度贫困地区脱贫攻坚的实施意见》，对深度贫困地区脱贫攻坚工作做出全面部署，并强调要坚持产业发展等精准扶贫的基本方略，确保贫困人口的参与和受益。2018年6月最新出台的《中共中央 国务院关于打赢脱贫攻坚战三年行动的指导意见》再次强调：“深入实施贫困地区特色产业提升工程，因地制宜加快发展对贫困户增收带动作用明显的种植养殖业、林草业、农产品加工业、特色手工业、休闲农业和乡村旅游，积极培育和推广有市场、有品牌、有效益的特色产品。”

总体上，在“精准扶贫”的思想体系中，与市场机制紧密结合的产业扶贫仍然是脱贫攻坚的重要手段。习近平总书记在河北张家口看望慰问基层干部群众时提出，“要把发展生产扶贫作为主攻方向，努力做到户户有增收项目、人人有脱贫门路”。中央明确提出，“十三五”期间通过产业扶贫实现3000万以上农村贫困人口脱贫。

二 中国产业扶贫的典型模式

首先，从组织模式的角度来看，我国的产业扶贫可以分为龙头带动型、合作社带动型、党建模式和电商扶贫模式。其中龙头带动型和合作社带动型是产业扶贫体系中运用最多的两种组织模式。

龙头带动型一般是以“公司+农户”为核心，随着市场发育程度的不同或当地资源优势的差异再相应地有所变化，如转变为“公司+基地+农户”“龙头+产业+农户”。此种模式既能克服普通农户对市场行情把握能力差、产品种植或养殖技术不过关、缺乏议价能力等缺点，又能培育壮大当地特色产业、延长产业链、可以借助大企业专业的营销团队开拓市场等优点，但存在利益衔接机制不稳固、合同约束力差、公司与农户双方利益不稳固的隐患。

合作社带动型是指农民自愿联合成立合作社，合作社发展壮大后，自主延伸产业链，对社内成员或社外成员的产品直接进行加工、储运、营销等，实现专业化生产的一种组织模式。合作社是农民为了改善生产生活条件，获取共同的经济、社会利益，通过资金、劳动力、技术或生产资料入股的方式，在平等自愿的基础之上，自愿联合起来的一种合作经济组织。① 部分地区也有将财政专项扶贫资金和其他涉农资金投入资产以折股量化给贫困户再交由合作社统一经营的情况。在合作社带动型的组织模式下，农户、社员、经营者和股东"四位一体"，对外追求利润最大化，对内不以营利为目的。耕地的规划、农资的购买以及农产品的生产、加工、包装和销售都由合作社统一管理，最后实现盈余返还。

党建模式就是在产业扶贫中，重视发挥基层党组织和广大党员的先锋模范作用，扎实开展基层党建与精准扶贫工作，使基层党建工作真正地融入扶贫、服务扶贫、推动扶贫。在实施脱贫攻坚战的过程中，不断夯实党组织建设，特别是重视发挥基层党组织的政治优势、组织优势和资源优势，增强基层党组织联系群众、服务群众、凝聚群众、造福群众的功能。②

电商扶贫模式通过引导贫困地区的贫困人口在产业扶贫的过程中运用电子商务及物流配送等关联产业解决销售及就业问题。其本质上是一种扩大贫困地区销售市场，让贫困地区与外部大市场对接，提高贫困农户收入的方式。公众熟知的阿里巴巴集团、京东集团、苏宁等著名电商企业都把电商扶贫作为企业履行社会责任的重要使命，取得了不俗成绩。2018 年，国家级贫困县在阿里巴巴平台网络销售额超过 630 亿元，共有 200 万商家、4.2 亿用户通过阿里巴巴公益和蚂蚁金服公益双平台进行公益捐赠，累计帮扶贫困人口超过 774 万人次。③ 京东自 2016 年 1 月与国务院扶贫办签署电商精准扶贫战略合作协议以来，在 832 个国家级贫困县发展合作商 6000 余家，上线贫困地区商品 136 个品类，累计销售额 200 亿元，累计帮扶 10

① 李培林等主编《中国扶贫开发报告 2016》，中国社会科学出版社，2016，第 113 页。
② 李培林等主编《中国扶贫开发报告 2017》，中国社会科学出版社，2017，第 346 页。
③ 《2018 年阿里巴巴脱贫工作报告》，前言。

万户建档立卡贫困家庭平均增收2000元至3000元。从2016年第一季度至2018年第二季度，京东在全国832个贫困县上线商品超300万种，实现销售额超300亿元。①

其次，按产业的具体内容来分，我国的产业扶贫可以分为特色种养、乡村旅游扶贫带动、资产收益、光伏产业、生态农业等模式。特色种养模式是利用贫困地区资源优势发展特色产品种养殖，鼓励引导工商资本进入农业生产领域，发展生态高效农业和农产品加工业，打造贫困村特色产业，延伸农产品价值链，带动贫困户就地就业增收。乡村旅游扶贫带动模式利用当地旅游资源，充分发挥旅游业在脱贫攻坚中的拉动能力、融合能力，带领当地贫困群众脱贫致富。乡村旅游扶贫也可以延伸为区域特色产业新业态，以旅游发展助推农民脱贫，让旅游带动农民致富。乡村旅游扶贫为当地贫困户提供了就业岗位，让贫困户在家门口解决就业问题，实现增收。通过调研发现，旅游有利于通过市场化的机制扶贫，在保护当地美好生态环境的同时，改变贫困地区的封闭状态，促进贫困地区人口在物质上和精神上双脱贫。② 资产收益模式是在扶贫产业项目中，将自然资源、扶贫资金、农户权益资本化或股权化，相关经营主体利用这类资产产生经济收益后，贫困村与贫困农户按照股份或特定比例获得收益。这种模式不依赖农户的独立经营能力，对失能和弱能贫困人口具有针对性。赋予贫困户产权或股权，有利于贫困农户积累资产并利用这些资产持续受益，实现持久脱贫。光伏产业模式是通过在光能丰富的贫困地区建设光伏发电站，将所得收益用于建档立卡贫困村和贫困人口的脱贫，实现贫困户、贫困村集体收入的稳定和可持续的一种脱贫方式。国家发改委、国务院扶贫办等5个部门于2016年发布《关于实施光伏发电扶贫工作的意见》，决定在全国具备光伏发电建设条件的贫困地区逐步开展光伏扶贫工程。光伏扶贫工程规划“在2020年之前，重点在前期开展试点的，光照条件较好的16个

---

① 《京东电商精准扶贫获国家荣誉》，http://www.ebrun.com/20171011/249233.shtml，最后访问日期：2018年12月3日。

② 李培林等主编《中国扶贫开发报告2017》，中国社会科学出版社，2017，第341页。

省的471个县的约3.5万个建档立卡贫困村，以整村推进的方式，保障200万建档立卡无劳动能力贫困户（包括残疾人）每年每户增加收入3000元以上”[①]。生态农业模式通过保护生态和发展生态经济，实现修复生态、保护环境和消除贫困的目的。自然生态较好、自然资源较丰富地区，利用丰富的自然资源发展林下经济、循环经济、特色产业、生态旅游业，促进生态保护和扶贫开发良性互动。

第二节　云南产业扶贫成效与主要举措

自中央提出实施“精准扶贫战略”以来，云南省产业扶贫推进举措日渐扎实，先后出台了《中共云南省委云南省人民政府关于深入贯彻落实党中央国务院脱贫攻坚重大战略部署的决定》《云南省农村扶贫开发纲要（2011—2020年）》《云南省农村扶贫开发条例》《中共云南省委云南省人民政府关于打赢精准脱贫攻坚战三年行动的实施意见》等纲领性文件。在此基础上，云南省政府出台了《关于加快推进产业扶贫精准脱贫的指导意见》，确定了全省产业扶贫发展思路和总体目标，明确了省级各部门工作职责，提出了推进产业扶贫的具体措施。为了帮助贫困县发挥比较优势、选准扶贫产业，省农业厅联合省扶贫办等8个部门制定实施了《云南省“十三五”特色产业精准扶贫规划》，组织88个贫困县（市、区）编制了《特色产业精准扶贫规划》。2018年，云南省农业厅制定了《云南省打好深度贫困地区产业就业攻坚战实施方案》《云南省农业厅助推深度贫困地区脱贫攻坚工作方案》，将政策精确瞄准全省27个深度贫困县。在以上政策方案的指导下，近年来云南省产业扶贫形成的主要举措有三点。

① 国家发展改革委、国务院扶贫办公室、国家能源局、国家开发银行、中国农业发展银行联合发布的《关于实施光伏发电扶贫工作的意见》。

一 优化产业布局，做大重点产业

云南省以做强特色种养业和农产品加工业为目标，坚持特色化、规模化、品牌化方向，打造大产业、培育新主体、建设新平台。在“十三五”期间，省农业厅联合省扶贫办等8个部门制定实施了《云南省高原特色农业现代化建设总体规划（2016—2020年）》。该规划构建了云南省“15111”产业空间布局，即“一个核心发展区域，五大重点产业板块，一批优势农产品产业带，一批现代农业示范园区，一批特色产业专业村镇”，打造合理化、集中化、优势突出的新格局。依托滇中城市经济圈蔬果、花卉等重点产业的龙头作用和农业科研机构集中核心优势，聚合生产要素，整合建设高原特色农业生物谷，并带动全省优势农业产业提质增效。目前已形成了地域特征鲜明的高原特色现代农业产业布局，如滇东北的中药材、水果、生猪、牛羊、蔬菜、花卉等产业，滇东南的中药材、蔬菜、水果、生猪、牛羊、茶叶等产业，滇西重点发展的核桃、牛羊、生猪、蔬菜、中药材、水果、食用菌等产业，滇西北重点发展的牛羊、生猪、中药材、蔬菜、核桃、水果、食用菌等产业，滇西南重点发展的茶叶、咖啡、热带水果、核桃、中药材、食用菌等产业。为了使产业规划更加精准，避免产业的同质化，各部门还组织开展脱贫攻坚“找问题、补短板、促攻坚”专项行动，为云南省88个贫困县（市、区）编制了《特色产业精准扶贫规划》，针对扶贫产业布局不合理的问题，全面梳理贫困地区5970个行政村“一村一品”清单。

截至2017年底，全省种植业带动9万户贫困户脱贫、养殖业带动7.9万户贫困户脱贫。2015—2017年云南脱贫人口中有38%的贫困人口通过发展特色产业实现脱贫。其中迪庆、曲靖、昆明过半的脱贫人口依靠“种—养”结合的生产循环模式脱贫致富。迪庆依靠发展特色种养殖业使脱贫人口比例占到84.13%。

二　立足资源禀赋，做强特色产业

产业扶贫不但要扩大产业规模、延长产业链、形成优势品牌，更重要的是紧靠自身资源禀赋，发挥比较优势。研究表明，在产业发展中，遵循比较优势的经济，无论是在本国还是世界市场上，其竞争力都是最强的。① 云南省立足自身的资源特点，选择具有较强扩散效应的林业和森林旅游业作为产业扶贫的主导产业，通过扩散效应将贫困户辐射到产业链的各个环节，不但实现了贫困户脱贫致富，也带动整个地区实现产业升级，促进了区域经济的发展。

云南省在扶贫攻坚中立足党中央对云南建设生态文明“排头兵”的战略定位，在产业扶贫中始终与“生态扶贫”相结合，使山林经济成为贫困群众赖以稳定脱贫的“绿色银行”。云南省作为长江上游重要生态屏障，拥有全流域11.5%的森林面积，省内94%的面积是山区，66%的面积是林地。这既是云南省发展现代机械化农业的制约因素，也是产业扶贫的资源禀赋。云南省产业扶贫始终与退耕还林政策相结合，始终不忘森林覆盖率达到60%的目标。大力发展各类经济林果和林下经济，着力打造森林生态旅游，让山林成了“聚宝盆”，好风景带来好“钱景”。2017年云南省森林生态旅游收入达到105.9亿元，直接带动相关产业产值93亿元。如普者黑国家湿地公园是全国“景区带村”旅游扶贫示范景区，景区群众人均年收入超过3万元。据统计，云南全省木本油料种植面积已达到4900万亩，产值290亿元，省内88个贫困县建档立卡贫困户户均拥有4.3亩经果林，人均林业收入突破2000元。核桃种植面积、产量、产值均居全国之首，澳洲坚果种植面积更是占据全球50%左右。②

---

① Jones C I, Romer P M. The new Kaldor facts: ideas, institutions, population, and human capital. American Economic Journal: Macroeconomics, 2010, 2 (1): 224 - 245.

② 《今天，人民日报刊文点赞云南林业生态产业发展，看看都说了啥》，云报客户端，https://wxyd.yunnan.cn/html/2018/toutiao_0902/91426.html，最后访问日期：2018年11月2日。

三 创新帮扶模式，培育新型主体

云南在产业扶贫过程中也积极落实《关于培育壮大农业“小巨人”的意见》《关于促进农民合作社规范发展的意见》《云南省人民政府办公厅关于促进农村电子商务加快发展的实施意见》，积极创新帮扶模式，把带动贫困户精准受益、长期受益作为扶持新型经营主体的必备条件。探索了以政策撬动劳动要素的政策驱动型、企业加市场的龙头带动型、将贫困户享受的贷款和扶持资金挂靠到新型经营主体的挂靠帮带型、能人带动托管型、集体反哺型等多种帮扶组织模式。另外，以产业发展为载体，积极引导龙头企业、农民合作社、家庭农场、专业大户等新型农业经营主体，通过生产合作、股份合作、劳务合作等多种形式，与贫困户建立紧密利益联结机制。据统计，全省30%左右的建档立卡贫困户与新型农业经营主体建立了稳定的脱贫增收联动机制，实现每个贫困户与1个以上新型农业经营主体建立经营合作关系。建立了家庭农场认定制度，认定家庭农场3500个，培训现代青年农场主和农村实用人才3.25万人次。

截至2017年底，全省共有1744个村（组）完成产权制度改革，量化资产总额57亿元，累计分红近30亿元，改革红利的释放增强了贫困地区脱贫攻坚的动力和活力。2016年全省成立农林专业合作社近5000家，其中省级示范社520家。选择23个县实施电商扶贫试点，在7个县开展资产收益性扶贫示范，在129个贫困村开展旅游扶贫示范，在两个县开展光伏扶贫示范，扎实推进电商扶贫、资产收益性扶贫、旅游扶贫、光伏扶贫项目，近30万户农户直接受益。[①] 从2015年开始，云南省商务厅整合资金，在全省实施电子商务“兴边富民”三年行动计划，着力建立州（市）、县（区）及乡（镇）三级农村电子商务综合服务体系，推进农村电子商务加

① 《抓产业，强龙头，促增收——云南农业产业扶贫取得阶段性成效》，云报客户端，http://wxyd.yunnan.cn/html/2018/fuping_0705/84613.html，最后访问日期：2018年9月23日。

快发展。云南省先后引进了阿里巴巴、苏宁、京东、唯品会等国内电子商务巨头在云南发展，建立了政企战略合作协商协调机制，引入电子商务巨头为扶贫提供产业平台，为云南省农产品“走出去”找到了快捷途径。2017年，云南省与阿里巴巴集团成立了合作委员会，将电商扶贫列为双方合作的重要内容。淘宝特色中国开设了曲靖、玉溪、楚雄、大理、丽江、迪庆等13个云南地方馆，开馆规模居西部第一位。目前，阿里巴巴集团在云南签约农村淘宝业务县域32个，已开业县域28个，覆盖了近3000个行政村。①

第三节　云南产业扶贫的典型案例

一　依托大企业，壮大特色产业：“公司+家庭农场”扶贫模式

通过政府牵线引入大企业、大集团协同推进的产业扶贫模式简单易行、易于操作，是可复制、带动面广、可持续脱贫的一种有效模式。这种模式鼓励大集团或有实力的企业精准选择产业。政府整合资金配套建设产业基地或是产业基础设施，并由大企业、大集团对产业项目实施商业化运作，打造贫困村、贫困户产业“增值链”，集贫困户种植、养殖、收购、加工、交易、配送为一体，采取以销定产的方式，将市场风险、自然风险降到最低。

广东温氏食品集团股份有限公司（简称温氏股份）的扶贫模式就属于此种模式。云南温氏股份是以养鸡、养猪为主，养牛、养鸭为辅，以动物保健、食品加工、有机肥、粮食贸易、农牧设备为产业链配套的多元化、跨行业、跨地区发展的现代农牧企业集团。它先后被认定为农业产业化国家重点龙头企业、国家创新型企业，目前已在全国24个省（市、区）建成230多家一体化养殖公司，是全国最大的农牧养殖企业，其中2017年肉猪出

---

① 《云南：电商发展为脱贫致富添翼》，上海经济和信息化委员会网站，http://www.sheitc.gov.cn/jjyw/678260.htm，最后访问日期：2018年12月2日。

栏量为全球第一。温氏股份已在全国20多个省（市、区）拥有239家控股公司、5.86万户合作家庭农场、4.9万多名员工。2016年度实现总销售收入594亿元，其中5.86万个合作养户（及扶贫小区）总获利77亿元。

沾益温氏大德扶贫小区是温氏股份进入云南的第一个生猪养殖产业扶贫小区，该小区总投资约600万元，总规模为年出栏6000头生猪，年获利120万元以上，2017年实际带动116名贫困人口（大德村共计52户贫困户）、贫困人员。

示范小区（养殖农场）采取“龙头企业+专业合作社（村党总支）+贫困户”的产业扶贫资产收益模式。大德村委会为实体筹集、争取项目资金，并组建大德生猪养殖专业合作社，由大德生猪养殖专业合作社组织建设养殖小区。养殖小区主体建设及附属工程总投资共计560万元，由政府各部门整合资金入股210万元（沾益区畜牧局投入项目资金100万元，沾益区扶贫办投入项目资金50万元，沾益区移民局投入项目资金50万元，曲靖市调查总队投入项目资金10万元），村集体投入50万元（多数为征地补偿款），此部分形成资产为村集体所有；温氏垫资投入设备共价值120万元，盈利后分期偿还；挂钩单位区司法局协调帮助该村52户贫困户贷款共计26万元入股，并垫付三年的利息；承建方垫付154万元建设资金，盈利后分期偿还。

养殖小区采取合作经营与委托经营并行的运营模式。合作经营。大德村委会筹集、争取项目资金，合作社进行养殖小区建设，龙头企业温氏集团沾益温氏畜牧有限公司负责带动业务发展。温氏集团为养殖小区建设以提供设施设备的方式免息垫资，并拿出一定资金，对建设达标的养殖小区用以奖代补的方式进行奖励。沾益温氏畜牧有限公司负责统一提供猪苗、饲料、药物统防、技术服务、保底价回收出栏肥猪。委托经营。大德村委会委托合作社对养殖示范小区全面负责经营管理，即合作社与沾益温氏畜牧有限公司签订养殖合作协议，养殖扶贫示范小区经营管理采用“委托经理人+贫困户”的模式，聘请合作社理事长张学良作为经理人进行经营管理，履行职业经理人职责，在温氏养殖模式框架下负责养殖经营管理，其劳务报酬采用保底报酬加提成的方式支付。培训和聘用有意愿、有能力、有责任心的贫困户在张学良的管理下进行科学养殖和养殖场管理。

利益分配机制。每年度按照合作社与温氏集团沾益温氏畜牧有限公司签订的养殖合作协议，以实际销售生猪温氏结算的毛利，除掉税费、职业经理人劳务报酬（补贴）、雇用养殖工人费、水电费、运输费用、环保运作及其他费用等生产养殖管理成本后，扣除按照每亩不低于500元的土地使用费支付土地托管租金后的利润即为大德温氏生猪养殖扶贫示范小区（养殖农场）的盈余。经合作社社员大会通过，按照合作社成员出资额与财政扶持项目资金所占养殖场除温氏垫资部分外全部资产的比例，计算提取应付盈余返还分配给合作社社员。

分配比例。合作社与温氏盈余分配比例为6∶4，即按照可分配盈余的60%对合作社成员进行分配，其中张学良代表村集体占62.319%，周小华等52户贫困户各占近0.725%，共占37.681%。分配比例逐年增加，2017年合作社占60%，2018年占62%，2019年占63%，2020年占65%。以2017年上半年（170天/栏）为例，共出栏肥猪2820头，第一批出栏时市场价格为毛重17.5元/公斤，根据分配比例每头猪售出后合作社得309.96元（保底价为200元/头），第二批出栏时市场价格为毛重14.5元/公斤，每头猪售出后合作社约得276元。两批总计约84万元，另外因为当地采取相应的环保技术措施，把清洁生产、污染物综合利用、生态设计和可持续发展融为一体，建立了创新的畜禽生态健康养殖模式，受区环保局奖励6万元，总收入约为90万元（预计年收入仅为120万元），除去电费、用工费等费用盈余60万元。经村委会商议，为形成良好的示范效应，此次村集体收入（盈余的40%）全部分红，即每户贫困户分4615元，共计24万元。另外盈余的60%（36万元）分别用来支付温氏和承建方的垫资。2017年下半年第二批肥猪出栏后再将收入作为村委会和集体经济的留存，用于发展无公害蔬菜种植、水产养殖和公益事业。经村委会商议，大德村将发展如下公益事业：①“老年幸福餐桌”，80岁以上的老人每天免费享用两餐饭，60~80岁的老人每餐出3元；②奖学金，考取重点大学的学生，其家庭可获得一万元奖励，考取重点高中的学生，其家庭可获得四千元奖励。其他如奖励清洁卫生户，为社员购买养老、医疗保险。

其中52户贫困户并不是固定不变，而是动态调整的。达到脱贫标准的将不再享受分红，而因病、因灾等返贫的贫困户再被纳入享受分红的范围。对有劳动力的贫困户还要将其聘为养殖小区的工作人员，一般每人每月收入为两千多元，加上温氏根据上市率（上市率越高，奖励越高）对合作社奖励绩效，每月可得五千余元。因为养殖小区采用的是现代化的养殖技术，整个养殖区仅需6个工人，所以村委会一般根据工作积极性和贫困程度优先安排这6个名额。为了防止“养懒汉”，合作社还规定了每个贫困户到厂区或是村里进行诸如栽树、打扫卫生等义务劳动的时间。

运营模式根据家庭农场出资方的不同分为三种。第一种模式是“村集体（党支部）+合作社+贫困户+企业”。该模式以村集体为合作社发起人，成立养殖合作社，建档立卡贫困户入股，采取温氏集团无息垫资、整合产业发展扶持项目、村委会筹集、建档立卡贫困户贷款出资方式入股投资建设。合作社公开聘请专业技术人员负责经营管理，具有劳动技能的贫困户在专业技术人员的指导下参与养殖。前五年的收益按4∶6比例分配，40%分配给村集体，60%分配给贫困户。五年后，村集体替贫困户还贷，资产归村集体所有，养殖收益由合作社提取公积金后，其余归村集体所有，主要用于村集体公益事业等相关建设。该模式实现党总支（强堡垒、壮集体）、龙头企业（有效益、得口碑）、贫困户（能增收、快致富）、政府（扶贫资金增值保值）四方共赢。大德温氏生猪养殖扶贫示范小区就属于该模式。第二种模式是“能人（大户）+合作社+贫困户+公司”。该模式以能人（大户）带头成立养殖专业合作社，以建档立卡贫困户为社员，通过温氏集团无息垫资、能人（大户）个人出资、建档立卡贫困户贷款出资方式入股投资建设。合作社委托能人（大户）负责养殖经营管理，具有劳动技能的部分贫困户在合作社内参与养殖。合作社按入股资金数额，以不低于8%的比例向贫困户付息分红，带动建档立卡贫困户精准脱贫。如大水井王华峰温氏养殖农场，其中17户建档立卡贫困户每户贷款出资5万元，能人（大户）王华峰个人出资入股55万元成立养殖专业合作社，此举，每年可使贫困户户均收入4000元以上。第三种模式是“合伙人+合作社+贫困户+公司”。该模式为多名股东共同成立养殖专业合作社，推选一名股东为合作社理事长，以温氏集团无息垫资、股东入股投资方式建设，合作社公开聘请专业技术人员负责经营管理，合作社按入股资金比例分红，吸收部分具有劳动技能的贫困户到合作社打工获得收入，从而实现建档立卡贫困户精准脱贫。如会泽阳光生态养殖专业合作社，该社总投资200万元，其中合伙人赵廷光等3人共同出资入股140万元成立养殖专业合作社，该模式可为贫困户人均获得打工收入4万元以上。

二　金融扶贫新手段：“政担银农保”一体化

扶贫小额信贷是为了支持有意愿贷款的建档立卡贫困户发展产业、增加收入而定制的扶贫贷款产品，主要是为贫困户提供5万元以下、3年以内、免担保免抵押、基准利率放贷、财政贴息、县级建立风险补偿金的信用贷款。其优点有两点：一是手续简便，贫困户不需要向银行提供抵押或担保；二是成本低，基准利率放贷，享受财政贴息。但是在实际操作中也存在一些问题，如传统的免担保的信用放贷技术，实际覆盖贫困农户范围非常有限。另外，贷款期限与需求周期不匹配。贫困地区基础设施建设、生态扶贫搬迁、特色主导产业发展和贫困户小额信贷所需贷款周期均较长，而金融机构中除国开行、农发行和农行等提供的贷款期限较长外，其他金融机构较少提供中长期贷款，贷款期限与生产周期错位的情况较多。

针对以上问题，云南大理州根据《云南省人民政府办公厅关于加快推进产业扶贫精准脱贫的指导意见》①，在小额信贷扶贫的金融扶贫措施上开拓思维，提出了“政担银农保”一体化模式，充分利用金融市场机制破解

① 该文件中要求：“引导金融机构建立健全针对新型农业经营主体的信贷支持机制。加大高原特色现代农业发展基金和扶贫开发基金对贫困地区的倾斜扶持力度。完善政府、金融机构和企业合作机制，构建‘政银企’对接平台。”

现实操作难题。该模式在南涧县试点成功后，在大理州内广受欢迎。所谓推行“政担银农保”一体化是指政府整合财政扶贫专项资金，利用金融杠杆机制撬动金融机构资金，与金融机构共担风险创立的一种财政扶贫贷款风险担保基金。利用财政贴息政策，注入财政担保风险资金4000万元，以放大10倍达到4亿元的规模授信，贷款损失由承贷机构承担20%、财政扶贫贷款风险担保基金代偿80%，为建档立卡贫困户贷款提供担保。重点针对建档立卡贫困户在生产经营、种植业、养殖业、加工业等产业发展方面以及在危房改造和抗震安居工程实施中的资金需求，并重点扶持具有带动效应的家庭农场、专业大户、农民专业合作社、农业企业等新型农业经营主体。该模式具体分为“产业贷”和“安居贷”。根据《南涧县建档立卡贫困户产业扶贫专项贷款实施细则》，建档立卡贫困户发展产业给予不超过5万元的政府贴息1年贷款，变直接补助资金为间接贴息补助，既将贫困户发展产业的资金放大了近10倍，又延长了贫困户贷款的年限（贷款授信3年）。根据带动入股分红或就业的贫困户数量，分别给予家庭农场、专业大户、农民专业合作社100万元以内的贷款，对农业扶贫龙头企业给予200万元以内的贷款。仅2016年，南涧县累计为44家企业担保产业扶贫贷款6190万元，累计为8383户建档立卡贫困户发放“产业贷”和“安居贷”38722万元。

另外，大理州还积极推进新型农村合作经济全覆盖贫困户的试点工作，以集体经济为纽带，引导推广“户贷社管合营发展”的新模式，使合作社在发展壮大的过程中能享受到“金融杠杆”扶持的福利，也能解决农户贷款后资金使用效率低的问题。在该模式中，扶贫专业合作社只需向银行注入10%的风险担保抵押资金，就可以审批得到为担保资金10倍的贷款。这种“金融杠杆”，不仅使资金变成资本，而且让资本“放大”了效应，达到“四两拨千斤”的效果。如恒忠专业合作社向银行注入了12万元风险担保抵押资金，审批得到120万元的贷款，用于新建厂房，扩大养殖规模；群民专业合作社向银行注入了20万元风险担保抵押资金，审批得到200万元的贷款，用于合作社厂房建设、施工设备添置等。此模式大大解决了合作社筹资难或发展资金短缺的问题，合作社得到发展了，入股贫困户的脱贫致富步伐也就加快了。

资产收益扶贫模式也有不少有益实践。一是利用政府扶贫资金入股企业，获得股份收益。如兔街、美星两个村委会，利用上海对口帮扶资金200万元，每个村民委员会分得100万元，以股本金方式投入云南一行农业发展股份有限公司实行保底分红，由公司负责生产经营，期限为6年，前3年每年按股本金总额的10%进行分红，后3年每年按项目净收益的30%进行分红，期满后云南一行农业发展股份有限公司退还兔街、美星两个村委会股本金的70%，合计140万元作为村集体资金。二是创新小额贷款使用方式，提高资金使用效率。如巍山县建宏经贸有限责任公司于2016年挂钩帮扶了建档立卡贫困户1052户，以建档立卡贫困户5万元的产业信贷扶贫资金投资给企业，共获得贷款5260万元，每年贫困户以投资资金5万元的10%分取红利5000元。2016年12月底，公司实现了1052户贫困户分红574万元（含村集体经济收入48万元）。

据统计，大理州自“十三五”以来，累计向建档立卡贫困户发放扶贫小额信贷款13.6万笔共61亿元，建档立卡户获贷8万户（次）、获贷率达到90%。2018年新增发放扶贫小额信贷款22.53亿元，48440户建档立卡贫困户受益。①

云南于2016年初就在全国率先制定印发《云南省金融支持脱贫攻坚实施方案》，建立金融精准扶贫信息系统，实现了建档立卡贫困户、扶贫企业等基础信息与金融服务信息的有效对接共享。为了优化扶贫贴息贷款流程，支持农村信用社向建档立卡贫困农户发放小额贷款，云南又制定了《云南省扶贫贴息到户小额贷款风险补偿试点实施方案》。为了支持贫困地区改善住房条件、配合全省安居工程和农危房改造顺利推进，相关部门联合出台了《云南省农村危房改造和抗震安居工程建设专项贷款实施细则》

① 《大理州三种模式用活扶贫小额信贷》，大理精准扶贫，https：//mp.weixin.qq.com/s/tHmuXaaaup－RaO0hw22WNQ，最后访问日期：2018年10月4日。

《云南省农村危房改造和抗震安居工程建设专项贷款风险补偿金实施细则》。截至2016年11月末，国开行和农发行累计发放国家低成本长期贷款105亿元，农发行累计发放易地扶贫搬迁项目贷款345.10亿元，农发行在全国做“保山昌宁扶贫模式”经验交流。此外，还发放扶贫再贷款39.03亿元，引导贫困地区法人金融机构扩大涉农信贷投放，提升精准扶贫服务水平。全省93个县已实现扶贫小额信贷风险补偿金全覆盖，全省扶贫小额信贷已发放92亿元，受益建档立卡贫困户22万户，2017年，全省贫困地区新增贷款565.56亿元。①

三 立足“绿色资本”，生态扶贫变“绿色银行”

云南省根据中央“建设生态排头兵”的战略定位和国务院六部委《生态扶贫工作方案》的建设目标“贫困人口通过参与生态保护、生态修复工程建设和发展生态产业，收入水平明显提升，生产生活条件明显改善”，提出了“念好‘山字经’，唱活‘林草戏’，发展高原特色现代农业的部署”。据此，云南省近年来采取超常规举措，全力推进重大生态工程建设、打造现代生态产业集群、创新生态扶贫方式。至2018年，全省88个贫困县提前实现森林覆盖率60%的目标，林业生态产业不断发展，全省贫困户户均4.3亩经果林，人均林业收入突破2000元，使可持续脱贫有了新保障。

地处乌蒙片区的昭通镇雄县，自2002年起实施退耕还林工程后，带动不少群众脱贫。仅杉树乡全乡群众累计享受国家退耕还林直接补助3.69亿元。全乡发展起了竹产业，带动60%的贫困户彻底摆脱了贫困。同样依靠退耕还林政策的临沧市永德县大雪山乡大宗箐蚂蝗箐村34户农民种起了澳洲坚果，他们不仅告别了贫困，还实现了小康。澳洲坚果又名澳洲胡桃、夏威夷果，原产于澳大利亚昆士兰州南纬23°至29°地区，被称为“坚果之王”。在云南，澳洲坚果又被称为“懒人的摇钱树”，这并不是说种植澳洲

---

① 《云南93个县实现扶贫小额信贷风险补偿金全覆盖》，云南扶贫，https://mp.weixin.qq.com/s/g7__ad9Ala3UvAYdgLrR2Q，最后访问日期：2018年10月4日。

坚果是懒惰之人的产业，而是它丰产后可以给种植户带来固定的收益。待澳洲坚果丰产后，它的丰产期可长至70年左右，只要管理好，每年都会随行就市有固定收益。南伞镇田坝村是边境民族聚居地，是典型的山区民族村。长期以来，田坝村群众依靠刀耕火种解决基本吃粮问题，外出靠的是人背马驮，住的是茅草屋。从2009年开始，在原党支部书记王习宁的带动下，该村大力发展澳洲坚果种植，家家种澳洲坚果，全村建成坚果产业基地5.5万亩，预计到2020年，全村年产坚果将达到2250吨，产值4500万元；仅坚果一项，全村人均增收可在2000元以上。澳洲坚果在临沧的发展壮大，不但成为临沧山区农民脱贫奔小康可持续的“绿色银行”，还确立了临沧在云南林业中的地位。据云南省林业厅发布的森林资源主要数据，临沧经济林木资源面积位居全省第一。2017年，全市实现林业总产值200.2亿元，农民人均林业收入4524元；2018年有望实现林业总产值230亿元，农民人均林业纯收入达到5200元。经过30多年的发展，这一粒种子，已经成长为边疆少数民族脱贫致富的“摇钱树”“养老树”。坚果产业不但成为具有世界市场话语权的云南高原特色产业，更成为“既能金山银山，更能绿水青山”的典型代表。

丽江市玉龙纳西族自治县鲁甸乡，曾是“木头财政”时代金沙江上游最热闹的乡镇。天然林禁伐后，鲁甸农民在林业部门的引导下，放下斧头，拿起锄头，发展起林下特色产业。如今，鲁甸已是著名的“中国林药之乡”，成为全国最大的滇重楼、云木香、秦艽种植基地，全乡各类药材年产值突破3亿元。当地龙头企业云鑫公司扶持300户贫困群众，辐射带动1200户农户，种植起2000多亩重楼，亩产值最高可达35万元。重楼种植期长，成本高，在地方政府帮扶下，贫困户只要种上重楼，就有了脱贫的希望。

四　优化资源禀赋：“123518”旅游扶贫工程

（一）云南省旅游扶贫的主要措施

2011年，旅游扶贫首次作为扶贫的方式之一，被写进我国的政府扶贫纲领性文件中；2014 年，国务院首次提出“旅游精准扶贫”；2015 年，国务院扶贫办将旅游扶贫列为我国十大精准扶贫工程之一，同年，国务院发布了《关于进一步促进旅游投资和消费的若干意见》，提出未来五年要加大推进乡村旅游扶贫的力度。云南省深入贯彻落实精准扶贫、精准脱贫战略思想，党中央、国务院关于打赢脱贫攻坚战的决定和国家旅游局开展乡村旅游扶贫工程的安排部署。省旅发委将乡村旅游扶贫工作列为全省旅游产业发展工作重点，成立了云南省旅游扶贫工作领导小组，科学规划谋划旅游扶贫工作。2017 年出台的《云南省人民政府关于印发云南省脱贫攻坚规划（2016—2020 年）》在“产业扶贫”一章中将“乡村旅游扶贫”作为重点扶贫手段提出，该文件要求“依托贫困地区优势旅游资源，以建档立卡贫困户脱贫为重点，结合美丽宜居乡村建设，推进《云南省旅游扶贫专项规划》实施”。云南省随后出台了《云南省旅游扶贫工作方案》，提出将实施“123518”旅游扶贫工程，即建设 1 个全域旅游扶贫示范州、20 个旅游扶贫示范县、30 个旅游扶贫示范乡镇、500 个特色旅游扶贫村，扶持 1 万户旅游扶贫示范户，带动 80 万以上贫困人口脱贫。

重点建设 20 个旅游扶贫示范县。云南省政府结合创建旅游强县，按照“旅游范围全域化、旅游配套全景化、旅游监管全覆盖、社区居民同参与、旅游成果共分享”的要求，加快重点旅游景区（点）、旅游城镇、旅游特色村等开发建设。着力建设成为旅游功能完备、文化特色明显、通达条件便捷、公共服务完善、卫生环境整洁、市场吸引力强、带动群众增收致富的旅游扶贫示范县。

建设 30 个旅游扶贫示范乡镇。以历史文化古镇、民族文化特色乡、特色农业乡、边境口岸乡镇等比较优势突出的乡镇为重点，结合全省特色小镇建设和旅游名镇创建工作，推动旅游扶贫与乡镇建设融合，着力将旅游扶贫示范乡镇建设成为主题鲜明、交通便利、服务配套、环境优美、吸引力强、广受旅游者喜爱的云南旅游名镇。实现乡镇年游客接待量在 30 万人次以上，旅游收入占乡镇总收入比重在 10% 以上；建成特色旅游扶贫村 5 个以上，培育旅游扶贫示范户 50 户以上；乡镇及其周边至少有 1 个国家 A

级以上旅游景区（点）；特色客栈、民居旅馆等旅游住宿设施独具特色；旅游功能和公共服务设施配套完备，具有较为便捷的通达条件；游客、社区居民和投资业主的关系融洽和谐。

为了进一步贯彻落实中央《关于支持深度贫困地区脱贫攻坚的实施意见》并结合国务院五部委印发的《“三区三州”等深度贫困地区旅游基础设施改造升级行动计划（2018—2020 年）》，云南省政府将“三区三州”之一的怒江州作为重点建设怒江全域旅游扶贫示范州。云南省人民政府还出台了《怒江州脱贫攻坚旅游建设发展规划（2016—2025 年）》。此规划设计了“一城一极两园五区两带”产业布局（泸水旅游特色城市，兰坪县旅游增长极，怒江大峡谷国家公园和独龙江国家公园，丙中洛、老姆登—知子罗、罗古箐—大羊场、石月亮—亚坪、片马等五个复合型旅游区，怒江大峡谷旅游带和澜沧江旅游带），推进实施“1113221 工程”（重点建设 1 个旅游城市、12 个旅游景区项目、10 个旅游小镇、30 个旅游特色村、200 个民俗客栈、250 个乡村旅游示范户、150 个特色旅游商品生产户），加快交通基础设施、旅游服务设施建设，积极推进“旅游 +”融合，加强旅游产品开发，加强品牌培育和市场开拓。到 2020 年，全州接待国内外旅游人数突破 600 万人次，旅游总收入突破 100 亿元，旅游直接和间接带动就业人数 4.5 万，带动贫困群众脱贫致富超过 10 万人。

2018 年 2 月，为进一步发挥旅游产业在深度贫困地区脱贫攻坚中的带动和促进作用，云南省旅发委宣布启动云南省深度贫困地区旅游规划扶贫公益行动。本次公益行动选定怒江州 30 个重点村、迪庆州 20 个重点村作为旅游规划扶贫对象，为其提供公益性旅游开发咨询服务，围绕村庄旅游资源的挖掘利用、旅游产品的策划打造、旅游项目建设、旅游商品研发、旅游公共服务设施的完善、市场宣传与推广等方面提出切实可行的旅游扶贫规划，为实现旅游扶贫村乡村振兴奠定基础。

（二）云南旅游扶贫的特色实践

1. 以线连点，交通和景区联动型

该种类型采用“公司 + 民族特色村景区化打造 + 民俗体验 + 餐饮住宿

+整村脱贫”的模式，以楚雄咪依噜彝族风情谷为代表。该景区位于楚雄州南华县岔河村，是目前西南地区唯一的以彝族“咪依噜”（插节）为主题的中国少数民族特色村寨，被称为“彝族民俗文化活化石”。该案例利用南永公路贯穿整个村落的特点，以咪依噜旅游开发公司作为开发和扶贫主体，组织村民成立乡村旅游协会，居民根据参与意愿和自家房屋所处位置分层参与，开展彝族文化生态村民俗文化体验、彝家特色餐饮和住宿接待、彝绣传习等扶贫项目。

2. 以面带点，景区增长极拉动型

该种类型采用“自然（遗产）景观+旅游合作社+乡村社区+贫困人群”的模式，以哈尼梯田世界文化遗产对红河县宝华镇龙玛村及周边村寨的脱贫实践为代表。红河哈尼梯田是世界知名的世界文化景观遗产，遗产所在地之一的红河县是国家级贫困县。借助梯田遗产和云南省旅游特色村的名声，红河县龙玛村由政府主导，成立“悠然乡村旅游合作社”，采用“农房入会、农田入股、农俗入景、农产入市”的乡村旅游扶贫策略，开展自住房民宿改造、农家乐餐饮接待、生态农产“个性化”种养，组建乡村梯田实景民俗文艺演出，开展电商扶贫等项目。

3. 精英带动，整村推进型

该种类型采取“党支部+经济精英+旅游公司+生态农业+贫困户+资产收益”的模式，以大理州宾川县新庄村民小组红色乡村旅游脱贫实践为代表。宾川新庄村位于风景秀丽的海稍水库东岸，过去靠农林畜产业增收困难。后由党支部牵头，在村中经济精英和能人的带动下，结合红军长征过新庄的革命历史，以海稍水库乡村生态旅游和红色旅游为平台，由个人出资和集体集资成立红色旅游公司，通过引导全体党员带头和贫困户入股，提供生态农产品种养、餐饮服务、讲解等工作岗位，工资日结，劳动力就地消化，带动社区成员全面参与脱贫工作。同时开展养老扶贫，反哺社区。

4. 项目基地带农户，现代农旅生态产业融合型

该种类型采取“公司+花卉产业+生态旅游+贫困户脱贫”的模式，

以大理环境友好型休闲庄园乡村旅游扶贫实践为代表。大理云海芳草花卉园位于大理市银桥镇，该公司以苍洱景区为背景，以创意花卉农业为主题，结合休闲农业、花卉产业开展观光等活动，带动环境友好型花卉生态农业综合体发展。该模式农旅融合，生态环保，既丰富了民族地区乡村旅游产品结构，又有效解决了社区农民和贫困人群就业及技能培训问题。

5. 文旅结合，民族特色村寨社区文化脱贫型

该种类型采取“民族特色村寨+非遗民俗+农户与社区高度参与+脱贫”的模式，以普洱市澜沧拉祜族自治县老达保寨乡村旅游精准扶贫实践为代表。老达保寨是云南省普洱市澜沧县典型的少数民族山区拉祜贫困村寨。该寨借助国家级非物质文化遗产“牡帕密帕”和“芦笙舞”，在政府帮扶下成立了由村民自发、自组、自创、自演的快乐拉祜演艺公司，打造以拉祜族原生态歌舞和非物质文化遗产为主题的实景剧。老达保模式是民族地区深挖民族文化遗产，借力乡村旅游平台，社区高度参与，从而实现脱贫的旅游精准脱贫模式的典型，对云南省少数民族地区乡村旅游扶贫都有借鉴意义。

6. 少数民族节庆带动型

该种类型采取“民族节庆+民俗文化+民族美食+政府主导+社区参与+脱贫”的模式，以保山节庆乡村旅游节、大理州弥渡县密祉镇永和文盛街村节庆乡为代表。保山市借助“稻花鱼节”开展种稻摸鱼民宿体验，使龙陵地区多地贫困户增收脱贫；大理州弥渡县密祉是“花灯之乡”，该地以“花灯文化节”为品牌，以“全村贫情精准评估+乡村旅游示范户+节庆+特色美食”模式，开展对不同贫困户的“个性化”帮扶，带动全村三分之二的人参与旅游接待，实现全村脱贫致富。民族节庆资源独特，市场吸引力强，带动效应好，作为文化持有者的民族贫困群众易参与，效益回收快，但应该考虑增强节庆的产业化效应和其扶贫的长效机制。

7. 特色农业小镇辐射带动型

该种类型采取“特色农业+连片扶贫+打包脱贫”的模式，以曲靖市陆良马街蚕桑小镇乡村旅游扶贫模式为代表。曲靖市陆良马街是云南历史上著名的蚕桑种养和丝绸织造基地。开展蚕桑种养、采摘、丝绸加工、蚕家乐、桑田乐等项目，吸引游客进行蚕桑文化体验。目前，以贫困户土地流转、扶贫专项资金入股、桑树入股、吸纳贫困劳动力、养蚕种桑培训等方式开展的精准扶贫已有成效。作为新型地域经济增长极，特色小镇对有特色传统产业、旅游资源欠发达、有一定产业基础但贫困面广的民族乡村地域具有良好的脱贫示范作用。

第四节　云南产业扶贫的经验与启示

一　云南产业扶贫的有益经验

（一）金融工具是提高扶贫资金使用效率的有力手段

首先，将财政资金转变为股本交给市场主体运作实现了扶贫资金的保值、增值和可持续与循环使用。过去产业扶贫资金的扶持思路是为扶贫者或是有发展意愿的农户提供启动资金，帮助许多贫困户摆脱“贫困的恶性循环”。但是经过几十年多轮次的扶贫，剩下的扶贫对象都是“硬骨头”，即资源优势差、个人发展能力弱的群体，资金效果自然是边际递减的。而将财政资金转化为股权，将农民变为股东，将财政资金交给更加专业的组织去运作自然能提高其回报率，再通过贫困户的动态调整实现财政资金的循环使用。其次，金融杠杆的方式扩大了扶持贷款覆盖面并加大了扶持力度。政府通过整合产业扶贫资金作为基数和金融机构合作，利用金融杠杆放大 10 倍扩大了贷款数额和覆盖面。最后，竞争机制自动筛选合作对象，保证了扶贫资金的使用效率和回收。竞争机制是市场机制配置资源的主要方式之一，一方面，市场机制可以自发地形成有效的甄别机制，将扶贫资源提供给回报率高的项目；另一方面，诱使各商业金融组织参与扶贫金融市场。扶贫资金与金融资本合作，到 2016 年底，全国累计发放扶贫小额信贷2833亿元，全国共有740万户贫困户受益。

（二）政府的“非市场性安排”是制衡瞄准偏离的必要手段

福利经济学指出，市场机制这只“看不见的手”不能完全有效地配置稀缺资源，因此需要政府调节。尽管早期的发展经济学认为贫困问题可以通过经济发展产生“涓滴效应”而得以解决，但后来的研究和实践证实，并不是所有情况下经济发展对穷人都有带动作用，“涓滴效应”的产生必须依托专门的作用机制。虽然市场机制在扶贫中可以提高资源的配置效率，但是并不天然地投向贫困人群和贫困地区。贫困往往意味着发展能力不足，在市场中其只能提供同质性很强、缺乏竞争力的农产品或是从事低端的服务业，另外偏远的区位、落后的交通只会令其在市场中提供的产品更加缺乏成本优势——贫困地区的贫困群体在市场竞争中的地位是十分脆弱的。如果产业扶贫单纯依靠市场机制按效率分配，必然会加剧贫富分化，加深贫困地区的贫困程度。

所以对于产业扶贫来说，产业发展只是前提条件，要发生“涓滴效应”起到对穷人的带动作用，还必须建立必要的机制。在农村扶贫金融制度构建中，政府起着基础性作用。“非市场性安排”主要指政府利用行政性机制、制度性安排以防止市场失灵和偏离产业扶贫本来的目的。市场机制中的竞争机制往往对弱势群体具有排斥性，比如一些合作组织被企业、大户所操纵，反而变成大户、能人承接国家扶贫项目的渠道和载体，或农村精英群体俘获扶贫资源的工具。因此在产业扶贫中使用一定的“非市场性安排”才能保证产业发展的带动性和产业扶贫的“扶贫”本质。

（三）资产性收益扶贫模式是目前相对稳固的合作机制

经济活动的核心是对经济利益的追求，产业扶贫的前提也是要产生利益，龙头企业、生产大户、参与的农户都追求利润最大化。只有保证参与主体的利益最大化和共同利益最大化，才能形成稳定的利益联结机制。可见产业扶贫中的利益联结机制包含创造利益和利益分配两个方面。首先，保证将“蛋糕”做大，保证产业能够达到一定的盈利水平。如果不能保证企业必要的资本回报率而单纯地采用非市场的方式要求企业参与产业扶贫，必然造成产业项目重视前期投入缺乏后续保障①，或是相关利益各方对产业扶贫不积极、产业扶贫持续性差。②其次，在“蛋糕”做大后才考虑如何用市场手段公平地分配利益。

通过对案例的观察，我们认为资产性收益扶贫模式既可以做大扶贫产业的“蛋糕”，又可以将贫困群体固化在产业链上。资产性收益扶贫模式将市场机制和资本运作模式引入农村，能够有效整合财政资金以及村集体和农户手中分散的土地、资金、劳动力等生产要素。③ 这种模式既能够充分发挥财政扶贫资金的杠杆作用，撬动更多社会资源投入扶贫脱困之中，又能够获取长期稳定的扶贫带动资源，促使企业和农户之间产生合作基础，还通过股权纽带，把贫困农户与企业、合作社、家庭农场等经营主体连接起来，与企业形成平等的主体。农户通过行使股东权利在获得稳定的分红收益的同时，也打破了企业和农户之间存在的信息不对称，保证了合作的稳定性。该模式还有效地解决了订单违约率高的问题，由于企业和农户形成了实质性的利益共同体，双方都不会轻易地违约损害共同的利益。

（四）在深度贫困地区，企业和政府应该是主要的风险承担者

在大德温氏生猪养殖的案例中，龙头企业承担了主要的市场和自然风险；在南涧“政担银农保”模式中，政府主动承担了贷款损失的80%，金融机构分担了20%。龙头企业能够承担主要的市场和自然风险，是因为其可以凭借自身强大的市场预判能力规避市场风险，通过坚实的科技实力减少自然灾害带来的损失；政府和金融机构能够主动承担风险，原因主要在

① 宿盟：《农村资产收益扶贫实践探讨——以光伏产业扶贫为例》，《中国高新技术企业》2016年第11期。

② 汪翠荣：《以财政扶贫资金建立资产收益型产业——河北省威县资产收益型扶贫模式为例》，《财税论坛》2016年第4期。

③ 余佶：《资产收益扶持制度：精准扶贫新探索经济》，《红旗文稿》2016年第2期。

于其对风险的控制能力和承受能力较强。同样，政府可以通过各种制度安排保证贷款的安全性和资金池的可续性。即使出现难以避免的风险，政府和企业也应成为产业扶贫主要的风险承担者，避免将风险转嫁给贫困群体。一方面，政府限期脱贫的政治压力要求其为贫困户承担起必要的风险，防止贫困户贫困程度加深或是脱贫困返贫；另一方面，企业也有承担一定的社会责任的义务，这对其也是一个双赢的选择。

二　云南产业扶贫的政策启示

（一）加强市场机制在产业扶贫中的应有作用，市场的问题市场解决

在扶贫攻坚中特别是在产业扶贫中引入市场机制已成为扶贫实践和学界的共识。市场机制的本质是通过价格机制、供求机制、竞争机制和风险机制来实现资源的有效最优配置。将市场机制引入扶贫开发中有利于解决政府主导的扶贫模式中扶贫资源瞄准偏差、使用率低等问题。尤其是在产业扶贫中引入市场机制，有利于增强贫困主体的自我发展能力，增强内生动力，完善自我发展机制，从而提高扶贫资金的使用效率，是实现“六个精准”的有效途径。

在云南产业扶贫的实践中可以发现，市场机制是解决市场问题的有效手段。如在风险化解方面，商业保险发挥着重要作用。虽然在目前产业扶贫的实践中，政府和企业在项目设计上都成了风险的主要承担者，但实际上最终的风险还是“还”给了市场。在本章第二节提到的案例中，无论是温氏集团还是南涧县政府都采取了商业保险的形式为自己分担风险。如南涧县政府为贷款的贫困户都买了人身、财产险以分担和转移风险，中央每年都安排专项资金补贴农业保险。另外，我们在调研中也得知，写入2017年底中央“一号文件”的“保险＋期货”也是一种利用市场手段对抗市场风险的新探索。如沪滇合作中上海中粮期货交易所启动的天然橡胶精准扶贫工作就是“保险＋期货”模式，仅2017年便共有23个试点项目，挂钩橡胶现货3.6万吨，覆盖海南省、云南省14个贫困区县。再如耿马项目由

中粮期货公司与中国人寿财险公司合作，涉及建档立卡贫困户358户，少数民族1538人，保险规模现货产量2000吨，该项目赔付450万元。该模式一是以期货价格作为被保农产品的基准价，解决了以前农业保险定价机制不合理、难以发挥保险兜底的功能的问题；二是采用“以其人之道还治其人之身”的方式将保险公司面临的农产品价格波动风险转移给期货公司，再由期货公司利用期货市场对冲风险，最终得以实现多方共赢。

（二）提升基层组织的桥梁纽带作用，培育村干部职业经理人意识

根据资源依赖理论，任何组织都无法自行供给生存所需的资源，必须从外部环境中交换从而维持组织的生存与发展，资源依赖是组织间合作的重要驱动力。政府、企业、农户三者间的利益需求和掌握的资源构成了合作的动力和基础。从案例中我们可以看到政府是掌握最多资源类型的主体，掌握的资源类型包括财政扶贫资金、规则的制定权、合作对象的选择权、行政审批权、表彰权等。在产业扶贫中，主体间合作的基础是：政府需要借助市场主体运用市场机制来发展扶贫产业；企业需要借助政府的资源整合能力降低生产成本并获得社会认可，需要从农户那里获得土地、劳动力、资本等生产资料；农户则需要借助企业的技术指导、订单和市场的博弈能力。但是从过去的经验看，市场机制竞争性对效率的追求往往会侵害贫困群体的利益，甚至掠取政府的扶贫资源；可如果政府过多地使用行政机制介入又会使得市场机制无法发挥该有的作用。而在我们的案例中，政府通过村委会或是村党委解决了这种矛盾。无论是在学界还是在现实中，合作社都是联结贫困群体和龙头企业的重要一环，也是资产入股分红模式的重要组织形式。合作社既集中了贫困户和村集体的资源，也增强了贫困群体对外的博弈能力。最重要的是，在大量的案例中，村两委是合作社主要的控制者或是影响者（对于大户或能人带头成立的合作社而言）。村两委虽然不属于正式的政府机构，但它们是实现政府意志对乡村进行治理的主要载体。一方面，它们可以作为市场主体参与产业扶贫，不搅乱市场秩序，让企业安心；另一方面，它们可以作为政府的代言人保护贫困群

体利益，让政府放心。另外，当前的扶贫政策导向是，涉农资金整合最后的落脚点都在合作社。因此，各个扶贫村都成立了数量不等的合作社以承接产业扶贫项目资金。而这些合作社的负责人基本是村两委的主要负责人。这些合作社的负责人通常都作为贫困户的股东代表参与项目的直接经营管理或是监管，只有在这种实际参与中才能锻造日常的企业管理技巧和培育把握市场机会的能力。所以，这些产业扶贫项目不但要使贫困户脱贫，还要培养一批懂得现代企业经营管理、具备市场意识的“职业经理人”，为下一步乡村振兴战略做好人力资本储备。

（本章由陈忠言执笔）

第三章

教育扶贫：云南省锻造阻断贫困代际传递的利剑

贫困人口综合素质较低既是贫困的原因，又是贫困的结果。“治贫先治愚”“扶贫先扶智”的根本前提是优先发展教育。习近平总书记高度重视教育扶贫在扶贫开发中的重要作用，他指出，“越穷的地方越难办教育，但越穷的地方越需要办教育，越不办教育就越穷，这种马太效应，实际上他是‘穷’和‘愚’互为因果的恶性循环。所以，我们必须站在经济、社会发展战略的高度来思考教育问题”。[①] 教育扶贫不仅是阻断贫困代际传递的有效手段，也是我国实现教育均衡化发展的重要方式，更是帮助贫困地区和贫困人口实现脱贫致富的民生工程。云南省是我国脱贫攻坚的主战场之一，是全国贫困人口规模最大、贫困县数量最多的省份，素质型贫困是云南贫困最突出的特点。改革开放以来，云南省开展了大规模的扶贫开发行动，一直比较重视教育扶贫，但是并未将其列为独立的扶贫专项措施。到2011年，《云南省农村扶贫开发纲要（2011—2020年）》中明确把“义务教育有保障”作为贫困人口脱贫标准中的重要指标之一。2015年国务院颁布的《关于打赢脱贫攻坚战的决定》明确将发展教育扶贫一批，与发展生产、易地搬迁、生态补偿、社会保障助力脱贫等共同作为“五个一批”工程。这是历史上第一次将教育扶贫作为相对独立的政策体系，与经济、产业脱贫政策体系相并列。教育扶贫不仅是解决“两不愁，三保障”目标的脱贫内容之一，也是实现“五个一批”精准扶贫、精准脱贫的重要途径。2019年是扶贫开发攻坚克难的关键期，分析十八大以来云南教育扶贫

---

① 《脱贫攻坚战冲锋号已经吹响 全党全国咬定目标苦干实干》，《人民日报》2015年11月。

的制度建设，总结教育扶贫取得的经验和成效，是主动适应新时代要求、提高扶贫开发成效、如期完成扶贫开发任务的现实需要，也为更好地指导下一步教育扶贫实践提供了条件。

第一节　新时代云南教育扶贫的制度建设

党的十八大以来，教育扶贫不仅作为一种不可替代的扶贫方式，更是作为我国“十三五”期间精准脱贫攻坚战略的一项重要民生工程被提高到前所未有的战略地位。随着人们对教育扶贫重要作用认识的不断深入，对教育扶贫进行多角度、深层次剖析不仅能够为我们理解教育扶贫提供科学的思维逻辑，形成系统的理论基础，还能够运用理论武器更好地指导教育扶贫的实践工作。新时代党和国家为了实现脱贫攻坚目标做出了一系列重大部署，习近平总书记根据扶贫形势提出了教育扶贫的新观点、新论断、新要求。基于此，云南省结合实际需要，将中央教育扶贫的顶层设计本地化、具体化，进行科学合理的制度建设与创新，确保教育扶贫工作的顺利开展。

一　新时代我国教育扶贫的顶层设计

改革开放以来，我国在教育扶贫方面出台了一系列政策，推动了我国贫困地区教育事业的发展，大大加速了脱贫攻坚事业的进程。1985 年，我国成立了国务院贫困地区经济开发领导小组，后更名为国务院扶贫开发领导小组，专门从事扶贫开发工作。在国家的政策文件中，较早提出教育扶贫概念的是 1992 年国家教委办公厅发布的《关于对全国 143 个少数民族贫困县实施教育扶贫的意见》。该意见指出，教育扶贫旨在转变少数民族贫困县整体教育水平落后的局面以促进其教育事业的发展，其主要以对口支援协作的方式开展教育帮扶工作，这与我国当时以贫困县瞄准为重点的开发式扶贫模式是相吻合的，自此，教育扶贫开始进入党和国家扶贫规划的视野之内。随后，1994 年的《国家八七扶贫攻坚计划》明确提出，国家教育扶贫的目标，不仅包括基本普及初等教育，还要扫除青壮年文盲，开展成人职业技术教育和技术培训，帮助青壮年劳动力掌握实用技术。21 世纪以前我国的教育扶贫政策主要强调“基础教育”的普及，缺乏对不同教育阶段具体模式的设计。2001 年制定的《中国农村扶贫开发纲要（2001—2010 年)》开始关注教育公平和相关部门的协作联动，不仅强调各类教育的统筹发展，重点巩固义务教育的普及程度，还特别明确了职业教育在社会主义现代化建设中的重要地位。进入 21 世纪后的第一个十年，我国开始以村级瞄准机制为重点进行综合性扶贫开发工作。这一阶段的教育扶贫主要表现在两个方面：一是从加大基础教育、拓展职业教育和成人教育等方面继续加强民族教育扶贫；二是开始并扩大“两免一补”的教育扶贫政策实施范围，助力农村义务教育走上持续健康发展的道路。

党的十八大以来，以习近平同志为核心的党中央对扶贫开发工作做出一系列深刻阐述和全面部署，提出精准扶贫的理念，2013 年 7 月，中央政府正式提出“教育扶贫工程”，至此我国开始进入了实施教育扶贫工程的精准教育扶贫的新阶段。2011 年制定的《中国农村扶贫开发纲要（2011—2020 年)》将教育扶贫目标寓于总体目标之中，着重从义务教育、基本公共服务两个方面明确教育扶贫目标的具体要求。2013 年 7 月发布的《关于实施教育扶贫工程的意见》（国办发〔2013〕86 号）强调按照“以人为本，尊重群众”的原则，“围绕人人受教育，个个有技能，家家能致富的要求，着力解决群众最关心最直接最现实的问题”，显示了贫困群众通过教育获取知识技能、实现脱贫致富的重要性。2015 年颁布的《关于打赢脱贫攻坚战的决定》明确指出“加快实施教育扶贫工程，让贫困家庭子女都能接受公平有质量的教育，阻断贫困代际传递”，将发展教育扶贫一批与发展生产、易地搬迁、生态补偿、社会保障助力脱贫共同作为“五个一批”工程。这一决定将教育扶贫在我国整个反贫困事业中的地位提升到新的战略高度，至此，教育不仅作为扶贫开发工作中的有效方式，而且作为贫困人口的脱贫内容、脱贫目标被纳入了国家反贫困的顶层设计。2016 年

12月，教育部牵头、国务院六个部委联合颁布了《教育脱贫攻坚“十三五”规划》，成为“十三五”时期教育脱贫工作的行动纲领，该文件指出，“实现建档立卡等贫困人口教育基本公共服务全覆盖，保障各教育阶段从入学到毕业的全程全部资助，保障贫困家庭孩子都可以上学，不让一个学生因家庭困难而失学”，覆盖范围从片区县扩大到全部贫困县（即重点县和片区县）以及全部贫困人口（包括建档立卡贫困人口和非建档立卡的农村贫困残疾人家庭、农村低保家庭和农村特困救助供养人员）。这些政策文件和规划纲要明确了教育在扶贫开发中的重要作用，并赋予了教育能够阻断贫困代际传递的重要历史使命。2018年1月出台的《深度贫困地区教育脱贫攻坚实施方案（2018—2020年）》强调，在“三区三州”进一步加大教育扶贫力度，实施推普脱贫攻坚行动，提升干部、贫困群众应用通用语言文字能力和职业技术技能水平。

随着贫困状况的改变，新时代我国的教育扶贫政策在不断地丰富和调整，概括起来，有以下三个特征。第一，教育扶贫主体已经从单一政府向与社会力量协作转变。政府一直都是我国扶贫开发工作的主力军，新时代我国的教育扶贫在坚持政府主导的基础之上，鼓励社会力量积极参与。政府主要通过制度建设、资源配置和推动实施等方式介入教育贫困治理，在教育扶贫中发挥着主导作用。企业、个人、公益组织或其他社会组织主要通过捐资助学、开展培训等方式投身于教育扶贫的实践中。多元化主体的教育扶贫格局不但能够缓解政府的压力，增加政府和社会力量间的联系，还可以优化教育资源配置，实现教育均衡发展，提高教育扶贫的成效。第二，扶贫内容已经从普及基础教育和扫除农村青壮年文盲，逐步发展到涵盖学前教育、基础教育、职业教育、高等教育、继续教育和特殊教育等方面。基础教育作为普及教育覆盖、推进教育发展最基本的内容，一直是我国政府教育扶贫的重点工作，由于我国教育水平不断提高、教育规模不断扩大，越来越多不同阶层、不同年龄的人们开始对教育产生强烈的需求。尤其是职业教育，贫困群众能够通过学习和培训掌握实用技术和生产技能，从而实现就业、获得经济收入。新时代我国的教育扶贫不仅注重对义务教育的巩固，还加大了对职业教育、高等教育、学前教育等的投入。第三，教育扶贫方式由区域性整体扶持转向区域扶持与对特殊人群的重点资助相结合。改革开放以来，我国的教育扶贫呈现明显的区域性特征，主要针对经济落后和教育落后的贫困地区进行整体性的扶持来改善当地的办学条件和教育水平。十八大以后，除了继续扶持落后地区和贫困地区发展教育，教育资助的重点开始转向特殊困难人群，包括贫困地区家庭经济困难的贫困学生、残疾学生和少数民族学生等，以减轻贫困群众的经济压力，保障其接受教育。①

二 新时代云南教育扶贫的制度建设

2015 年 1 月，习近平总书记在考察云南省昭通市时提出，深入实施精准扶贫、精准脱贫，项目安排和资金使用都要提高精准度，扶到点上、根上，让贫困群众真正得到实惠。2015 年 10 月，习近平总书记在减贫与发展高层论坛的主旨演讲中提出，“授人以鱼，不如授人以渔。扶贫必扶智，让贫困地区的孩子们接受良好教育，是扶贫开发的重要任务，也是阻断贫困代际传递的重要途径。我们正在采取一系列措施，让贫困地区每一个孩子都能接受良好教育，让他们同其他孩子站在同一条起跑线上，向着美好生活奋力奔跑”。“十三五”时期是我国脱贫攻坚的冲刺期，为了贯彻落实党中央、国务院关于教育扶贫开发工作的部署和要求，确保云南省如期实现脱贫目标和全面建成小康社会的目标，云南省结合实际，先后出台了一系列教育扶贫政策，有力地推动了云南教育的稳步发展。

首先，教育精准扶贫要弄清“扶持谁”的问题，即以扶持对象精准为基础。自 2014 年全国中小学生学籍信息管理系统开始全面应用以来，云南省按照《云南省中小学学籍管理办法实施细则》和《云南省教育厅 云南省人民政府扶贫开发办公室关于建立建档立卡贫困教育人口信息比对核准

① 参见向雪琪等《改革开放以来我国教育扶贫的发展趋向》，《中南民族大学学报》（人文社会科学版）2015 年第 5 期。

工作协调机制的通知》的要求，建立完善基于身份证信息的扶贫大数据与学生学籍管理、资助系统、考试招生、就业信息系统的联动机制，对建档立卡因学致贫贫困人口和学龄人口、在校学生情况、辍学情况进行精准识别、统计和动态管理。具体来说有两点。第一，在精准识别上，以县（市、区）和乡（镇）为主体，到户到人精准掌握县域内建档立卡贫困户、学龄人口（3～22岁）、未继续接受教育“两后生”（12～45岁）情况；到校到生到户精准掌握县域内建档立卡贫困户中贫困学生的基本情况、入学情况、在校情况、资助情况；到户到人精准掌握县域内因学致贫建档立卡贫困人口情况并“一户一策”“一人一策”精准帮扶；核准贫困对象就学及“奖、贷、助、补、减”情况，同时对录入扶贫大数据系统内户表、村表涉及本部门职责相关数据的真实性、准确性负责。第二，在动态管理上，将农村、边远、贫困、民族地区和流动人口相对集中地区作为重点监测地区，把初中作为重点监测学段，把流动、留守与家庭贫困儿童作为重点监测群体，及时掌握辍学动态。

其次，教育精准扶贫要解决好“怎么扶”的问题。发展教育脱贫一批作为“五个一批”工程之一，为了确保教育扶贫实现路径的精准性，在制度建设上主要是通过教育扶贫项目安排、资金投入使用等环节的精准规划和设计，做到措施到位、因人施策，最终达到脱贫成效精准。具体来说有两点。第一，在项目安排方面，先后印发了《云南省全面改善贫困地区义务教育薄弱学校基本办学条件项目规划（2014—2018年）》（2014年）、《云南省人民政府关于统筹推进县域内城乡义务教育一体化改革发展的实施意见》（2017年）、《云南省人民政府办公厅关于进一步加强控辍保学提高义务教育巩固水平的通知》（2017年）、《建档立卡贫困户学生精准资助实施方案》（2018年）、《云南省人民政府关于加强农村留守儿童关爱保护工作的实施意见》（2018年）等。这些政策文件主要通过对义务教育“全面改薄”、“控辍保学”、贫困学生资助、留守儿童管理、学生营养改善计划管理等教育扶贫项目进行精准安排和动态管理，确保教育扶贫项目安排的精准性和科学性。第二，在资金投入使用方面，印发了《云南省全面改善贫困地区义务教育薄弱学校基本办学条件专项资金管理办法》（2015年）、《云南省人民政府关于进一步完善城乡义务教育经费保障机制的通知》（2016年）、《中共云南省委 云南省人民政府关于深化新时代中小学教师队伍建设改革的实施意见》（2018年）等，在制度建设上通过将学籍管理系统与教育事业统计数据、教育经费管理精准衔接，保证教育扶贫在对象识别、项目安排和资金投入使用等环节的精准性，提高教育扶贫成效。① 云南教育精准扶贫的制度建设坚持“六个精准”的扶贫理念，以上政策文件不仅能够保障贫困地区学生资助经费、乡村教师津贴补助的精准落实，还能以动态信息化的教育扶贫数据库为基础，为教育扶贫政策的实施、监管和评估提供重要依据。

此外，云南省为了更好地发挥教育阻断贫困代际传递的作用，进一步指导教育扶贫开发工作，省委、省政府根据工作需要和实践经验，制定了一系列具有代表性的规划纲要。比如，2011年颁布的《云南省农村扶贫开发纲要（2011—2020年）》中明确教育扶贫的主要任务是，“到2020年，义务教育水平进一步提高，基本普及学前教育，普及高中阶段教育，加快发展远程继续教育和社区教育”。2014年7月制定的《云南省农村扶贫开发条例》中提出要“加强贫困地区基础教育和职业教育的发展”。2015年，云南省根据党中央、国务院精准扶贫的战略部署和“十三五”发展规划，发布了《中共云南省委云南省人民政府关于深入贯彻落实党中央国务院脱贫攻坚重大战略部署的决定》（云发〔2015〕38号），提出“着力发展教育脱贫”，要从十五个方面着手。第一，加快实施教育扶贫工程，让贫困家庭子女都能接受公平且有质量的教育，阻断贫困代际传递。第二，教育经费向贫困地区、基础教育、职业教育倾斜，特岗计划、国培计划向贫困地区基层倾斜。第三，帮助农村贫困家庭幼儿接受学前教育。第四，对建档立卡贫困户学生实施普通高中、中等职业教育免除学杂费，在高中

① 参见吴霓、王学男《党的十八大以来教育扶贫政策的发展特征》，《教育研究》2017年第9期。

阶段除享受其他政策外再给予每人每年2500元的助学金资助。第五，实施贫困地区农村义务教育阶段学生营养改善计划。第六，在迪庆、怒江率先实施14年免费教育。第七，继续实施重点高校面向贫困地区定向招生专项计划，加大对贫困家庭大学生的救助力度，从入学到毕业就业进行全程资助、全程扶持。第八，考入一本院校的建档立卡贫困户子女，在本科学习期间除享受其他政策外，由省级财政给予每人每年5000元学费奖励。第九，对贫困家庭离校未就业的高校毕业生提供就业支持，加强毕业两年内未继续升学学生劳动预备制培训。第十，合理布局贫困地区农村中小学校，改善办学条件，加快标准化建设，加强寄宿制学校建设。第十一，改善县级中等职业学校办学条件，提高教学质量，动员组织未升学的初、高中毕业生到中等职业学校、技工学校就读。第十二，建立省级统筹乡村教师补充机制，全面落实连片特困地区乡村教师生活补助政策。第十三，实行城市优质学校同贫困地区学校结对帮扶，启动实施义务教育阶段中小学校“1+1”城乡结对帮扶共建工程。第十四，扩大优质学校民族班规模。第十五，在有条件的地方建立教育扶贫示范区。同时，《云南省乡村教师支持计划（2015—2020年）》规定：每年有15%的优秀校长和10%的骨干教师在城乡学校之间、优质学校与薄弱学校之间交流轮岗。集中连片特困地区乡村教师生活补助差别化政策实施实现县、乡村学校、乡村教师“三个全覆盖”。这些政策文件不仅为云南省实施教育精准实践提供了制度保障，还充分体现了云南教育精准扶贫工作的创新和特色。

第二节　新时代云南教育扶贫的实践与成效

“通过教育脱贫一批”作为重要的扶贫政策，为贫困人口素质提升和贫困地区教育发展提供了路径遵循。云南省位于我国西南边陲，是一个集边疆、民族、山区、贫困“四位一体”的省份。截至2018年底，全省还有27个深度贫困县、307个深度贫困乡、3539个深度贫困村。云南贫困群众多、贫困程度深，脱贫攻坚任务艰巨。云南贫困地区致贫原因复杂，多种因素相互交织，政治敏锐性高，非经济因素的影响性明显。其中，素质型贫困是云南贫困最突出的特点。因此，社会稳定与否在一定程度上取决于贫困地区群众的教育程度和收入水平高低、相对剥夺感的强弱以及持续忍受贫困时间的长短，教育扶贫既是从人权角度保障其生存和发展的需要，也是维护社会和谐稳定发展的重大要求。加强教育精准扶贫，是深入实施“五个一批”工程，确保云南省如期实现脱贫摘帽和全面建成小康社会的重要保障，是“十三五”期间云南教育发展的重点工作。

一 新时代云南教育扶贫的实践

（一）学前教育

学前教育作为国民教育体系的重要组成部分，是基础教育的基础性和先导性铺垫，对人的终身学习和发展具有重要意义。2010 年 11 月，国务院印发的《关于当前发展学前教育的若干意见》中明确提出“以县为单位编制学前教育三年行动计划”。2011—2013 年，云南省按照党中央、国务院的统一部署，以县为单位实施了第一期学前教育三年行动计划，“入园难、入园贵”问题得到初步缓解。2014—2016 年，国家财政对实施的第二期学前教育三年行动计划给予了大力支持，云南省的财政性学前教育投入已经最大限度地向偏远农村、贫困地区和民族地区倾斜，同时，加大了对家庭经济困难儿童、孤儿和残疾儿童接受学前教育的资助力度。据统计，2011—2015 年，中央拨付财政经费 700 多亿元，用于促进贫困地区的学前教育发展。云南省在 2018 年度共计投入学前教育专项资金 8.2 亿元，实施 1701 个幼儿园建设项目，通过加大财政投入力度，保障云南省贫困地区适龄儿童更多更好地接受学前教育。

2014 年，国务院办公厅印发了《国家贫困地区儿童发展规划（2014—2020 年）》，为贫困地区儿童健康和教育扶贫工作提供指导。该规划重点围绕健康、教育两个核心领域，将我国 680 个连片特困县从出生开始到义务教育阶段结束的农村儿童作为实施对象，在坚持政府主导、社会参与、公办民办并举的前提下推进学前教育发展，实现从家庭到学校、从政府到社会对儿童关爱的全覆盖，切实保障贫困地区儿童生存和发展权益。① 2017年，云南省财政厅将学前教育助学金覆盖面从中央财政规定的在园幼儿数的10%扩大到了30%。截至2018年底，云南省学前三年毛入学率预计在79%左右，与2017年相比增长了近8个百分点。②《国家教育事业发展“十三五”规划》明确要求，2020年达到学前在园幼儿4500万人、学前三年毛入园率85%的目标。因此，云南省2018年的学前三年毛入园率距2020年达到85%的刚性要求还差约6个百分点。2018年年中，云南省教育厅携手浙江新湖慈善基金会、中国发展研究基金会、香港新家园协会共同启动“新湖乡村幼儿园计划”。接下来的三年，新湖慈善基金会计划出资7000万元人民币，实现云南怒江州乡村幼儿园全覆盖，同时将在云南省其他地区开展乡村幼儿园建设相关示范工作。“新湖乡村幼儿园计划”完成后，怒江州预计新增在园幼儿6300人，全州学前三年毛入学率可达到85%。

怒江州泸水市：3种特色模式开办乡村幼儿园“一村一幼”

2017年底，怒江傈僳族自治州泸水市实现了每村都有一所幼儿园的梦想，“一村一幼（儿园）”工程全覆盖，开启了从幼儿教育着手阻断贫困代际传递的新征程。

泸水市是集“边疆、民族、贫困、山区和少数民族直过区”等为一体的特殊区域，教育发展滞后。多年来，省教育厅力争帮助各族群众从源头阻断贫困代际传递。2015年，泸水市做出了全面推进教育精准扶贫规划，提出以市办幼儿园为示范、乡镇办中心幼儿园为骨干、村办一至二年学前

① 李兴洲、邢贞良：《攻坚阶段我国教育扶贫的理论与实践创新》，《教育与经济》2018年第2期。

② 周荣：《对标对表、狠抓落实——在2019年全省教育工作会议上的讲话》，2019年1月24日，http://www.ynjy.cn/web/28300/25739b77d5164ca781dca140c46f5871.html。

教育为基础的公办和民办并举的办园目标，实施“一村一幼”建设。两年多来，在省教育厅驻村扶贫工作队的促进下，泸水市、乡（镇）、村三级因地制宜，整合资源，通过改造村委会活动室、村民活动场所、村小闲置校舍等方式，形成了3种具有特色的乡村办园模式。周一至周五，党员活动室就是幼儿园，周末和夜晚，党员活动室“归还”给党员和村民。用好有闲置校舍的村完小资产，改建和扩建幼儿园，让旧操场变身“儿童乐园”。结合易地搬迁统筹新建幼儿园，保障易地搬迁后学龄前儿童“幼有所育、学有所教”。

为保障乡村幼儿园的办园质量，泸水市引进城区州、市两级具有较富资源和经验的幼儿园，由相关负责人负责各乡镇幼儿园的综合管理、业务指导、师资培训、教育科研和特色发展等。同时，通过招聘特岗教师、招募志愿者、鼓励师范院校学生到边疆实习等方式，先后招聘了124名幼儿教育特岗教师和志愿者到乡村幼儿园任教，动员56名小学教师转岗成为幼儿教师。此外，从2016年秋季学期开始，怒江州实施了14年免费教育制度，将学前两年教育纳入国家财政支撑范畴。

目前，泸水市的幼儿园从两年前仅有6所变成了82所，达到了每个村委会（社区）都有一所幼儿园的目标。同时，在园幼儿也从两年前的2052人增加到4978人，学前3年毛入园率从44.9%提升到65.48%。在全省范围内，泸水市率先实现了“一村一幼”“一乡一中心”“一县一示范”的目标。

资料来源：《3种特色模式开办乡村幼儿园“一村一幼”率先在泸水实现》，http://www.yn.gov.cn/yn_zwlanmu/yn_dfzw/201801/t20180128_31796.html，最后访问日期：2019年3月28日。

（二）义务教育

改革开放初期，我国教育扶贫的主要对象是义务教育阶段的青少年，主要目标是积极扫除青壮年文盲，促进基础教育普及。到1995年，国家为了在20世纪末完成以上目标，开始实施“国家贫困地区义务教育工程”

(以下简称“义务教育工程”)。该工程以提升和改善国家贫困县、部分省级贫困县、革命老区和少数民族地区的九年义务教育为目的,政府投入资金达100亿元。2001年,中国政府针对贫困家庭子女上学难的问题,推行农村义务教育“两免一补”(免学杂费、免书本费、寄宿生生活补助)政策,极大地调动了农村家庭孩子上学的积极性,巩固了农村地区义务教育阶段的就学率。为了改善贫困地区的办学条件,在2010—2015年,国家累计投入“薄弱学校改造计划”的资金达1296亿元,惠及3000多万名农村贫困学生。2018年,云南省基本完成“全面改薄”五年规划任务,累计开工面积1388.41万平方米、竣工面积1307.48万平方米和完成设施设备购置资金51.07亿元,分别占五年规划的103%、97%、103.72%。2018年,云南省下达义务教育保障机制资金82.04亿元,义务教育学校“20条底线”达标率为99.97%,九年义务教育巩固率预计在93.8%左右。

除了改善办学条件和降低学习成本之外,国家还开始注重农村贫困学生的营养健康状况。自2011年以来,我国在集中连片特殊困难地区实施“农村义务教育学生营养改善计划”,为片区义务教育阶段的学生提供营养膳食补助。截至2017年3月,中央财政累计安排资金1591亿元投入营养改善计划,3600多万学生受益。中国疾病预防控制中心2012—2015年连续四年的跟踪监测表明,试点地区学生每天吃到三餐的比例由2012年的89.6%上升到2015年的93.6%,营养知识水平得分提高16.7个百分点。2015年,男、女生各年龄段的平均身高比2012年高1.2~1.4厘米,平均体重增加了0.7~0.8公斤,高于全国农村学生平均增长速度。贫血率从2012年的17.0%,降到2015年的7.8%。①营养改善计划试点地区农村学生的营养不良问题基本得到解决,学生健康状况明显改善,学习能力也有所提高。

① 教育部:《关于农村义务教育学生营养改善计划实施情况的报告》,http://www.moe.edu.cn/jyb_xwfb/gzdt_gzdt/s5987/201703/t20170302_297934.html,最后访问日期:2020年10月28日。

南华县：让农村娃和城里孩子同等享受优质教育资源

统筹推进抓投入，促进城乡办学条件均衡

城区增量扩容，扩大优质教育资源。南华县先后投资1.26亿元在县城新建初级中学1所（南华民族中学），投资6300万元新建九年一贯制学校1所（南华县思源实验学校），让4000余名农村中小学生进城就读，让乡村孩子和城里孩子一样享受到优质教育，实现多年来“上好学”的愿望，群众满意度大幅提升，产生了良好的社会效应。乡镇提质增量、均衡城乡学校布局，投入学校建设资金2.87亿元，以实施校安工程、中小学标准化建设和全面改薄等项目为基础，全面改善城乡义务教育学校办学条件。投入资金2280多万元强力推进教育信息化建设，乡村学校和城镇学校共享优质教育资源；县级政府自筹资金5323.6万元，还清了教育系统历年全部欠账。

创新机制抓提升，促进城乡教育教学质量均衡

一是制定出台《南华县义务教育学校校长教师交流轮岗实施意见》，每年按不低于10%的比例交流轮岗，切实加大城乡校长、教师交流轮岗力度，仅2017—2018学年就有6名校长、178名教师交流轮岗，促进校长、教师资源合理配置，解决教师结构性短缺问题，极大缩小城乡校际间差距。二是建立联盟办学机制，促使全县14所初中、4所城区小学和10个乡镇中心学校按城区、坝区和山区相互牵手，组成三个帮带办学联盟。每个联盟均由城区学校牵头，实行联盟学校“师资互派、教学共研、资源共享”的管理模式，有效整合县域义务教育资源，搭建各学校互相学习、相互影响、共同提升平台，提高薄弱学校的办学水平，整体提升义务教育学校教学质量，促进教育均衡发展。

强化管理抓内涵、促进城乡学校特色化发展

在全县147所义务教育学校中实施学校“洁净、绿化、文化、安全、服务”五大工程，打造“洁净、生态、内涵、平安、人本”五好校园，优

化育人环境，以文化人、以德育人。在全县23167名中小学生中全面开展经典诵读、社会主义核心价值观进校园、校园艺术周等活动，校园社团活动丰富多彩，民族中学E21乐高机器人社团、思源实验学校围绕奥秘探究馆开展的科技活动月、龙川小学科创实践社团已成为州县知名的科普品牌。校本课程研发成果丰硕，思源实验学校书法课程、龙川小学科技创新教育课程等一批校本课程日趋成熟。同时，南华县还常态化组织青少年校园足球县级联赛、全县中学生运动会等体育竞技活动，校园体育蓬勃发展，特色学校不断涌现。

资料来源：《南华县：让农村娃和城里孩子同等享受优质教育资源》，http://www.ynjy.cn/web/28282/27b2689e1fa040879d5404842dc9501a.html，最后访问日期：2019年3月28日。

（三）普通高中

2017年教育部等四部门印发《高中阶段教育普及攻坚计划（2017—2020年）》，明确普通高中发展的目标、重点任务等内容，要求提高普及水平，优化结构布局，加强条件保障，提升教育质量，并重点面向中西部贫困地区、民族地区、边远地区、革命老区等教育基础薄弱、普及程度较低的地区，特别是集中连片特殊困难地区，以及家庭经济困难学生、残疾学生、进城务工人员随迁子女等特殊群体。此外，为了完善国家资助政策体系，加快普及高中阶段教育，切实解决普通高中家庭经济困难学生的就学问题，我国按照“加大财政投入、经费合理分担、政策导向明确、多元混合资助、各方责任清晰”的基本原则，建立以政府为主导、国家助学金为主体、学校减免学费等为补充、社会力量积极参与的普通高中家庭经济困难学生资助体系。自2010年起，我国开始实施普通高中国家助学金政策，用于资助普通高中家庭经济困难学生的学习和生活费用开支，资助面约为20%，2014年惠及495万名普通高中阶段学生。① 云南省的资助标准分为

① 陈纯瑾：《教育精准扶贫与代际流动》，华东师范大学出版社，2017，第13页。

两档，其中一等为每生每年 2500 元，二等为每生每年 1500 元，建档立卡贫困户学生优先享受一等国家助学金。

2016 年 8 月，财政部、教育部出台了《关于免除普通高中建档立卡家庭经济困难学生学杂费的意见》，免除公办普通高中建档立卡等家庭经济困难学生（含非建档立卡的家庭经济困难残疾学生、农村低保家庭学生、农村特困救助供养学生）的学杂费。2017 年，云南省对普通高中建档立卡贫困户学生在享受既有资助政策的基础上，再给予每人每年 2500 元的生活费补助。同年，云南省建档立卡贫困家庭学生高中毕业被高校录取率达到 96.37%，基本实现"应读尽读"。此外，云南省稳步推进迪庆、怒江等深度贫困地区、"直过民族"聚居区、镇彝威革命老区十四年免费教育政策的实施，逐步推进 11 个"直过民族"和人口较少民族聚居区的十四年免费教育。为了加快推进智慧教育建设，省内 68 所学校通过"1 + N"互动课堂开展常态音乐和美术教学，更好促进优质教育资源共享。①

加快发展贫困地区高中教育 云南省普高办学规模扩大，办学水平和教学质量不断提高

截至 2018 年，云南省一级高完中达 144 所，在校生 44.25 万人（含初中在校生），一级高完中在校生已占普通高中在校生总数的 54.9%。另外，云南对普通高中建档立卡贫困户家庭经济困难学生给予一等国家助学金资助，2010 年至今，累计投入助学资金 30.59 亿元，共资助 217.67 万人次。从 2012 年起，省级财政每年安排 5000 万元普通高中建设专项资金。目前，共创建了 50 所普通高中特色化实验学校，对年度教学质量综合评价成绩突出的 261 所次一级高完中进行了奖补，建设了 255 间通用技术实验室、255 间物理实验室、187 间化学实验室。2017 年

① 周荣：《对标对表、狠抓落实——在 2019 年全省教育工作会议上的讲话》，http://www.ynjy.cn/web/28300/25739b77d5164ca781dca140c46f5871.html，最后访问日期：2020 年 10 月 28 日。

共批复下达普通高中学校项目建设资金93817万元，建设校舍面积386739平方米，建设运动场面积82826平方米。

为进一步改善普通高中办学条件，2016年，云南省教育厅和省财政厅印发了《关于建立普通高中生均公用经费财政拨款制度的通知》，提出至2020年，云南省公办普通高中生均公用经费财政拨款标准实现不低于每年每个学生1500元的目标，其中，2017年秋季学期的执行标准不得低于每年每个学生1200元。此外，从2010年秋季学期起，实施普通高中国家助学金资助政策，标准为一等每生每年2500元，二等每生每年1500元。对普通高中建档立卡贫困户家庭经济困难学生给予一等国家助学金资助。2016年秋季学期起，实施免除公办普通高中建档立卡等家庭经济困难学生学杂费政策，累计投入资金2.23亿元，共资助28.51万人次。2017年秋季学期起，对普通高中建档立卡贫困户学生按每生每年2500元给予生活费补助，投入资金1.06亿元，共资助8.47万人。

资料来源：《加快发展贫困地区高中教育　全省普高办学规模扩大，办学水平和教学质量不断提高》，http：//www.yn.gov.cn/yn_zwlanmu/yn_tjdt/201801/t20180128_31793.html，最后访问日期：2019年3月28日。

（四）高等教育

高等教育扶贫行动集中体现在三个方面：一是对口支援，二是高等教育资源倾斜于定向招生，三是教育部直属高校定点扶贫。

1. 对口支援西部地区高等学校计划（简称“对口支援计划”）

对口支援西部地区高等学校计划是积极发展西部地区高等教育，加快培养急需的高级专门人才，完成西部大开发目标的重大战略，是教育扶贫的重要措施。2001年5月，教育部颁布《关于实施“对口支援西部地区高等学校计划”的通知》，根据西部地区重点建设高校（简称“受援高校”）的学科特点和意愿，最初指定北京大学、清华大学等13所高校为支援高校，采取一对一的方式，主要针对受援高校的人才培养、学科建设、师资队伍建设、学校管理制度和运行机制给予支援。2016年6月国务院办公厅发布的《关于加快中西部教育发展的指导意见》的基本原则中明确提出"系统谋划加快中西部发展的政策措施，确保各项政策相互配套、相互支撑，形成合力。发挥市场、企业、社会组织作用，吸引更多社会力量参与中西部教育发展"。截至 2017 年，共有 55 所中西部高等学校受到对口支援。对口支援计划取得明显成效，受援高校的教学、科研和管理水平都得到大幅度提升，尤其是学科建设和师资队伍方面实现了跨越式的发展，从根本上提高了受援高校的综合办学条件。

2. 面向贫困地区定向招生专项计划（简称"专项计划"）

2012 年 3 月，教育部发布了《关于实施面向贫困地区定向招生专项计划的通知》，主要是在普通高校招生计划中专门安排适量招生计划，面向集中连片特殊困难地区生源，实行定向招生，引导和鼓励学生毕业后回到贫困地区就业创业和服务。为了进一步扩大招生范围，2016 年 3 月《教育部关于做好 2016 年重点高校招收农村和贫困地区学生工作的通知》文件出台，提出继续实施贫困地区定向招生计划（简称"国家专项计划"）、地方专项计划和高校专项计划，进一步完善了贫困人口的教育精准资助政策。国家通过三大招生计划，每年让全国重点高校拿出一定数量的名额招收集中连片特困地区的学生，特别是片区中的农村贫困家庭学生，增加他们接受优质高等教育的机会。据统计，2012 年至 2015 年间，全国重点高校给予集中连片特困地区招生指标人数已经从 1 万多人增加到 6 万人，四年内在全国 831 个贫困县中累计录取了 18.3 万名大学生。贫困地区农村学生考上重点高校人数连续三年（2013—2015 年）增长 10% 以上。①

在云南省，从 2016 年开始，考入一本院校的建档立卡贫困户子女，以及考入一本至三本院校的迪庆藏区建档立卡户或家庭经济困难大学生，在本科学习期间，除享受其他资助政策外，省级财政给予每人每年 5000 元的学费奖励；"直过民族"中建档立卡贫困家庭在校学生除享受其他政策外，高等教育阶段年生均学费奖励 5000 元。云南省积极实施面向农村和贫困地

① 数据来源于国务院新闻办公室的《中国的减贫行动与人权进步》（2016 年）白皮书。

区学生的三大专项计划、助学金政策以及免费医学生、免费师范生招生计划，让贫困地区家庭经济困难学生能够接受优质的高等教育，获得发展中的竞争力。

3. 教育部直属高校定点扶贫工作（简称“定向扶贫”）

2011 年中央扶贫开发工作会议决定把 14 个连片特殊困难地区作为未来 10 年扶贫攻坚的主战场，予以重点帮扶，同时确定了部委定点联系片区的工作机制，教育部定点联系滇西边境片区。为进一步推动高校定点扶贫工作，2013 年 1 月 29 日教育部发布了《教育部关于做好直属高校定点扶贫工作的意见》，组织 75 所教育部直属高校参与定点扶贫工作，明确了定点扶贫的六种主要形式：教育扶贫、人才扶贫、智力扶贫、科技扶贫、信息扶贫、专业扶贫。2013 年以来，教育部派出 16 所部属高校对滇西 16 个县进行定点扶贫，另有 20 余所直属高校和 9 个直属单位进行专项扶贫，直接涉及滇西 40 多个贫困县的脱贫攻坚任务。在对口帮扶上，教育部精准推进了部属高校（直属单位）形式多样、成效明显的扶贫工作：一是帮扶贫困地区提升人力资源开发水平，在党政管理干部素质提升、技术技能人才培养培训等方面为定点扶贫县提供支持；二是助推贫困地区产业发展升级，为当地发展特色产业、优势产业提供全方位支持；三是大力支持贫困地区社会事业发展，广泛动员学校资源，着力提升当地社会事业发展水平，惠及数以万计的贫困家庭；四是为贫困地区提供多样化决策咨询服务，发挥智力优势，协助开展规划编制、调查研究等工作，形成了许多有价值的成果。由于各个学校资源背景、贫困地资源禀赋、贫困地政府认知、挂职干部综合素质等都存在一定的差异，各高校扶贫的成效也存在比较大的差异。

目前，高等教育阶段已经建立起国家奖学金、国家励志奖学金、国家助学金、国家助学贷款、师范生免费教育、勤工助学、学费减免、“绿色通道”等多种方式并举的资助体系，确保贫困地区的学生能够接受优质高等教育。截至 2018 年，云南省高等教育毛入学率预计在 40% 左右，全省高校毕业生初次就业率为 90. 9%，比 2017 年同期增加 0. 8 个百分点。

情系滇西扶贫、心连边疆教育

滇西集中连片特困地区，是国家新一轮脱贫攻坚主战场中边境县数量和世居少数民族最多的片区，贫困人口占云南省贫困人口的40%以上。自2012年中央启动集中连片贫困地区扶贫开发战略以来，教育部定点联系滇西片区，并与28个部委建立了滇西部际联系工作机制。

创新模式、完善体系、保障投入，倾力铺设致富路

在部际联系层面，教育部多次召开部际联席会议。部省联系层面，与云南省密切联系，建立沟通机制。部内组织领导层面，成立了专门的定点联系滇西工作领导小组。工作支撑平台层面，在云南大学设立滇西发展研究中心，组建云南省校企合作促进会，建设了滇西开发网和滇西学习网。教育对口支援层面，教育部38所直属高校开展定点扶贫和专项扶贫，东部10个职业教育集团与滇西10个州市开展战略合作。挂职干部层面，截至2018年底，从教育部机关、直属单位和部属高校选派了6批300多名优秀干部赴滇西挂职锻炼，基本形成“一县一品”“一校一品”的良好格局，给当地人民群众带来了极大实惠。为提升贫困地区办学的基础能力，2011—2015年，滇西边境山区教育扶贫攻坚投入资金336.73亿元，其中，中央投入资金232.66亿元。

实施项目、省校合作，开辟扶贫新局面

自承担定点联系滇西边境山区工作以来，按照中央部署，教育部实施了六大精准帮扶项目，定点联系工作取得良好开局。2015年4月，滇西应用技术大学获教育部批准筹建，成为我国西部地区第一所零起点新建的应用技术类型本科高校，经过努力，2016年实现了试点招生。借助教育部定点联系滇西扶贫的渠道，近年来云南省院省校合作也翻开了崭新一页。目前，云南省高校与北京大学、清华大学等7所部属高校合作开展人文社会科学研究项目75项，累计投入经费1838.4万元；云南大学、昆明理工大学等8所高校与部属高校共建省级重点学科32个，支撑建成了一批国家一

级学科博士学位授权点和硕士学位授权点。近一年来，省政府已经与13所部属高校签订了省校战略合作协议。

资料来源：《云南教育》2017年4月。

（五）职业教育

2014年6月，在全国职业教育工作会议上，习近平总书记指出，职业教育是国民教育体系和人力资源开发的重要组成部分，是广大青年打开通往成功成才大门的重要途径，肩负着培养人才、传承技术技能、促进就业创业的重要职责。职业教育扶贫是我国扶贫开发系统的重要组成部分，是实施精准扶贫的重要途径，通过“扶智”“扶志”“扶技”相结合，注重扶贫的可持续发展，能有效阻断贫困的代际传递。① 我国的职业教育扶贫行动主要集中在四个方面：一是职业院校针对贫困地区招生，二是“雨露计划”，三是职业教育帮扶农村劳动力转移计划，四是职业教育帮扶农民工学历与能力提升行动计划。②

1. 职业院校针对贫困地区招生

2016年10月，教育部和国务院扶贫办联合印发了《职业教育东西协作行动计划（2016—2020年）》，以职业教育和培训为重点，以就业脱贫为导向，实施东西职业院校协作全覆盖、东西中职招生协作兜底行动，支持职业院校全面参与东西劳务协作行动。同年12月，人力资源和社会保障部、国务院扶贫办联合下发通知，指出“2016—2020年，我国将依托千所左右省级重点以上的技工院校开展技能脱贫‘千校行动’，使每一个有就读技工院校意愿的建档立卡贫困家庭应、往届‘两后生’（初中高中毕业后未能继续升学的学生）都能免费接受技工教育”，积极组织引导贫困家庭子女到东部省（市）的职业院校、技工学校接受职业教育和职业培训。2018年1月，《深度贫困地区教育脱贫攻坚实施方案（2018—2020年）》

---

① 汤婷婷等：《改革开放40年我国职业教育扶贫政策的回顾与前瞻》，《中国职业技术教育》2018年第33期。

② 司树杰等：《中国教育扶贫报告（2016）》，社会科学文献出版社，2016，第81页。

再次提出，要全面落实东西职业院校协作全覆盖行动、东西协作中职招生兜底行动和职业院校参与东西劳务协作，广泛开展公益性职业技能培训，实现脱贫举措与技能培训的精准对接。可见，国家通过专门的行动计划和具体的实施方案，更加聚焦深度贫困地区的贫困治理问题，加快推进职业教育扶贫的东西协作模式，是职业教育精准扶贫的具体行动。截至 2018 年底，东部 5 个省（市）在滇西 10 个州市共招录 4063 名建档立卡户贫困学生。

2. **“雨露计划”**

“雨露计划”以政府主导、社会参与为特色，以提高素质、增强就业和创业能力为宗旨，以中职（中技）学历教育、劳动力转移培训、创业培训、农业实用技术培训、政策业务培训为手段，以促成转移就业、自主创业为途径，帮助贫困地区青壮年农民解决就业、创业中遇到的实际困难，最终达到发展生产、增加收入，促进贫困地区经济发展的目标。2005 年 6 月，国务院扶贫办正式启动“雨露计划”，目的是提高贫困人口的劳动技能，促进贫困家庭劳动力外出就业，增加收入，实现脱贫。为了规范“雨露计划”的实施，2007 年 3 月，国务院扶贫办颁布了《关于在贫困地区实施“雨露计划”的意见》，再次强调“雨露计划”的目的。“雨露计划”实施后产生了良好的社会效果，许多社会组织和企业积极参与此项计划，但是，“雨露计划”在运行中也出现了贫困人口参与积极性不高、培训补贴精准度不够、培训实用技术力度不够等突出问题。① 目前，国务院“雨露计划”的实施对象拓展为以下四类：一是扶贫工作建档立卡的青壮年农民（16 ~ 45 岁），二是贫困户中的复员退伍士兵（含技术军士，下同），三是扶贫开发工作重点村的村干部和能帮助带动贫困户脱贫的致富骨干，四是建档立卡贫困子女参加中等职业教育（全日制普通中专、成人中专、职业高中、技工院校）和高等职业教育（全日制普通大专、高职院校、技师学院等）。

① 胡兴东等：《中国扶贫模式研究》，人民出版社，2018，第 112 ~ 117 页。

东部职教集团对口滇西帮扶10州市

北京市交通运输职业教育集团与丽江市人民政府签订了《深化战略合作备忘录》，2013年起面向丽江市贫困山区开展三年制大专层次招生，集团全额减免定向生的学费、住宿费，并提供每人每月200元的生活补助；丽江市政府为贫困山区学生提供每人每年2000元的交通补助。目前，已有212名滇西贫困山区学生在集团所属的学院学习。同时，北京交通运输职业教育学院接受丽江市职业学校管理人员、教师来京挂职锻炼，以短期集中培训的方式，无偿对30名丽江中等职业学校专业教师和6名校长或管理人员进行专业、管理知识培训，并提供住宿和生活补贴。

北京一商集团教育培训中心与保山市通过“2+1”或“1+2”方式，开展中职联合招生，共招录学生700人，并给予每个学生3000元生活补贴和1000元交通费；同时，为保山市培训职教骨干教师和管理干部共120人；选派专家团队指导保山市两所中职改革示范校专业建设等。江苏农林职教集团与普洱市职教中心签订师资培养协议书，每年帮助培训教师5人，并每年派出3~5名教学业务骨干教师到普洱市进行具体的帮助和指导。杭州旅游职校教育集团给予临沧市沧源县职教中心50万元佤文化专业设备补助资金，同时选派两名职教管理人员到杭州旅游职校挂职学习3个月。上海电子信息职教集团与楚雄州人民政府结为对子，3年间先后为楚雄州举办了15期职教培训班，培训994人次。天津职业大学出资20万元购置设备帮助红河州石屏县职中改善组培实验室、多媒体教室的设备。广东食品药品职教集团与西双版纳州勐海县职中在在职教师培养培训、学生联合培养方面开展合作，选派两名教师到广东食品药品职业学校学习半年，招收40名食品安全管理专业学生进行联合培养。江苏·发那科数控职教集团帮助大理州培养和培训中职教师44人，并给予100万元的实训设备扶持。天津交通职业学院帮助怒江州民族中等专业学校汽车专业建设实训中心。

资料来源：《云南教育》2017年4月。

3. 职业教育帮扶农村劳动力转移计划

2004 年 3 月，《教育部关于印发〈农村劳动力转移培训〉的通知》（计划一）要求：在城乡合作办学和东西部合作办学中，实行“1 +2”“2 +1”“1 +1 +1”等模式，让西部地区和农村中职学生在当地学习一至两年，完成文化课和部分专业基础课后，再到东部地区、城市的中职学校和对口企业接受专业教育和技能培训，毕业后主要面向东部地区和城市就业。除此之外，文件还扩大各类职业学校面向农村招生的规模，制定跨省、跨地区招生规划，落实联合招生合作办学的资助经费，扶持家庭经济困难学生学习，为农村生源毕业生在非农产业和城镇就业提供服务。

“春潮行动”是为贯彻落实中央经济工作会议和中央城镇化工作会议精神，提高农村转移就业劳动者就业创业能力，根据《国家新型城镇化规划（2013—2020 年）》和《国务院关于加强职业培训促进就业的意见》，按照国务院要求开展的面向新生代农民工的职业技能提升计划。“春潮行动”实施的重点是面向农村新成长的劳动力，组织实施各具特色的职业培训和创业培训，使他们成为符合经济社会发展需求的高素质劳动者。

4. 职业教育帮扶农民工学历与能力提升行动计划

2016 年 3 月，教育部、中华全国总工会印发《农民工学历与能力提升行动计划——“求学圆梦行动”实施方案》，该方案通过建立学历与非学历教育并重，产教融合、校企合作、工学结合的农民工继续教育新模式，实施“求学圆梦行动”，提升农民工学历层次和技术技能水平，帮助农民工实现体面劳动和幸福生活，有效服务经济社会发展和产业结构转型升级。其目标是：到 2020 年，在有学历提升需求且符合入学条件的农民工中，资助 150 万人接受学历继续教育，使每一位农民工都能得到相应的技术技能培训，能够通过学习免费开放课程提升自身素质与从业能力。

（六） 民族教育

云南省是我国少数民族最多的省份，各民族分布呈大杂居、小聚居的特点，由于历史、文化、经济、地理等方面的原因，云南省民族地区的教育水平一直处于比较落后的状态，与东部地区的差距越来越大，这严重威胁着我国边境的稳定与民族和谐。为了加快全省民族教育发展，提高少数民族的综合素质，云南省针对贫困少数民族地区教育精准扶贫的部署安排主要包括以下三个方面。一是优先保障贫困地区民族学校办学条件改善。在特别困难的县（区）建立民族贫困地区教育扶贫示范区。鼓励 8 个民族自治州和 29 个民族自治县教育局建立民族教育专门机构。二是科学推进双语教学。加快民族贫困地区国家通用语言文字的普及，加强基本语文、实用数学、创业知识与技能、家庭生活知识与技能、公民生活知识与技能相结合的扫盲课程体系建设，大力开展少数民族扫盲教育，促进“直过民族”等少数民族掌握汉语。三是加大少数民族人才培养力度。保留并进一步完善边疆、山区、牧区、少数民族聚居地区少数民族考生高考加分优惠政策。鼓励、支持高校对民族地区定向招生。四是构建对民族地区教育结对帮扶机制。健全教育对口支援机制，构建省内教育发达地区优质学校与民族地区学校结对帮扶的平台。加大省内教育发达地区、高校对民族地区双语教育、职业教育和学前教育的支援力度，形成帮助民族地区培训和选派中小学校长、班主任、骨干教师，培养各类人才的长效机制。随着科教兴国战略和教育精准扶贫的全面实施，以及民族教育投入的不断加大，云南省民族教育事业得到了快速发展。截至 2017 年底，云南省少数民族在校生达到 473.41 万人，占全省在校生总数的 33.3%。

教育扶贫新模式　瑶族学生新起点——西双版纳勐旺乡瑶族学生异地集中办学

景洪市位于云南省南部，是西双版纳傣族自治州首府及全州的政治、经济、文化中心。其中，位于景洪市东北部的勐旺乡，是距离中心城区最远的一个乡镇，也是景洪市的深度贫困区之一。为彻底改变勐旺乡贫困群众现状，防止贫困代际传递，景洪市委、市政府以壮士断腕的决心，把教育扶贫作为深度贫困区域脱贫的“治本之策”来抓，创造性地提出“异地集中办学”的教育扶贫举措。景洪市制定了《勐旺乡义务教育阶段瑶族学生集中到景洪城区办学工作推进实施方案》，将勐旺乡瑶族学生集中到景洪市第一中学和景洪市第三小学就读，实行统一管理、统一学习、统一生活的“三统一”模式，全面改善瑶族孩子的生活、学习环境。2018 年秋季学期异地安置瑶族学生 383 人，其中：小学 214 人、初中 169 人，小学三到六年级设置 5 个班，初中设置 5 个班。景洪市教育局还从勐旺乡中小学校选派了 3 名校领导和 10 多名中小学教师，长期协助两所学校做好学校的管理工作，让瑶族学生在城区学校能够快乐生活，快乐学习，确保留得住，学得好。此次“异地集中办学”真真切切地体现了党的教育扶贫政策，真正做到扶贫兜底，资助接地，让贫困落后的地区受益。彻底改变勐旺乡瑶家村委会贫困现状，阻断贫困代际传递，把教育扶贫政策落实到位，保障在义务教育阶段建档立卡学生从入学到毕业的全程全部资助，保障贫困家庭孩子都可以上学，不让一个学生因家庭经济困难而失学。让每一位贫困学子有学上、上好学，走出一条深度贫困地区教育扶贫新路，让更多建档立卡贫困学生接受更好更高层次教育，有机会通过职业教育、高等教育或职业培训实现家庭脱贫，实现城乡均衡发展，提升贫困地区的整体实力，为坚决打赢打好勐旺乡脱贫攻坚战和实现 2020 年全面建成小康社会奠定了良好的基础。

资料来源：西双版纳州景洪市教育局，2018 年 12 月 5 日。

（七）贫困地区师资队伍建设

教师是教育的脊梁，教师队伍建设、素质提升是兴学办教、扶贫脱贫的关键。贫困地区师资队伍建设行动主要体现在以下三个方面：一是贫困地区教师培训行动，二是贫困地区师资支援行动，三是贫困地区校长培训行动。

1. “特岗计划”

“特岗计划”是农村义务教育阶段学校教师特设岗位计划的简称。

2006 年国家启动实施，公开招聘高校毕业生到“两基”攻坚县农村义务教育阶段学校任教，解决农村师资总量不足和结构不合理等问题。特岗教师聘期为 3 年，中央财政设立专项资金承担工资拨付。3 年聘期结束后，考核合格，自愿留在本地学校的，由地方按照有关规定接转为在编教师。在财政支持上，中央财政设立专项资金，用于特岗教师的工资性支出，并按人均每年 1.5 万元的标准，与地方财政据实结算。到 2018 年，“特岗计划”工作的重点在于“优先满足三区三州等深度贫困地区县村小、教学点的教师补充需求，县城学校不再补充新的特岗教师；进一步优化教师队伍结构，保持合理的性别比例，加强音体美、外语、信息技术等紧缺薄弱学科教师的补充；向本地生源倾斜”。

2. “国培计划”

中小学教师国家级培训计划，简称“国培计划”，由教育部、财政部于 2010 年全面实施，是提高中小学教师特别是农村教师队伍整体素质的重要举措。“国培计划”包括“中小学教师示范性培训项目”和“中西部农村骨干教师培训项目”两项内容。其中，中西部农村骨干教师培训项目，主要对中西部农村义务教育教师进行有针对性的培训，同时，引导地方完善教师培训体系，加大农村教师培训力度，提高农村教师的教学能力和专业水平。培训计划主要包括农村中小学教师置换脱产研修、农村中小学教师短期集中培训、农村中小学教师远程培训。2010—2012 年中央财政每年投入 5.5 亿元支持“国培计划”实施。2015 年，国务院办公厅对改革实施“国培计划”提出了明确要求，即调整“国培计划”实施范围，集中支持中西部乡村教师校长培训，下移管理重心，强化基层教师培训机构参与，确保乡村教师培训的针对性和实效性。

3. 乡村教师支持计划

2015 年 6 月，国务院办公厅以国办发〔2015〕43 号印发了《乡村教师支持计划（2015—2020 年）》，该计划指出，发展乡村教育，教师是关键，要把乡村教师队伍建设摆在优先发展的战略位置，多措并举，定向施策，精准发力，通过全面提高乡村教师思想政治素质和师德水平、拓展乡村教师补充渠道、提高乡村教师生活待遇、统一城乡教职工编制标准、职称（职务）评聘向乡村学校倾斜、推动城市优秀教师向乡村学校流动、全面提升乡村教师能力素质、建立乡村教师荣誉制度等关键举措，努力造就一支素质优良、甘于奉献、扎根乡村的教师队伍。云南省高度重视师资队伍的建设工作，2016 年 1 月，云南省政府办公厅出台了《云南省人民政府办公厅关于印发云南省乡村教师支持计划（2015—2020 年）的通知》，提出“到 2020 年，努力造就一支数量充足、素质优良、结构合理、乐于奉献、扎根乡村的教师队伍，为基本实现教育现代化提供坚强有力的师资保障”。2018 年 8 月出台《中共云南省委　云南省人民政府关于深化新时代中小学教师队伍建设改革的实施意见》，明确提出从以下 10 个方面来全面深化云南省新时代中小学（含普通中小学、幼儿园、特殊教育学校、中等职业学校）教师队伍建设改革：①提升思想政治素质；②补充学前教育教师队伍；③配齐义务教育教师队伍；④稳定特岗计划教师队伍；⑤补足高中阶段教师队伍；⑥优化中小学教师队伍配置；⑦实施“万名校长培训计划”；⑧完善教师待遇保障机制；⑨深化教师评聘制度改革；⑩鼓励乡村教师长期从教、终身从教。2013—2015 年，中央财政累计投入资金约 44 亿元，支持连片特困地区对乡村教师发放生活补助，惠及约 600 个县的 100 多万名乡村教师。截至 2016 年 1 月，云南有公办学校乡村教师 24.1 万人，约占全省公办中小学专任教师总数的 60%。

云南各地深化新时代中小学教师队伍建设改革出实招

昆明市实施新增义务教育教师向紧缺地区和农村学校倾斜；实施“名校长培育工程”，到 2020 年，培养、引进、评选名校长 100 人，组建市级“名校长培养基地”20 个，培训优秀校长 500 人；实施“十百千名师培育工程”，到 2020 年，培养、引进、评选春城教学名师 500 人，组建市级“名师工作室”40 个，培训优秀骨干教师 1 万人；从 2019 年起每年在乡村学校从教 20 年以上的在职教师中，遴选做出突出贡献的优秀教师给予奖励，市级奖励名额为省级当年分配给昆明市奖励名额的两倍，奖励标准为省级奖励标准的50%，省、市奖励原则上不得重复。

丽江市实施新增义务教育教师向紧缺地区和农村学校倾斜；2019—2022年，在积极落实省“万名校长培训计划”的同时，实施市级校长及后备队伍培养计划，每年遴选60名校长、副校长、骨干教师开展3个月的“走出去”挂职培训，通过4年努力，培训400名优秀中小学校长及后备队伍；从2019年起，市政府每年在乡村学校从教20年以上的在职教师中，遴选5名左右做出突出贡献的优秀教师给予奖励。

曲靖市实施新增义务教育教师向紧缺地区倾斜；2019—2023年，实施中小学校长“访名校”培训，市级财政每年安排50万元专项经费，选派50名中小学校长开展“访名校”培训；实施“名师大篷车送培”工程，市级财政每年安排100万元专项经费，研发一批符合一线教师需求的培训课程资源，组建30人左右的市级专家团队，开展覆盖式送培活动；建立优秀教师激励机制，每年遴选50名名校长给予一次性3万元奖励，遴选100名优秀班主任给予一次性1.5万元奖励，遴选150名名教师给予一次性1万元奖励；每年在乡村学校从教20年以上的在职教师中，遴选100名做出突出贡献的优秀教师，给予每人1万元的一次性奖励。2019—2021年，实施“珠源引才百人计划”，计划每年引进100名高层次教育人才，其中名师名校长10人，优秀毕业生90人。

文山州强化校长、骨干教师和学科带头人培养培训工作，从2019年起每年遴选100名有资质、有潜力的校长、副校长和中层管理人员，开展1个月的系统培训；从2019年起每年遴选600名优秀教师开展1个月的系统培训；从2019年起州委州政府每年从在职教师中遴选200名（乡村教师占85%）优秀教师给予表扬，对在乡村学校从教15年以上的在职教师颁发荣誉证书。

昭通市实施千名校长培训计划，到2022年，每年遴选250名中青年校长、副校长、骨干教师进行市级中青年校长后备人才培训；实施东西部扶贫协作，与广东省东莞市、中山市开展教育扶贫协作，推动粤滇教育协作，每年选派180名教师到东莞市、中山市进行跟岗培训。

普洱市加大定向培养力度，采取定向招生、定向培养、定向服务等方式，为乡村学校及教学点培养“一专多能”教师，到乡村学校连续服务2年以上（含2年）的，在省财政给予每人每年1万元的工作岗位补贴基础上，市财政再给予每人每年5000元的生活补贴；2018—2022年，每年遴选100名校长、骨干教师开展为期半年的系统培训；以工作量核定绩效工资，以在薄弱、边远学校任教经历为职称晋级条件；从2019年起每年对100名优秀教师、60名优秀班主任和40名优秀教育工作者给予市级通报表扬；以5年为一周期遴选20名优秀教师给予市级表彰奖励；对在乡村学校连续工作15年以上的教师颁发市级荣誉证书；对在乡村学校连续工作10年以上的教师颁发县级荣誉证书。

资料来源：“各地深化新时代中小学教师队伍建设改革出实招”，http：//www.ynjy.cn/web/28282/d2bc94884ffd4ee5939f20013649d2a4.html，最后访问日期：2019年3月26日。

二 新时代云南教育扶贫的成效

（一）建档立卡贫困生资助精准“全覆盖”

云南省建立完善精准扶贫大数据管理平台，加强动态跟踪和管理更新，精准聚焦建档立卡贫困户家庭经济困难学生，为贫困学龄人口应学在学、应助尽助提供技术支撑。2017年12月，云南省教育厅、省财政厅、省人力资源和社会保障厅、省扶贫办四部门印发《云南省建档立卡贫困户学生精准资助实施方案》和《云南省普通高中建档立卡贫困户家庭经济困难学生生活补助实施方案》，明确要求：全省各地从政策上实现建档立卡贫困户学生资助所有学段全覆盖、所有区域全覆盖、所有民族全覆盖、公办与民办全覆盖。通过贫困大数据平台，精准聚焦贫困地区的每一所学校和每一位贫困家庭的学生，尽可能减轻贫困家庭子女接受教育的经济压力。

在学前教育阶段，实现建档立卡贫困户子女“入园有帮扶”。在园儿童资助面扩大到30%，确保对建档立卡贫困户儿童按每人每年300元标准予以省政府助学金资助。在义务教育阶段，实现建档立卡贫困户学生“上学有保障”。从2012年起，云南省就实现了农村义务教育学生营养改善计划和寄宿生生活补助两个“全覆盖”。同时，云南省对被国家列入“三区三州”的迪庆州、怒江州学生以及镇雄、彝良、威信县革命老区的建档立卡贫困户学生实施14年的免费教育。2018年上半年，全省义务教育阶段共计投入资助资金10.19亿元，资助学生94.9万人。在高中教育阶段，实现建档立卡贫困户学生“上学有补助”。无论是在普通高中还是中等职业学校就学，在免除学费的同时每生每年可获5000元资助。2018年上半年，全省中等职业教育阶段投入资助资金1.34亿元，资助学生5.18万人；普通高中教育阶段投入资助资金2.34亿元，资助学生11.06万人。在高等教育阶段，实现普通高校建档立卡贫困户学生“上学不用愁”。在拿到大学录取通知书后，云南省通过学费奖补、生源地信用助学贷款和新生入学路费资助等3项政策解学生和家长之忧。对建档立卡贫困户学生考取一本院校本科（含预科）、“直过民族”学生考取专科（含预科）以上、迪庆藏区家庭经济困难学生考取本科的，按每人每年5000元标准给予学费奖补。截至2018年底，云南省已提前下达“云南省优秀贫困学子奖学金”资助资金6203万元，资助建档立卡贫困户学生268.9万人次，资助资金达到29.12亿元。①

（二）学前教育和义务教育发展迅速

十八大以来，云南省针对贫困地区儿童学前教育严重短缺的现状，持续加大对农村贫困地区学前教育的经费投入，学前教育项目及资金向民族贫困地区、边境地区、“直过民族”聚居区倾斜。从2017年起，云南省全面实施“一村一幼”工程，目前已实施了两期学前三年行动计划，2017年

① 《对象精准　措施精准　云南省资助贫困户学生实现全覆盖》，云南省人民政府门户网站，http://www.yn.gov.cn/yn_zwlanmu/yn_tjdt/201809/t20180910_33889.html，最后访问日期：2019年3月25日。

云南省学前教育实际招生数达74.74万人，完成率为110.76%，与2016年相比，新建、扩建幼儿园项目976个，目前已经基本实现“每个乡镇至少有一所中心幼儿园”“县县有示范园”的目标。截至2018年底，云南省学前三年毛入园率预计达到79%，与2013年相比，提高了约24.81%，年均增长速度约为5%，“入园难、入园贵”的问题得到了有效缓解。[①]

云南省把义务教育基本均衡通过国家认定纳入贫困县退出考核内容，截至2018年底，全省97个县通过国家基本均衡认定和验收，2018年新增23个县通过国家县域义务教育基本均衡发展督导检查，预计全省基本均衡县将达到120个，通过率达到93.02%。目前，云南省已经基本完成“全面改薄”五年规划任务，累计开工面积1388.41万平方米、竣工面积1307.48万平方米和完成设施设备购置资金51.07亿元，分别占五年规划的103%、97%、103.72%。义务教育学校“20条底线”达标率为99.97%，九年义务教育巩固率预计在93.8%左右，比2013年提高2.2%。云南省将“控辍保学”作为巩固提高义务教育发展水平和精准扶贫的关键，落实联控联保责任体系，持续加大“控辍保学”工作力度，学生辍学失学情况明显减少，2018年小学辍学率为0.15%，普通初中辍学率为1.2%。[②]

（三）普通高中与高等教育稳步推进

按照中央部署，云南省从2016年秋季学期起，免除公办普通高中建档立卡等家庭经济困难学生（含非建档立卡的家庭经济困难残疾学生、农村低保家庭学生、农村特困救助供养学生）学杂费。2016年至2017年，云南省财政一共投入资金16859万元，全省约15万名学生享受了免除学杂费政策。[③] 同时，云南省实施职教兜底招生，在高考录取、高职单招、专升

---

① 数据来源于《2017年云南省教育事业统计摘要》。

② 数据来源参见周荣《对标对表、狠抓落实——在2019年全省教育工作会议上的讲话》，http://www.ynjy.cn/web/28300/25739b77d5164ca781dca140c46f5871.html，最后访问日期：2020年10月28日。

③ 数据来源：云南省财政厅办公室。

本、五年制高职、高中和中专招生中实施好各类专项计划，共录取建档立卡贫困家庭考生 8 万余人，其中录取参加高考的建档立卡贫困家庭学生 3.43 万人，录取率达到 91.68%，高于普通高考录取水平。

云南省积极实施面向农村和贫困地区学生的三大专项计划、助学金政策以及免费医学生、免费师范生招生计划，让贫困地区家庭经济困难学生能够接受优质的高等教育，获得发展中的竞争力。针对云南省贫困地区专项高校招生计划人数，从 2012 年的 913 人增加至 2016 年的 5119 人，明显增加了贫困地区学生接受优质高等教育的机会。据统计，截至 2018 年，云南省高等教育毛入学率预计在 40% 左右，比 2013 年提高 14.2 个百分点，年均增长 2.84 个百分点。①

（四）职业教育开展顺利

十八大以来，云南省按照国家部署和要求，加大了对职业教育的扶持力度，特别是围绕在校生学费补助、住宿费减免等方面制定出台了多项政策，主要目的是通过职业教育，使未能考入高中或大学的贫困家庭子女在接受九年义务教育后，能进入职业培训学校学习知识和技能，提高自身的就业竞争力，为脱贫奠定基础。一是全面推进职业教育东西协作行动计划滇西实施方案。云南省按照《职业教育东西协作行动计划滇西实施方案（2017—2020 年）》，通过贫困大数据掌握滇西 10 个州市建档立卡“两后生”的底数，积极组织、动员建档立卡学生到东部实习、就业以及开展培训教师选派等工作，扶贫效率不断提高。2018 年，东部 5 个省（市）在滇西 10 个州市招录 4063 名建档立卡户贫困学生②，接受优质职业教育，以增强贫困户子女脱贫致富的能力，实现了地区贫困人口就业脱贫与东部劳动力缺口补充的有效对接。二是积极实施“雨露计划”。云南省围绕“提

① 数据来源：云南省财政厅办公室。

② 数据来源参见周荣《对标对表、狠抓落实——在 2019 年全省教育工作会议上的讲话》，http://www.ynjy.cn/web/28300/25739b77d5164ca781dca140c46f5871.html，最后访问日期：2020 年 10 月 28 日。

高贫困地区农民劳动、就业、创业能力”的目标，加大了劳动力转移培训和职业技能培训的扶持力度，为贫困农民提供形式多样的培训服务。2011—2015 年，云南省累计投入财政资金 6.313 亿元，实施劳动力转移培训 105 万人次，转移就业 100 余万人次，投入“雨露计划”专项资金 9366.25 万元，资助接受职业教育的贫困家庭群众达到 62563 人。①

（五）民族教育有特色

近年来，云南省扎实推进民族教育发展，统筹落实好各项民族人才培养政策，不断加大民族教育投入，实施国家通用语言文字和少数民族语言文字教育，云南省民族教育事业得到了快速发展。通过印发实施《云南省“直过民族”脱贫攻坚国家通用语言文字普及推广工程方案》，编写印发“直过民族”培训教材。为了确保少数民族群众基本掌握和使用国家通用语言文字，2016—2017 年，云南省投入专项经费 2220 万元，用于在“直过民族”聚居区、边境地区、少数民族聚居区等国家通用语言文字教育基础薄弱地区，通过支持创办扫盲夜校、开展双语培训、编写双语教材、制作双语音像制品、开展宣传推广活动等，全面提高这些地区国家通用语言文字的普及程度。为了尊重和保障少数民族师生使用本民族语言文字接受教育的权利，经过两年的时间，全省累计培训民族地区双语教师 1.2 万人左右，已有 68 个县（市、区）、1295 个校点实现双语教育，学生总数达到 153290 人。目前，民族地区创建了 22 所国家级、219 所省级语言文字规范化示范学校。② 截至 2017 年底，云南省少数民族在校生达到 473.41 万人，占全省在校生总数的 33.3%，其中，少数民族学生占全省在校生比例分别为学前教育占 36.59%，普通小学占 40.55%，普通初中占 36.61%，普通高中占 31.19%，中等职业教育占 35.08%，普通本、专科占 27.5%（其

① 《云南省人民政府扶贫开发办公室：“雨露计划”打造脱贫金钥匙》，2015 年 10 月 22 日。

② “云南省打好政策‘组合拳’力推教育精准扶贫”，https://mp.weixin.qq.com/s?__biz=MzA3ODI0NTIyNA%3D%3D&idx=5&mid=2666257246&sn=1272550e59595c44f8272b8735780695，最后访问日期：2019 年 3 月 20 日。

中本科占 23.91%，专科占 32.58%），硕士研究生占 11.91%，博士研究生占 13.89%。

（六）新时代乡村教师队伍建设措施有力

为了加强农村贫困地区教师队伍建设，缩小城乡师资水平差距，促进教育均衡化发展，云南省按照“四有”好教师标准建设高素质、专业化教师队伍，出台了《中共云南省委　云南省人民政府关于深化新时代中小学教师队伍建设改革的实施意见》，不仅建立乡村教师奖励制度，首批奖励 500 名优秀乡村教师，给予每人 10 万元奖励，鼓励优秀教师扎根乡村、终身从教，还启动实施了“万名校长培训计划”，对全省 1000 名具备较高的教学水平和管理水平的校长进行培训。十八大以来，云南省每年投入近 6 亿元财政资金，在集中连片特困地区的 85 个县实现乡村教师差别化生活补助政策全覆盖，主要是通过提高农村地区教师的生活待遇（包括工资待遇、生活补助、社保等），让优秀教师能够“下得去、留得住、教得好”。2018 年，云南省共计招聘特岗教师 5281 人，以“国培计划”项目和省级培训项目为依托，投入中央专项资金 1.21 亿元，培训中小学和幼儿园教师 8.2 万人次。①

第三节　云南教育扶贫的经验与启示

党的十八大以来，我国进入全面建成小康社会的决胜期。习近平总书记指出，教育公平是社会公平的重要基础，要不断促进教育发展成果更多、更公平惠及全体人民，以教育公平促进社会公平正义。云南省结合当地省情，实施教育精准扶贫，以“全面改薄”和“控辍保学”为抓手，共

① 数据来源于周荣《对标对表、狠抓落实——在 2019 年全省教育工作会议上的讲话》，http://www.ynjy.cn/web/28300/25739b77d5164ca781dca140c46f5871.html，最后访问日期：2020 年 10 月 26 日。

同推进贫困县域义务教育均衡发展，以构建“全覆盖”的教育精准扶贫资助体系为保障，为贫困家庭学生提供接受教育的机会，以教育部定点联系滇西边境山区为渠道，开辟云南教育精准扶贫新局面，以开办“民族班”为特色，加大“直过民族”教育扶贫力度，从整体上提高当地教育水平和教育质量，缩小不同地区之间教育的差距，实现教育均衡化发展，取得了阶段性成效，积累了一些可借鉴的做法和经验。

一 新时代云南教育扶贫的经验

（一）以“全面改薄”和“控辍保学”为抓手，共同推进贫困县域义务教育均衡发展

“全面改薄”是指全面改善贫困地区义务教育薄弱学校基本办学条件。自2013年末印发《关于全面改善贫困地区义务教育薄弱学校基本办学条件的意见》以来，云南省积极统筹城乡义务教育资源的均衡配置，通过五年的努力，于2018年基本完成“全面改薄”五年规划任务。目前，全省农村义务教育学校教室、桌椅、图书、实验仪器、运动场等教学设施满足基本教学需要；学校宿舍、床位、厕所、食堂（伙房）、饮水机等生活设施满足基本生活需要；留守儿童学习和寄宿需要得到基本满足，村小学和教学点能够正常运转；县（镇）超大班额现象基本消除；教师配置趋于合理，数量、素质和结构基本适应教育教学需要。截至2018年底，云南省义务教育学校“20条底线”达标率为99.97%，九年义务教育巩固率预计在93.8%左右。

“控辍保学”是指控制学生辍学、流失，保证适龄儿童和少年完成九年义务教育，提高“普九”质量和水平。近年来，云南省为了解决好中途失学、辍学问题，建立“控辍保学四包”责任制度，即乡镇领导包乡、乡镇干部包村、村干部包组、组干部包户，并层层签订责任书，明确各级责任；建立完善乡、村、组责任人发放入学通知书、组织学生入学、劝返辍学学生及向上级责任人报告的工作制度，确保失学、辍学学生尽早入学、

复学。截至2017年底，全省义务教育阶段辍失学率为0.39%。其中，小学阶段辍失学率为0.07%，初中阶段辍失学率为0.99%。

“义务教育有保障”作为贫困人口退出、贫困县摘帽的基本要求之一，是持续稳定实现义务教育均衡发展的关键。为了全力推进义务教育均衡发展，云南省将义务教育基本均衡通过国家评估作为贫困县、贫困村、贫困户“三个退出”的硬性指标要求，明确各县义务教育辍学率必须控制在国家规定的小学0.6%、初中1.8%以下。“全面改薄”和“控辍保学”的实施，积极推进了中小学标准化建设，全省义务教育辍学率呈稳步下降态势，共同推进了全省县域义务教育均衡发展。截至2018年底，新增23个县通过国家县域义务教育基本均衡发展督导检查，全省基本均衡县将达到120个，占93.02%。

（二）以构建“全覆盖”的教育精准扶贫资助体系为保障，为贫困家庭学生提供接受教育的机会

按照“精准资助、应助尽助”的原则，云南省不断调整和完善针对贫困家庭学生的资助政策，确保资助对象不断趋向精准化。从2012年起，云南省就实现了农村义务教育学生营养改善计划和寄宿生生活补助两个“全覆盖”。同时，对被国家列入“三区三州”的迪庆州、怒江州学生以及镇雄、彝良、威信县革命老区的建档立卡贫困户学生实施14年免费教育。对全省考取本、专科院校的“直过民族”建档立卡贫困户子女和藏区学生，在享受既有资助政策的基础上，每人每年再给予5000元学费资助。据统计[①]，2016年，学前教育阶段，资助学生12.5万人，发放助学金3737万元；普通高中阶段，资助学生41.15万人次，发放国家助学金4.7亿元，免除学杂费5195万元；中等职业教育阶段，资助学生73.62万人次，资助金额为14.74亿元；高等教育阶段，资助学生40.3万人次，资助金额为

① 财政部：“云南省打好政策‘组合拳’力推教育精准扶贫”，http://www.mof.gov.cn/xinwenlianbo/yunnancaizhengxinxilianbo/201711/t20171107_2745180.htm，最后访问日期：2019年3月22日。

9.2 亿元，资助家庭经济困难大学生占在校生比例超过45%；研究生教育阶段，资助学生3.2万人次，资助金额为1.8亿元。为建档立卡家庭经济困难学生提供精准资助，不但能够保障贫困家庭学生接受教育的权利，还能帮助贫困家庭减轻教育负担和生活压力，保证每一位学生不因家庭经济困难而失学，做到“应学尽学”。

（三）以教育部定点联系滇西边境山区为渠道，开辟云南教育精准扶贫新局面

滇西边境山区是边境县数量和世居少数民族最多的片区，贫困人口占云南省贫困人口的40%以上。按照中央的部署安排，确定教育部定点联系滇西边境山区，并与28个部委建立滇西部际联席工作机制。2013年以来，教育部派出16所部属高校对滇西16个县进行定点扶贫，另有20余所直属高校和9个直属单位进行专项扶贫，直接涉及滇西40多个贫困县的脱贫攻坚任务。在参与定点扶贫工作的教育部直属高校中，有的是综合类高校，如北京大学、清华大学、浙江大学等，有的是行业背景和专业特色相对鲜明的学校，比如中国地质大学、南京农业大学、北京中医药大学等。但总体而言，高校主要有以下独特的优势和资源。一是教育资源，包括各种层次的学历教育和非学历教育、全日制和在职教育、各类长短期专业培训等。二是科技资源，高校拥有很强的科研能力，有大量科学家、行业专家、科研团队、实验室等，拥有大量的可供转化的技术专利，也可以对一些具体的技术问题展开科学研究。三是校友资源，高校常年办学形成了大量的已毕业的校友群体，特别是校友中存在影响力较大、比较有成就的校友企业家、政府部门官员及其他各界人员等，这些校友作为社会中坚力量，掌握着很多对地方经济发展有帮助的资源。四是社会资本，这里的“社会资本”是借助社会学中的一个概念，是一个统称。此处定义为因学校良好的社会声誉而形成的可以在当地或其他地方调动资源的能力。

云南省紧紧抓住这一历史性机遇，充分利用各种优质资源，扎实推进滇西教育扶贫工作：一是帮扶贫困地区提升人力资源开发水平，在党政管

理干部素质提升、技术技能人才培养培训等方面为定点扶贫县提供支持；二是助推贫困地区产业发展升级，为当地发展特色产业、优势产业提供全方位支持；三是大力支持贫困地区社会事业发展，广泛动员学校资源，着力提升当地社会事业发展水平，惠及数以万计的贫困家庭；四是为贫困地区提供多样化决策咨询服务，发挥智力优势，协助开展规划编制、调查研究等工作，形成许多有价值的成果。

（四）以开办“民族班”为特色，加大“直过民族”教育扶贫力度

为了让“直过民族”子女享受到优质教育资源的同时，减轻贫困家庭子女就学负担，云南省在对“直过民族”建档立卡户贫困子女提供就学资助的同时，在昆明市一中、云南民族大学附属中学、云南各州（市）民族中学等开办“民族班”，在招生工作中向“直过民族”建档立卡贫困户子女倾斜。“民族班”的招生，给予了贫困少数民族学生走出山区接受优质教育的机会和贫困家庭依靠教育脱贫致富的希望。同时，云南省印发实施《云南省“直过民族”脱贫攻坚国家通用语言文字普及推广工程方案》，编写印发“直过民族”培训教材。2016 年至 2017 年，全省共培训 2977 名少数民族教师，提高了他们的普通话口语等级及语言教学能力；在“直过民族”地区开展“推普工作乡村行”“小手拉大手，推普路上一起走”“推普好家庭”等系列活动，帮助“直过民族”不通汉语少数民族群众掌握国家通用语言，累计培训 39311 人；推进“直过民族”地区国家通用语言区域达标工作，提高普通话的影响力，达到汉语“脱盲”标准，目前已完成 1 个一类城市（省政府所在地城市）、14 个二类城市（州市政府所在地城市）、22 个三类城市（县政府所在地城市）国家通用语言文字规范达标，在民族地区已实现 49 个州市县政府所在地城市语言文字规范达标，辐射带动农村普通话的普及。

二 新时代云南教育扶贫的启示

在总结云南当前教育扶贫经验的基础之上，笔者对照《国家中长期教

育改革和发展规划纲要（2010—2020 年）》中提出的教育扶贫目标，对云南下一步教育扶贫工作有以下四个方面的启示。

（一）合理配置教育资源，实现教育均衡化发展

贫困地区教育的发展取决于教育资源的投入，教育资源包括教育的人力、物力、财力等方面的总和，其中，教育经费投入在贫困地区的教育发展中起着至关重要的作用。目前，贫困地区教育经费投入不足依然是制约当地教育发展的瓶颈。实施教育精准扶贫，必须要建立合理的教育经费投入体制，实现教育资源的优化配置，为贫困地区提供必要的办学条件，完善相应的配套设施，引进高水平的师资力量，从整体上提高当地教育水平和教育质量，从而缩小不同地区之间教育的差距，实现教育均衡化发展。教育具有公益性和普惠性的特征，教育公平是一个相对的概念，教育资源在地区之间的分配不均衡、部分人使用教育特权等现实问题在短期内不会彻底根除，无法达到绝对的教育公平。因此，当务之急是将公共教育资源更多地向贫困地区和边远地区倾斜，尽可能纠正包括师资、配套设施、经费投入、机会等公共教育资源配置的不平等现象，使贫困地区的人们获得相对平等的教育起点、教育过程和教育结果，更是缩小城乡之间、阶层之间的差距，避免阶层固化，实现教育资源的均衡发展，从而推动贫困地区科学教育事业的整体性发展的根本措施。

（二）加强贫困地区师资队伍建设，解决乡村教师“下不去”、“留不住”和“教不好”的问题

教师整体素质是影响贫困地区教育发展水平的关键因素。近几年，通过乡村教师支持计划、国培计划等的实施，贫困地区教师的整体素质得到了一定程度的提升，但是薄弱学科师资短缺、优秀教师流失严重、乡村教师整体质量不高等问题依然突出，这些问题严重地阻碍了贫困地区的教育发展，削弱了教育扶贫的成效。为了解决当前乡村教师“下不去”、“留不住”和“教不好”的问题，必须精准施策。一是建立乡村教师培养与补充

的长效机制，加大乡村教师的培养力度。根据各地的需求、职位空缺和乡村学校实际需要，采取“定向培养、定向就业”的方式精准培养小学全科、“民汉双语”、初中“一专多能”、特殊教育“双证书”、农村职业教育“双师型”等教师，重点补充音体美、学前教育等紧缺学科教师，确保乡村教师下得去，解决薄弱学科教师短缺的问题。二是重视乡村教师待遇的改善，增强乡村教师的职业吸引力。通过全面落实集中连片特困地区乡村教师生活补助政策来提高教师生活待遇，实施“全面改薄”等工程改善乡村教师住宿、食堂、办公条件，同时畅通乡村教师发展通道，从职称评定、培训进修、评优升职方面给予倾斜，避免优秀乡村教师流失。三是提高乡村教师素质能力，提升乡村教师质量。精准培训贫困地区师资，建立乡村教师、校长专业发展支持服务体系，加强国家级、省级、市县级教师培训机构建设，采取送培下乡、专家指导、校本研修、网络研修等多种形式，针对紧缺薄弱学科教师、民汉双语教师、中小学校长等开展实效性的培训，从整体上提升乡村教师的专业知识和工作能力。

（三）持续推进义务教育的巩固和均衡发展

我国的《义务教育法》明确提出“义务教育是国家统一实施的所有适龄儿童、少年必须接受的教育，是国家必须予以保障的公益性事业”。对贫困地区的学生来说，义务教育阶段是他们实现向上流动、阻断代际传递的关键环节，是保证寒门子弟教育公平的起点。世界银行的研究结果显示，以世界银行的贫困线为标准，如果家庭中的劳动力受教育年限少于6年，则贫困发生率大于16%；若受教育年限提高至9—12年，则贫困发生率下降到2.5%；若受教育年限超过12年，则几乎不存在贫困的状况。①因此，要确保贫困家庭适龄学生不因贫失学、辍学，实现义务教育“一个都不能少”的目标，就要继续贯彻落实“全面改薄”和“控辍保学”工

① 世界银行、东亚及太平洋地区扶贫与经济管理局：《从贫困地区到贫困人群：中国扶贫议程的演进》，世界银行网，http：//www.worldbank.org.cn/，最后访问日期：2019年2月14日。

作，强化义务教育“控辍保学”联保联控责任，确保九年义务教育巩固率稳步提升。针对当前贫困地区义务教育发展中城乡教育资源分配不均、农村学校办学条件差、偏远山区学生就近入学难以保证等突出问题，义务教育精准扶贫既要“兜底线”又要“促均衡”，从硬件和软件两方面着手，加大教育资源向贫困地区的倾斜力度，推进义务教育学校标准化建设，加快缩小城乡、地区、学校之间的差距。①

（四）重点依托职业教育和技能培训实现“拔穷根”

职业教育不仅是整个国民教育的重要组成部分，还是帮助贫困人口掌握知识技能、增强致富本领、斩断贫困代际恶性循环的链条的有效方式。因此，大力发展职业教育应从以下两点重点推进。一是坚持就业向导，培养与贫困地区产业发展相符的技能人才。通过政策支持和资金投入，结合贫困地区的产业发展、资源供给、市场环节等因素，在人口集中和产业发展相对成熟的贫困地区办好 1 ~2 所中等职业院校，培养符合当地产业发展需求的技术人才，毕业后在政策上为贫困家庭学生开通相应的绿色就业通道。此外，深入开展职业教育东西协作行动计划推进方案和滇西实施方案，重点抓好东部五省市职业学校对口招收滇西十州市建档立卡“两后生”工作，为掌握一技之长的贫困地区学生提供就业渠道，实现一人高质量就业带动全家脱贫。二是广泛开展各类技能人才培养培训活动，促进贫困人口获得内生发展动力。实施“雨露计划”“两后生培训”“春潮行动”“技能脱贫千校行动”，使贫困人口掌握劳动力技能，将农村贫困地区的剩余劳动力转移到城镇中，获得稳定就业和增收，最终实现“拔穷根”。

教育扶贫是阻断贫困代际传递、实现稳定脱贫的有效方式和根本途径，是我国打赢脱贫攻坚战的核心措施。为实现全面建成小康社会的目标，还需要进一步加强对教育扶贫的重视，在巩固现有教育扶贫成果的同时，合理配置教育资源，提高教育质量，推进教育公平与教育均等化发

---

① 参见王嘉毅、封清云、张金《教育与精准扶贫精准脱贫》，《教育研究》2016 年第 7 期。

展，在扶好教育之贫的基础上利用教育扶贫帮助贫困地区群众斩断穷根，做到“脱真贫、真脱贫”。当然，我们不能把扶贫成效都归功于教育扶贫，但是，教育扶贫带来的贫困人口综合素质的提高对其脱贫致富的重要作用是毋庸置疑的。

（本章由蒋莹执笔）

第四章

生态扶贫：云南垒起脱贫致富的金山银山

我国的贫困地区和生态脆弱地区存在高度的交叉重叠状况，比如云贵川山区，虽然自然资源丰富，但各类自然灾害高发，人均收入在全国处于较低水平，这成为我国现阶段脱贫攻坚任务中很重要的一部分。有学者由此认为，生态环境保护与扶贫开发的目标相矛盾，二者就像鱼与熊掌的关系一样，是不可兼得的。其实人类顺应自然、保护生态环境的过程，就是增加自然资本的过程。从根本而言，只有保护和修复好绿水青山，才能有更多的金山银山源源不断地转化而来，如果人类失去了自身赖以生存的绿水青山，即使有再多的社会财富和人工建设，也只能是无源之水、无本之木。

第一节　新时代云南生态扶贫的制度建设

中国扶贫事业历经救济式扶贫（1949—1978 年）、推动式扶贫（1979—1985 年）、开发式扶贫（1986—1993 年）、攻坚式扶贫（1994—2000 年）、老少边穷山区扶贫（2001—2010 年）、集中连片式扶贫（2011 年至今）、精准扶贫（2014 年至今）等阶段①，涌现了许多成功的扶贫模

① 丁佳俊、陈思杭：《反贫困与生态保护相互关系的文献综述》，《生态经济》2019 年第 1 期。

式，如人力资本扶贫[①]、教育扶贫[②]、科技扶贫、特色产业扶贫[③]、整村推进扶贫[④]、参与式扶贫、对口帮扶、智力扶贫[⑤]、医疗卫生扶贫、生态扶贫[⑥]等，为国家实施扶贫攻坚计划奠定了坚实的基础。

一 生态扶贫的研究与类型

根据我国贫困地区特点，我国政府在精准扶贫中提出了“五个一批”工程，其中一项就与生态相关，其中提到，任何扶贫的方式都不能以牺牲环境和生态为代价。目前对于贫困地区的生态脆弱问题，主要采取的措施是加大生态修复力度，这样在保护贫困地区生态的同时也可以提高当地人民群众的生活水平。脆弱的生态得到保护，在人力、物力、环境资源节约的同时，能够使生态更加平衡，经济平稳向前发展。把脆弱的生态治理好，把生态环境的开发利用与环境保护结合，做到人与自然和谐相处。在整个生态扶贫过程中要有区域特色，因地制宜，建立起贯穿经济、自然、人文、地理等多方面因素的适合本地区发展的产业链。[⑦]

解决贫困和生态环境保护迫在眉睫。目前对扶贫与生态保护的相关关系的观点有以下四种：①贫困导致生态环境恶化[⑧]；②富裕的地区或群体会引发生态环境恶化；③生态环境恶化会促使贫困产生[⑨]；④贫困或生态环境退化受多重复杂因素的影响，对贫困与生态环境的关系的传统定义过

① 郑瑞强、曹国庆：《基于大数据思维的精准扶贫机制研究》，《贵州社会科学》2015 年第 8 期。

② 杨定玉：《少数民族地区精准扶贫问题研究述评》，《民族论坛》2016 年第 2 期。

③ 黄敬宝：《从根本上解决农村贫困问题——以人力资本投资打破我国农村贫困的恶性循环怪圈》，《财经问题研究》2004 年第 5 期。

④ 匡敏：《新阶段我国农村贫困与扶贫问题研究》，《开发研究》2005 年第 5 期。

⑤ 张云英：《消除知识贫困：解决农村贫困的根本途径》，《湖南社会科学》2004 年第 3 期。

⑥ 刘艳梅：《西部地区生态贫困与生态型反贫困战略》，《哈尔滨工业大学学报》（社会科学版）2005 年第 6 期。

⑦ 李晓红：《精准扶贫背景下我国生态扶贫问题研究》，《农业经济》2018 年第 10 期。

⑧ 乔宇：《生态贫困视域下民族生态脆弱地区减贫研究——以武陵山片区为例》，《贵州民族研究》2015 年第 2 期。

⑨ 唐钧：《追求“精准”的反贫困新战略》，《西北师范大学学报》（社会科学版）2016 年第 1 期。

于简单而武断。

贫困从早期的物质贫困到“由于生态环境退化或缺乏合理的开发利用而导致”的生态贫困，其内涵在不断延伸和拓展。早期的贫困是因缺乏某种东西而贫困，生态贫困也被俗称为“捧着金饭碗要饭”。

在我国，特别是云南边疆少数民族地区，贫困地区在空间布局上与生态脆弱地区、限制或者禁止开发区、国家重点生态功能区都具有高度的重叠性。80%的扶贫县和贫困人口分布在生态环境脆弱、敏感和需要重点保护的地区。①

综上所述，目前云南的生态贫困主要有三种类型：一是生态环境保护力度不够或者资源稀缺导致的贫困，比如生态屏障保护脆弱；二是在生态资源较为丰富的基础上，会因为区位条件差再加上交通不便利所导致的开发利用不足而产生贫困；三是介于以上两者之间的混合型贫困。所以，生态扶贫是在同时进行生态建设与扶贫攻坚两场战役，要在山水上做文章，加大贫困地区生态保护修复力度，让绿水青山变成金山银山。

二 新时代云南生态扶贫的制度建设

我国生态扶贫目前已经形成了健全的工作体系。主要依托林业草原资源优势，瞄准深度贫困地区，特别是滇桂黔石漠化片区等重点区域。主要开展生态补偿、生态修复、生态产业等扶贫举措，在规划指引、资金项目、人才科技等方面加大行动力度。各项任务进一步向深度贫困地区倾斜，打造生态脱贫攻坚区。

2018 年 1 月 18 日，国家发展改革委、国家林业局、财政部、水利部、农业部、国务院扶贫办六部门印发共同制定的《生态扶贫工作方案》，部署发挥生态保护在精准扶贫、精准脱贫中的作用。

2018 年 10 月 22 日，云南省发展改革委会同云南省林业厅等部门联合

① 根据环保部发布的《2016 年国家重点生态功能区新增转移支付县域名单》和《国务院关于印发“十三五”脱贫攻坚规划的通知》整理所得。

印发《云南省生态扶贫实施方案（2018—2020 年）》，提出了实施生态扶贫的具体途径，明确了到 2020 年的具体目标。

《云南省生态扶贫实施方案（2018—2020 年）》详细解释了生态扶贫的五种途径。第一，实施七大生态工程建设。主要通过生态建设扶贫合作社的形式，鼓励采取议标等方式实施退耕还林还草、退牧还草、天然林防护林建设、水土保持、石漠化综合治理、湿地保护与恢复等工程，吸纳更多的贫困人口参与生态建设。第二，拓宽生态管护工资收入渠道。努力增加林业管护岗位、湿地管护岗位、规模化草原管护岗位，优先安排有劳动能力的贫困人口参与管护和服务，精准带动贫困人口稳定增收脱贫。第三，发展三大生态产业。通过土地流转、入股分红、合作经营、劳动就业等方式，大力发展生态旅游业、特色林产业、特色林下种养业，拓宽贫困人口增收渠道。争取实现到 2020 年，88 个贫困县分别布局一到三个主导生态产业链，其中 27 个深度贫困县分别布局三个以上主导生态产业链。第四，增加政策转移性收入。通过重点生态功能区转移支付、森林生态效益补偿补助、新一轮草原生态保护补助奖励、中央财政湿地补偿、生态综合补偿试点等，精确瞄准滇西边境山区、乌蒙山区、迪庆藏区和石漠化片区四个集中连片特困地区，聚焦贫困人口脱贫。第五，创新生态扶贫支持方式。鼓励各地积极探索生态扶贫的新模式新途径，通过开展生态搬迁试点、创新资源利用方式、探索资产收益长效机制等，努力拓宽贫困群众增收渠道。

《云南省生态扶贫实施方案（2018—2020 年）》还明确指出，到 2020 年底之前，组建 2000 个生态扶贫专业合作社，吸纳 3 万以上贫困人口参与生态工程建设；力争实施退耕还林还草 568 万亩、陡坡地生态治理 60 万亩；云南省 88 个贫困县选聘生态管护员在 10 万人以上，其中新增生态管护员不少于 5 万人；发展生态产业的收入占可支配收入的 30% 以上；争取安排生态保护补偿资金不少于 50 亿元，通过生态扶贫助推云南省 150 万以上贫困人口实现增收。

《云南省生态扶贫实施方案（2018—2020 年）》深刻领会和认真落实

习近平总书记关于脱贫攻坚的重要指示精神，坚决执行党中央、国务院的决策部署，牢固树立和践行“绿水青山就是金山银山”的理念，把精准扶贫、精准脱贫作为基本方略，坚持生态保护与扶贫开发并重，通过实施重大生态工程建设、加大生态补偿力度、大力发展生态产业、创新生态扶贫方式等，切实加大对贫困地区、贫困人口的支持力度，推动贫困地区扶贫开发与生态保护相协调、脱贫致富与可持续发展相促进，使贫困人口从生态保护与修复中得到更多实惠，实现脱贫攻坚与生态文明建设“双赢”。

第二节　新时代云南生态扶贫的实践

一方面，欠发达地区的发展往往更依赖于自然资源环境，而且该类地区一般都会存在严重的生态破坏问题，这些问题主要是技术和手段相对落后、发展模式粗陋、资源开发多以掠夺的方式进行等导致的；另一方面，缺乏有效而充分的生态补偿机制，导致过于注重对生态环境的保护，忽视了贫困人群的经济利益，这样一来，就容易导致生态环境保护与经济发展陷入非此即彼、不可得兼的矛盾之中。尽管近些年来政府一直在试图帮助群众摆脱这一矛盾，但是要发展经济就会破坏生态环境，要保护生态环境就会制约经济发展的困扰一直存在。要发展还是要生态？

一　生态补偿：选聘生态护林员，打造“红利”惠民新路径

生态补偿扶贫以保护“绿水青山”为基点，充分利用国家给予的生态补偿和生态工程资金为贫困人口增加经济收入，实现生态环境保护与脱贫攻坚的共赢。各个国家重点生态功能区都积极响应中央“生态补偿脱贫一批”的号召，纷纷立足生态脆弱与贫困落后的实际情况，不断创新生态补偿扶贫模式，并取得显著成效。但在实施过程中依然受到许多挑战，严重影响了生态补偿扶贫的成效和脱贫攻坚工作的稳步推进。

近些年来，自然环境恶化带来的经济变化事件时有发生，于是联合国

将生态发展与减贫作为《2030 年可持续发展议程》的首要目标。2015 年 11 月，习近平总书记在中央扶贫开发会议上提出了要在贫困地区实施“五个一批”工程，将生态补偿列为其中一项重要的扶贫内容。2016 年 5 月，国务院发布实施《关于健全生态保护补偿机制的意见》，明确提出要结合生态保护补偿推进精准脱贫，努力探索生态脱贫新路子。2017 年 10 月，十九大报告中明确提出“加快生态文明体制改革，建设美丽中国、坚决打赢脱贫攻坚战”。2018 年 1 月，国家发展改革委在关于印发《生态扶贫工作方案》的通知中要求充分发挥生态保护在精准扶贫、精准脱贫中的作用，明确提出通过不断完善转移支付制度，探索建立多元化生态保护补偿机制。2018 年“中央一号文件”明确提出推行生态建设和保护以工代赈做法，提供更多的生态公益岗位。由此可见，近年来全国发展理念转变了，“绿水青山就是金山银山”的生态文明观越来越成为共识。①

以水资源保护为例，随着经济社会的不断发展，生活中、工业中的废水进入湖泊，其中的营养物质经过各种物理、化学和生物作用，逐渐沉降至湖泊底质表层，当累积到一定量后再向水体释放。农业对水体的污染主要是由于农作物种植所施用过量的农药、化肥等通过地表水及地下径流汇入湖泊，对水质造成极大影响。我国很多水源地保护区处于较为偏远贫困的地区，多数地方政府不能保证对水源地最基本的投入，经费短缺是其发展的最大障碍。水源地生态补偿机制的建立，可通过受益区域、企业提供补偿的方式或国家层面整体调控等措施，为保护区提供一定的资金补偿，从而缓解水源地管理资金困难、群众生活困难等问题，促进水源地保护与管理可持续发展。

生态补偿机制虽然在一定程度上很好地解决了当前的环境保护问题，但是生态补偿扶贫还存在一些现实问题。由于生态补偿涉及财政、农业、林业、水利、国土、环保、扶贫办等多个部门，各部门拥有各自职责，在

---

① 赵晶晶：《生态补偿式扶贫：问题分析与政策优化》，《福建农林大学学报》（哲学社会科学版）2019 年第 21 期。

生态保护与扶贫开发过程中，各部门之间及各部门与政府之间的职权划分和利益时常存有冲突，管理权限不明确、多头管理、监管真空等现象严重。由于缺乏统一的管理，各部门责任主体不明确，管理职责交叉，在监督管理、资金整合与投入等方面难以形成合力，补偿资金不到位、使用效率低，生态补偿扶贫无法达到预期效果。比如在涉及流域的生态补偿问题中，由于经济发展水平不同，上下游地方政府如何在追求自身利益最大化的情况下顺利签订横向生态补偿协议，成为影响流域生态补偿机制有效开展的重要难题。

尽管我国在生态补偿方面已做出许多尝试，但补偿渠道依然以政府的纵向财政转移支付为主，现金补贴是目前生态补偿最主要的形式和手段。绝大多数的补偿者是在政策强制措施下被动补偿，受偿者也是被动接受补偿，这就很容易造成受益者与实际需要补偿者脱节。而且，政府补偿多为“输血型”补偿，对口协作、产业转移、人才培训、排污权交易、水权交易等市场化补偿方式较为缺失。简单的现金补贴方式容易造成受偿者过分依赖于政府的资金补助，从而无法充分调动国家重点生态功能区居民保护生态环境、发展生态产业的积极性和主动性，往往达不到明显缓解贫困的效果，进而无法从根源上解决其贫困问题。

2017 年 1 月 20 日，云南省人民政府办公厅发布了《关于健全生态保护补偿机制的实施意见》。意见指出，到 2020 年，要达到全省森林、湿地、草原、水流、耕地等重点领域和禁止开发区域、重点生态功能区、生态环境敏感区/脆弱区及其他重要区域生态保护补偿全覆盖，生态保护补偿试点示范取得明显进展，跨区域、多元化补偿机制初步建立，基本建立起符合省情、与经济社会发展状况相适应的生态保护补偿制度体系，促进形成绿色生产生活方式。

为了促进和推广生态补偿脱贫，云南省洱源县探索出了一条“以湿养湿”的脱贫模式。洱源县积极引导群众种海菜，同时优先聘请贫困户担任环保员、保洁员、管水员、护林员，这样一来不仅促进了洱源县贫困户增收，也极大地改善了洱源县的生态环境。

2017年，云南省共投入生态护林员补助资金4亿元，用于生态护林员选聘。2017年全年共选聘建档立卡生态护林员4.53万人，户均增森林管护收入9018.8元，人均增收2234元，精准带动18.3万贫困人口就地稳定增收，实现了生态保护和脱贫攻坚双赢。① 2017年，云南省向国家争取新增生态护林员4500人，占全国新增指标总数的11%，居全国第一。新增指标主要安排在迪庆州、怒江州、“镇彝威”和左右江革命老区，成为支持深度贫困地区最直接、最有效的林业扶贫措施。②

云南省2018年制定了《云南省建档立卡贫困人口生态护林员选聘实施细则》，规定了从88个集中连片特殊困难地区和国家扶贫开发工作重点县中选聘生态护林员，其中：乌蒙山片区15个县、滇桂黔石漠化片区11个县、滇西边境片区56个县、藏区3个县、片区外国定贫困县3个县。各乡（镇）人民政府应当综合当地实际情况，合理确定生态护林员管护补助标准，原则上为10000元，不得低于8000元/（人·年）。截至2018年12月，云南省实际聘用5.62万贫困人口参加生态护林，带动23.24万贫困人口稳定脱贫。云南生态护林员年度指标安排连续3年为全国第一，达到7.45万个，其中中央倾斜支持4.45万个、省级统筹整合3万个。2018年，云南省级财政按照中央安排指标予以1∶1配套，是全国安排资金最多、支持力度最大的省份，新增的3万个生态护林员指标已下达有关州（市），按程序开展选聘。为支持“三区三州”的迪庆藏族自治州、怒江傈僳族自治州开展林业生态扶贫，2016年以来，省林业和草原局共下达两州生态护林员指标21119个，占全省指标总数的28.35%，带动两州2.49万贫困户稳定增收脱贫，占两州贫困户总数的38.31%。③

“生态补偿政策不仅改变了我家贫穷的状况，还改变了我的思想观念和全家人的生产生活方式。”云南省迪庆藏族自治州维西县塔城

① 云南省林业厅扶贫办：《2017年云南林业扶贫取得新成效》，《云南林业》2017年第6期。

② 云南省林业厅扶贫办：《2017年云南林业扶贫取得新成效》，《云南林业》2017年第6期。

③ http://www.greentimes.com/green/news/dfkb/jczs/content/2018-12/13/content_402522.htm，最后访问日期：2019年3月30日。

镇海尼村几宗村民小组建档立卡贫困户和胜贵深有感触地说。

“生态补偿脱贫一批”政策实施后，和胜贵不但得到了生态公益林和退耕还林补助，而且被聘用为生态护林员。对于因学和无产业支撑致贫的和胜贵来说，这笔“长流水”的收入，既解决了日常开销，孩子上大学的费用也有了着落。

几宗村民小组洛美次林区是和胜贵的管护范围，面积约2800亩。这片林子里有红豆杉、榧木等珍稀植物和黑熊、山猫等野生动物。过去，由于管理不到位，这片林地经常出现盗伐珍稀植物和盗猎野生动物的现象，还多次出现过火情甚至火灾。自从和胜贵当上生态护林员后，这里的火情、火灾没有了，盗伐珍稀植物和盗猎野生动物的违法行为也销声匿迹。[①]

生态补偿制度兼顾了“生态”与“脱贫”的惠民政策。维西县自2015年开始实施新一轮退耕还林政策以来，严格按照“农民自愿、政府引导，突出重点、稳步推进，尊重规律、因地制宜”的原则，抢抓新一轮退耕还林还草的政策机遇，积极向上级争取退耕还林项目11.5万亩，陡坡地生态治理1.2万亩。项目实施重点倾向建档立卡贫困户，将建档立卡贫困户符合退耕还林条件的土地纳入退耕范围，因地制宜，适地适树，促进农业结构调整，提高生态环境质量，确保建档立卡贫困户增收致富。[②] 新一轮退耕还林栽植的树木，大多为生态与经济效益兼顾的核桃和花椒等经济林。贫困群众拿到“补贴款”后，栽下“摇钱树”，既获得了短期收益，又实现了长期可持续增收。通过森林生态效益补偿，维西县实现了“山有其主、主有其权、权有其责、责有其利”的四统一，这不但增加了农民收入，而且提高了森林质量，维护了生态平衡。[③]

① http://m.xinhuanet.com/yn/2018-10/09/c_137519658.htm，最后访问日期：2020年9月18日。

② http://yn.yunnan.cn/system/2018/10/09/030087257.shtml，最后访问日期：2019年3月30日。

③ http://yn.yunnan.cn/system/2018/10/09/030087257.shtml，最后访问日期：2019年3月30日。

> 雀永坤是安一坪村民小组建档立卡贫困户，一家四口人，年人均可支配收入仅2400元。为解决他家的贫困问题，美光村“三委”聘用他为生态护林员，驻村工作队还帮助他家发展种养产业。目前，雀永坤家养殖山羊56只、牛4头、马1匹、猪10头、鸡24只，种植中药材当归3亩、野生秦艽两亩，加上生态护林员工资，他家年人均可支配收入已有9000多元。每天按照划分区域巡山的雀永坤喜笑颜开地说：“政府把工作送到家，一来有固定工资拿，二来不用背井离乡外出打工，三来家务和娃娃也能照顾到。这是一举多得的好事，我一定会守护好绿水青山，保护好野生动物。”①

由此可见，生态补偿扶贫还应该侧重于产业、技术补偿等“造血型”补偿。依托国家重点生态功能区的区域资源优势，大力发展能够实现自身再生、可持续发展的“内生性产业”，进而发展与之相对应的配套产业和第三产业，激发贫困地区的内生发展动能，真正实现贫困人口的“能力脱贫”，实现贫困区农户经济收入的可持续性。

二　生态产业：科学技术创增收，林上林下齐发展

生态产业兴起于20世纪60年代的欧洲，东南亚地区于20世纪70年代末开始对其进行研究，世界各国较为普及是在20世纪90年代。可持续发展道路已成为世界各国的共同选择，建设生态产业成为必经之路。生态产业结合了传统产业的精华和现代产业的生产方式，实现经济、社会、自然的同步优化，促进生态保护和资源的可持续利用。

我们一般提起生态产业，最先想到的是生态农业。生态农业是指在改善和保护农业生态环境的前提下，遵循一定的生态学原理和经济学规律，运用现代科学技术，集约化经营的农业发展模式。同时，按照生态学原理和经济学规律，结合现代的管理手段和传统农业的有效经验，建立一个经

① http://yn.yunnan.cn/system/2018/10/09/030087257.shtml，最后访问日期：2019年3月30日。

济、生态和社会效益相统一的现代化农业。

20 世纪初以来，为了规避传统农业带来的环境问题，许多国家纷纷发展了多种新型的农业生产方式，如生态农业、生物农业、有机农业等，其生产的食品也随着这些新型农业的出现被称为生态食品和有机食品等。

山地是云南省的主要地形，面积占 84% 左右，坝区面积仅占 6%，高原、丘陵约占 10%，平均海拔在 2000 米以上。德钦县怒山山脉梅里雪山的主峰卡格傅峰海拔为 6740 米，是云南省的最高点；云南省的最低点是河口县境内南溪河与元江交汇处，海拔仅为 76.4 米。由此看来，整个云南省高低起伏特征明显，差异显著，地貌类型众多。[①] 云南省的气候类型有高原气候、中温带气候、南温带气候、北亚热带气候、南亚热带气候和北热带气候，这样的气候为多种作物的生长提供了有利的自然条件，是生态农业发展的温床。这样特别的地理地貌环境为生物多样性提供了条件，其动植物的品种和数量都较为丰富，几乎涵盖了中国气候类型的所有品种，其丰富的物种利于发展山区生态农业。从以前到现在，云南山区的产业结构都保持着单一的状态，以第一产业为主导，第二、第三产业发展薄弱，发展层次低，产生了大量的农村剩余劳动力，为发展劳动密集型的特色农业提供了条件。云南地区自然资源条件差，农作物产量低，地质构造复杂，耕作土层单薄，土地瘠薄，山区农业抗灾救灾能力弱，农业保险尚不完善，这就埋下了灾害致贫的隐患。人均 400 公斤粮食是国家权威机构根据联合国粮农组织制定的粮食安全参考标准提出的，低于 350 公斤，有可能发生粮食危机，据统计，云南省人均粮食仅为 344.9 公斤。[②] 云南农业产业化程度不高，而且山区农户分散，他们所从事的农业生产多以小农经营为特征，一般都是小规模的作业，收获的产品商品化率低，品质较差，新品种、新技术的应用缺乏，科技含量低，不利于农民脱贫致富。云南省县以下农村以土路为主，情况稍微好点的为等级较低的公路，基础设施落

---

① 胡晓雯：《云南产业生态化探索》，《中国集体经济》2018 年第 33 期。

② 胡丽：《发展生态农业 实现精准扶贫——以云南山区精准扶贫工作现状为例》，《现代农业》2017 年第 13 期。

后，农村环境脏乱差现象较严重。所以，发展生态产业在云南地区就显得意义重大。

> 大理州洱源县炼铁乡纸厂村是典型的彝族支系诺苏聚居村之一，海拔为2900多米，贫困面大，贫困程度深，生产力低下，属于高寒特困山区。群众随意毁林开荒，山区森林资源严重被破坏，群众生活广种薄收。脱贫攻坚工作开始以来，纸厂村引进一家食品公司，在纸厂村种植山嵛菜（芥末），随后成立专业合作社。企业给予保底价收购，贫困户参与，合作社统一加强管理，既保证了品质，也畅通了销路，山嵛菜收益成为纸厂村村民主要经济来源之一。目前，纸厂村山嵛菜种植面积已达1240亩，远销日、韩等国家，亩均收入有5000多元，带动合作社近400名社员受益。贫困群众自从加入合作社种植了山嵛菜，家庭收入及生活条件发生了翻天覆地的变化。①

实践表明，云南发展林下经济对产业、民生和生态的影响具有十分重要的意义，不仅能够在林下经济发展的基础之上取得良性循环，而且能够增强生态系统的稳定性。2017年，云南省林业总投入达到92.57亿元，其中扶贫重点县林业投入达到70.74亿元，占全省林业投入的76.42%。② 与此同时，林下经济在发展的过程之中，对农民的就业率也是一个良性提升。林下经济的发展能够有效增强林业产业的经济效益，并且其综合效益也能够得到提升。林下经济在发展的过程之中，可充分利用林下空间，新增林地的林下产品也会得到一定的经济效益。

> 洱源县，天马山脉中部高寒山区，海拔为2500~3050米，土地贫瘠缺水，传统产业以马铃薯、大白芸豆粗放种植为主，可谓“砍倒一坡收获一锅”，人力投入大、产出效率低、生态破坏重。脱贫攻坚战

① http://www.81.cn/gnxw/2018-07/30/content_8103539.htm，最后访问日期：2019年3月30日。

② 云南省林业厅扶贫办：《2017年云南林业扶贫取得新成效》，《云南林业》2017年第6期。

> 打响后，洱源县起胜村依托沪滇互助项目实施，探索实施“生态+”产业发展模式。“我们发展‘林下经济’套种马铃薯，当年产值有24万余元，144户农户受益；实施退耕还林绿化项目，种植华山松1768.8亩，套种前胡等中药材210亩，产值有120余万元，带动80余户脱贫致富。”①

发展林下经济，能够让现有的土地资源得到充分利用，并且林下空间也得到有效利用，对于种植业来说是一次难得的发展契机。与此同时，其对于土地的改良也起到积极作用，不仅提升土壤湿度，而且温度有明显增强，这对延长作物生长时间有非常重要的意义，并且能够为林下农业作物创造良好的生长条件，对于产量的提升，其功劳不可磨灭。② 万千林农尝到了“不砍树也能致富”的甜头。据不完全统计，2014年，云南省林下经济经营面积达6500万亩，产值600亿元，农民从林下经济中人均增收超过1000元。③

> 如今，“林上果子”“林下菌子”“林间药草”的立体生态经济格局已经在洱源形成，严禁乱砍伐、毁林开荒、伐木烧炭等村规民约和巡山制度也建立了起来。大理州洱源县实现了以往“砍树、烧山、卖柴”到现在“护林、采果、补贴、变钱”的大转变，“林子”变“票子”，“荒山”变“青山”，“青山”变“金山”，洱源人民脱贫致富可期。
>
> 云南龙陵县从20世纪90年代初开始人工种植石斛，经过20多年的发展，已经探索出仿野生种植、床式种植、槽式种植、独横木种植、移活树种植和地埫种植等多种种植模式。据介绍，2008年以来，

---

① http://www.81.cn/gnxw/2018-07/30/content_8103539.htm，最后访问日期：2019年3月30日。

② 赵新坤、郭贤明、王兰新等：《西双版纳发展林下经济的问题与对策》，《安徽农业科学》2017年第4期。

③ http://yn.zhaoshang.net/2015-11-24/340052.html，最后访问日期：2019年3月30日。

龙陵县各级政府把石斛产业作为农业亿元产业来重点培植，推动了龙陵石斛产业规模化、集约化、生态化发展。为增加附加值，实现石斛产业的增效，当地石斛产业已从初加工向深加工延伸。①

发展林下经济对畜牧业的影响也是深远的。树冠能够起到遮阴的作用，而且在夏季，林地的湿度普遍比外界低很多，所以林地更加适合禽类的生长。林下会有大量昆虫，林下的活动范围较大，禽类在其中生长，不仅肉质好，而且纯生态、无污染。林下经济在发展的过程之中，能够使手工业加工材料得到一定程度的增加，还能够拓展产品种类，有效地促进加工企业的自身建设与发展，而且手工业加工企业在发展的过程之中能够与相关的产业链进行合作，加强其链接延续，在林下经济的基础之上形成聚集效应。②

中路乡拉嘎洛村里起村民小组，有37户113人，人均耕地两亩，其中精准建档立卡贫困户有10户，共种植苹果140多亩，苹果地套种中药材70多亩。村民小组长余成华说："为抓好生态保护和脱贫攻坚工作，我们实行五户联建的方式，由党员和村组干部带头发展生态产业，帮助贫困户早日实现脱贫。"中路乡党委副书记朱李东说："为让绿水青山真正变成各族群众脱贫致富的金山银山，我们抓住新一轮退耕还林的契机，根据辖区内不同的海拔和区位，种植核桃、花椒、青刺果和漆树等经济林果。"

正如基层扶贫干部所言："不负青山，方得金山。"要让农民吃上生态饭，走上脱贫路，摘掉贫困帽。如今，扶贫肩负"立生态"和"促发展"双重使命，树牢绿水青山就是金山银山的理念，让贫困群众获得实实在在的利益。③

---

① http：//www.forestry.gov.cn/main/72/20190416/185943381313586.html，最后访问日期：2019年3月30日。

② 王胜利：《林下经济发展对产业、民生和生态的影响》，《中国林业经济》2019年第1期。

③ http：//yn.yunnan.cn/system/2018/10/09/030087257.shtml，最后访问日期：2019年3月30日。

三 生态修复：告别“富饶的贫困”，不做“生态贫民”

《“十三五”生态环境保护规划》明确提出，国家重点生态功能区应以保护和修复生态环境，提供优质的生态产品为首要任务，合理引导超载人口有序转移，限制其高强度、大规模的工业化城镇化开发。这些地区为保护生态环境丧失了大量的发展机会，并付出巨大的机会成本，导致大多居住在国家重点生态功能区的居民成为“生态贫民”，“富饶的贫困”成为这些地区普遍面临的尴尬境地①。

云南省是自然灾害多发区，滑坡、泥石流、霜冻以及干旱等经常发生。对此，生态扶贫是改善当地群众生产生活条件的很好的出发点，使贫困地区实现可持续发展。目前，云南省很多地方在实施生态扶贫政策，特别是生态移民工程，然而，由于多民族文化及自然环境的差异、扶贫措施的无差异，扶贫效果与扶贫目标存在一定的差距。对此，针对不同的贫困地区有必要采取差异化的扶贫措施。云南省依托原有基础条件，整合资源，围绕饮水、道路、卫生等基础设施问题开展设施建设工程，改变了贫困地区基础设施薄弱的现状，使贫困群体享受到扶贫的效果，也美化了生活环境。有一些少数民族聚集的地方，基础设施虽然建设起来了，但是没有得到充分的利用，造成各方面资源浪费。另外，这些少数民族聚居的地方，基础设施的防震减灾功能弱，地震、泥石流等自然灾害发生时损失严重，这样返贫的可能性也就无限增大。

除去在防灾减灾上下苦工，退耕还林也是生态修复的一项很重要的工作。大规模退耕还林、退耕还草和退耕还牧加深了“一方水土养不起一方人”的矛盾。退耕还林短期效果明显，但从长期来看，当政府补贴政策取消后，地区将陷入深度贫困。过去盲目地毁林开垦的生产方式造成了生态条件和生存条件恶化，给整个地区的生态与环境造成了破坏。这种生态破

① 胡仪元：《生态补偿的理论基础再探——生态效应的外部性视角》，《理论探讨》2010年第1期。

坏是由人们基本生活需求得不到满足导致的。所以，根本问题的解决在于首先消除贫困。实行退耕还林仅仅是对过去生态破坏活动一定程度的恢复。从实施情况看，退耕还林也存在一些问题。如，退耕还林 8 年以后怎么办？8 年是国家给退耕之后营造生态林的农民无偿提供钱粮补助的时间。8 年之后钱粮补助没有了，生态产业没有发展起来，未来的生计问题如何解决成了退耕户最担心的事情，补助期一过，农民重新上山毁林开荒成了政府的最大隐忧。

在新一轮退耕还林实施过程中，云南省重点向贫困乡、贫困村和建档立卡贫困户倾斜，引导林农调整种植结构，大力发展核桃、澳洲坚果、花椒等经济林果。据统计，2015 年至 2017 年，全省 93.6% 的退耕还林任务安排给了贫困县，建档立卡贫困户累计退耕还林 85.1 万亩，涉及 15.6 万户共 57.9 万人，补助期内建档立卡贫困户将获得现金补助 10.2 亿元，户均 6538 元、人均 1762 元。2017 年，云南省向国家争取新一轮退耕还林还草指标 230 万亩，居全国第二位，倾斜安排给贫困县指标 205.56 万亩，占全省总规模的 89.37%。[①]

还有一点值得关注的是，国家重点生态功能区内农村居民的生产生活方式直接影响到保护区的生态环境和贫困人口的脱贫情况。生态修复以及农村环境保护工作显得尤为重要。[②] 第一，保护区内的政府及居民应牢固树立生态优先的生态文明理念，将保护和改善生态环境放于首位。第二，加大对国家重点生态功能区环保基础设施和基本公共服务设施建设的投资支持力度，发挥环保基础设施对贫困地区经济社会发展的支撑和服务作用，着力改善贫困地区的生产生活条件，提升居民的经济收入水平。第三，加大对贫困地区的生态治理与修复，着力解决农村突出环境问题，稳步推进农村自然生态保护，实现农村山美、水美和村舍美，凸显生态价值。利用清洁化生产技术，扎实推进农村减排，抓紧做好农村生活污水和

① 云南省林业厅扶贫办：《2017 年云南林业扶贫取得新成效》，《云南林业》2017 年第 6 期。
② 张绪清：《生态旅游：乌蒙山区生态修复与脱贫发展新思路》，《安徽农业科学》2010 年第 13 期。

规模化畜禽养殖场污染减排工作；加强对农业面源污染的控制，推行农药、化肥减施工程，加强农村秸秆禁烧与综合利用；保障农村饮水安全，清理、搬迁散落在村庄附近严重污染环境的企业，推进农村工业企业“入园进区”；切实抓好突出环境问题整治，着力推进土壤污染防治工作，开展受污染耕地土壤环境监测和农产品质量监测，保护“米袋子”、“菜篮子”和“水缸子”安全。

云南省怒江州泸水市崇仁村群众谈到，以前村民都靠上山砍木材、卖木材为生，那时候家家户户用得最多的工具就是斧头，老老小小都在山上砍，原始森林被大面积砍伐，给生态环境带来了很大破坏。这种情况直到1999年退耕还林政策出来后才好转。后来，有人开始在荒山上种核桃树。如今，村民不仅生活条件好了，收入提高了，所处的生态环境也比以前好多了。①

在政府部门的鼓励引导下，崇仁村村民的斧头用得越来越少，核桃种植面积越来越大，如今整个村庄的核桃种植面积已经有七八千亩，基本上家家户户都种了核桃。经过十多年的生长，如今核桃树都挂果了。每年农历八月十五前后，村民们就开始卖核桃，一斤能卖六七块钱。到了农历十一，还没有卖完的核桃会被剥成核桃仁卖，一斤能卖10元到12元。种得多的农户，一年卖核桃能收入七八万元。②

四 生态搬迁：让一方水土养得起一方人

生态移民既能帮助国家重点生态功能区的贫困人口改善生计环境，又能使限制或禁止开发区免受人为活动的干预，是实现生态环境保护与扶贫协调发展的有效途径。因此，对于生态环境脆弱、资源环境承载力较低、

① http：//www.81.cn/gnxw/2018－07/30/content_ 8103539.htm，最后访问日期：2019年3月30日。

② http：//www.81.cn/gnxw/2018－07/30/content_ 8103539.htm，最后访问日期：2019年3月30日。

缺乏基本生存条件和就地扶贫无望的国家重点生态功能区的贫困人口，国家应进一步扩大生态移民搬迁的范围和加大补偿力度。对贫困户和贫困村进行精准识别、建档立卡，明确生态移民搬迁对象，围绕“建房、搬迁、就业、配套、保障、退出”六个关键环节，科学制定并全面落实生态移民搬迁政策，确保搬迁群众“搬得出、留得住、有社保、有出路”。

从实际情况来看，云南省的生态移民取得了一定的成绩。比如，云南德钦生态扶贫帮助 1420 人脱贫；迪庆变“撒胡椒面”式扶贫为生态移民扶贫，移来好生态、搬进新家园；等等。[①] 然而，也存在扶贫失败返贫的现象。因此，在生态扶贫方面要总结经验教训，针对地方特殊情况，提出确切有效的扶贫方式，提高贫困人口的综合素质，解决好生态移民与多民族文化的冲突，加快贫困乡村的基础设施建设，改善生态环境，逐步改变贫困地区经济、社会、文化落后状况。但是不容忽视的是，整村搬迁移民缺乏可持续发展能力。在云南省永胜县，为了金安桥水电站蓄水发电，2008 年 9 月，树底村和其他两个乡镇 5 个村的 129 户移民陆续被安置到 250 公里外的涛源镇沿江村。但多年过去，移民新村空荡寂寥，人迹罕至，打工的出去打工，回老家的回了老家。所谓的“商业街”，至今仍只有几间开着门的杂货铺，透露出一丝原始的商业气息。

第三节　新时代云南生态扶贫的经验与启示

传统的扶贫方式往往片面追求经济利益，是以牺牲环境为代价来追求经济的高速发展。这种方式之所以能持续多年，是因为带来的后果短期内影响并不显著。但长此以往，带来的后果就会逐渐暴露，直接影响人民群众的生活质量。诸如水土流失、全球变暖、臭氧层被破坏等问题开始引起各方面的高度重视。与此同时，传统的脱贫模式短时期内较难改变，且并

① http：//finance. china. com. cn/roll/20140318/2265748. shtml，最后访问日期：2019 年 3 月 30 日。

没有在乎污染环境的后果，所以总是以牺牲环境为代价。这样的方式虽然改善了经济状况，但是造成大量的植被被破坏、污染物大量排放等问题。一般来说，脱离贫困就是发展经济，经济增长不免又带来消耗，消耗又会反过来影响经济，而当时的中国并没有可持续发展的观念，因此使用了以破坏环境换取经济发展的传统方式。

一 新时代中国的生态扶贫

中国是发展中国家，各地区的发展极度不平衡，从根本上决定了中国必须走经济发展的道路，同时，想要实施生态扶贫，必须依赖财政的支持，所以，经济状况的好坏从很大程度上决定了生态扶贫方略能否得到贯彻和实施。当贫困的现实状态阻隔了人民群众对美好生活的追求时，人民群众就迫切地想从生态环境中求得弥补，这种不规律、不科学的发展方式自然不是长久之计，被破坏的贫困地区生态环境会进一步阻碍经济增长。因此，客观物质制约下的经济现状是影响生态扶贫方略建构的重要因素。

科学的生态文明建设同样需要生态文明建设理论的指引和生态文明建设的技术支持。生态扶贫是生态经济发展和科学解决贫困的结合体，是可持续发展战略的必然过程，所以该战略的实施离不开科学的手段引领和支持。但一般而言，既要动用当地可用的人力资源，又要寻找掌握高科技的人才扶持发展本地经济，颇具难度。贫困地区的教育相对都比较落后，在这些地区高科技人才更是屈指可数，而具有相关技术水平的人员一般不愿去贫困偏远地区工作。总之，贫困地区经济的落后、科学技术手段的落后、人才的缺乏都是阻碍生态扶贫方略实施的关键因素。

从可持续发展角度来说，生态扶贫方略的实施应该有相应的生态扶贫理念支撑。生态发展是推动贫困地区发展的良好方式，可以保障该地区长久发展。如果扶贫开发者都不认同生态开发，那就根本谈不上生态发展。坚持保护环境、节约资源是我国的基本国策，坚持可持续发展战略，走科学发展道路才是长久的文明发展道路。但从当前的形势来看，我国基层扶贫工作者还缺乏生态扶贫意识，相关人员缺乏专业技能和生态发展理念，对生态环境保护还缺乏专业的了解和认知。这样的基层扶贫开发者根本无法带领人民群众做到真正的生态扶贫开发，自然无法真正获得生态扶贫的现实利益。

二　新时代云南生态扶贫的经验

从上文的种种分析中可以看出，政府在处理反贫困与生态环境问题时，会存在两难选择：一方面，贫困地区的发展更依赖于自然资源环境，掠夺型的资源开发利用方式导致出现了许多严重的生态破坏问题；另一方面，由于缺乏有效的制度设计和较为充分的生态补偿机制，实施天然林自然保护区、生态公益林等保护工程时过于注重保护而经济援助或补偿不足，忽视了贫困人群的经济利益。

目前，云南省通过多种途径助力贫困人口脱贫，比如，通过参与工程建设获取劳务报酬，通过应聘生态公益性岗位得到稳定的工资性收入，通过生态产业发展增加经营性收入和财产性收入，通过生态保护补偿等政策增加转移性收入等。

“扶贫”体现了“经济发展”，“生态环境保护”体现了“生态建设”，生态与经济同等重要，缺一不可。在处理扶贫与生态环境保护相互关系时，要避免出现“经济不生态，生态不经济”的现象，积极探索出一条“在保护中开发、在开发中保护”，促进生态环境保护与扶贫开发相结合的新途径。未来可从以下三点做出努力。

第一，将扶贫攻坚与生态环境保护置于同等重要地位。扶贫与生态环境保护是一项复杂的系统工程，需要多方主体参与，在实施相关政策的过程中，需要统筹兼顾，尊重和保护多方主体利益，不能厚此薄彼。

第二，在国家大环境的趋势下，“生态扶贫”将成为未来反贫模式的主要选择。要做好生态扶贫工作，需要弄清生态扶贫的概念、特征、要求、作用机制、制约障碍、驱动力等因素，进而摆脱贫困陷阱，促进扶贫开发与生态环境保护协同发展。

第三，生态扶贫和生态循环经济模式注重的都是生态发展模式，能够促进生态和产业等共生协同发展，下一步要结合起来，弄清生态扶贫和生态循环经济模式的作用关系，更加实际地解决生态与经济发展中的矛盾问题。

三　新时代云南生态扶贫的启示

从总体上来看，云南省的生态扶贫取得了一定的成绩，但要完成2020年消除绝对贫困的战略目标还需要继续努力。[①]

首先，云南省长期以农牧业生产为主，存在产业结构比较单一、产业结构层次低、工业化水平低、产业发展不平衡等问题，这也是导致贫困的重要因素之一。在大力发展现代农牧业的同时，要发展优质农产品深加工，使之真正形成地区的特色优势生态农业。另外，还要依靠科技进步和提高劳动者素质，摆脱靠天吃饭的现状。其次，在基础设施建设方面应该增加预防自然灾害的功能，这样才能够很好地避免因自然灾害返贫的可能。最后，针对频发性的灾难，应该建立灾害生态补偿保证金机制。对于难以预测的灾害，积极做好备灾和防灾。

在完善生态扶贫机制的同时[②]，提高贫困人口的素质。有的贫困是由自然条件恶劣、天灾人祸等导致的，但也有部分贫困是由于人群存在等、靠、要的思想，缺乏自我发展的动力。对此，要通过适当方式使他们树立自力更生、艰苦奋斗、脱贫致富的信心。

建立生态扶贫补偿长效机制。激发农民的积极性，引导农民自愿搬迁。生态补偿应该强调构建“参与式生态扶贫”，实施产业转移，提供就业、技术和资金支持等，实现贫困者自己致富，最终达到环境保护和经济发展的双赢。同时，应该禁止劣质、污染型的产业转移，不能以牺牲环境换取经济发展。

---

① 范永明：《中国民族地区扶贫开发面临的问题及解决对策》，《经济研究导刊》2010年第24期。

② 张灵静、李永前等：《关于云南省生态环境建设与扶贫开发的思考》，《云南农业大学学报》2013年第5期。

云南省地处高原、喀斯特地形、水土流失严重等地区，人民群众生产生活条件差，极易导致区域性贫困。同时，这些地区交通不便、信息闭塞，资源承载能力有限，固守传统的生产生活方式，缺少市场观念，导致了持续性的贫困。对此，首先，通过移民搬迁等方式，鼓励民族贫困人口向东部地区转移。对移民搬迁人口居住、就业等方面给予一定的鼓励和优惠政策。其次，以劳动力转移为出发点，加强劳动力的职业技能培训，积极组织和引导贫困地区剩余劳动力合理转移和健康有序流动。

（本章由琚婷婷执笔）

第五章

易地扶贫搬迁：云南立下贫困群众千秋基业

易地扶贫搬迁是解决贫困群众安居问题的民生工程，是改善生存和发展环境、促进脱贫攻坚、全面建成小康社会的发展工程，是脱贫攻坚战役的关键一批。易地扶贫搬迁，亦称生态移民，是党和政府在新时期探索实施的一项重要扶贫举措，通过对生活在不适宜人类生存地区的贫困人口实施搬迁，达到消除贫困和改善生态的双重目标。在西方研究视域中，最初与“易地扶贫搬迁”相似的是“生态难民”（Ecological Refugees）、“环境难民”（Environmental Refugees），由 L. R. Brown 等人于 1976 年首次提出。但是，易地扶贫移民和生态移民又有所不同，易地扶贫移民是通过脱离贫困群众居住的环境，以获得更好的发展机会，彻底脱贫致富。这种说法是有理论依据的，贫困环境论的主要观点就能支撑该说法。自然和社会环境中的残缺和落后是导致贫困现象产生和存在的关键，该观点在具体解释时又分为两种：发展要素残缺论和贫困处境论。如不摆脱这种贫困，贫困的延续与发展只会恶性循环，这就是所谓的贫困“恶性循环理论”。①

为此，只有政府牵头、引导并想办法，筹措资金帮助贫困百姓搬离原有生态环境制约经济发展的地方，他们才能彻底摆脱贫困的源头，获得新生，谋得发展。从 2001 年开始，国家发展和改革委员会安排专项资金，在全国范围内组织开展易地扶贫搬迁试点工程，云南的易地扶贫搬迁工作也始于 2001 年。由于云南省位于祖国边疆，93% 是山区，集边疆、民族、山

① 丁忠兰：《云南民族地区扶贫模式研究》，中国农业科学技术出版社，2012，第 145 页。

区为一体，许多老百姓居住在深山里，自然资源匮乏，贫困面广而深，易地扶贫搬迁工程显得尤为重要。特别是新时代以来，在开展精准扶贫过程中，为了完成党中央提出的2020年全面建成小康社会的目标，云南的易地扶贫搬迁也开启了新的篇章。

第一节　云南易地扶贫搬迁的制度建设

自2001年开始，云南着手易地扶贫搬迁试点工程，通过试点实施，安置区生产生活条件明显改善，综合发展能力显著提高，搬迁群众增收渠道逐步拓宽，脱贫步伐明显加快，迁出区生态环境得到有效保护和恢复。云南省委、省政府认真贯彻落实党的方针、政策，结合云南的特殊省情，在云南易地扶贫搬迁制度建设上获得了不少值得借鉴的经验。

一　中国易地扶贫搬迁制度建设

中国易地扶贫搬迁始于20世纪80年代，最早开始于1983年的“三西”（甘肃的定西、河西和宁夏的西海固地区）扶贫，20世纪80年代到90年代中期，主要在粤北、广西的部分地区实施，到20世纪90年代末和21世纪初，易地扶贫搬迁模式逐渐铺开。2001—2013年，我国在云南、贵州、宁夏和内蒙古开展了易地扶贫搬迁试点工程，计划搬迁贫困人口74万人。由于试点工程取得的效果较好，2004年，易地扶贫搬迁试点工程由4个省份（自治区）扩大到9个省份（自治区），探索出一条通过移民扶贫的经验之路。特别是2015年，习近平在减贫与发展高层论坛上首次提出“五个一批”的脱贫措施，为打通脱贫“最后一公里”开出破题药方。

我们坚持分类施策，因人因地施策，因贫困原因施策，因贫困类型施策，通过扶持生产和就业发展一批，通过易地搬迁安置一批，通过生态保护脱贫一批，通过教育扶贫脱贫一批，通过低保政策兜底一批。[①]

可见，易地扶贫搬迁的地位得到了提升，全国各地符合条件的都要照此实施。随后，易地扶贫搬迁被写入《关于打赢脱贫攻坚战的决定》[②]，自此，易地扶贫搬迁模式也成了我国扶贫开发中的一种重要模式，该模式的主要作用是通过阻断贫困者发展的先天条件进一步摆脱贫困。易地扶贫搬迁模式在功能上具有让特定生态区内民众获得发展资源重构和消除特定生态区内人类活动产生的压力的双重作用。这种扶贫模式的"理论主要是生态贫困理论、区位理论与'推—拉'理论"，目的是打破"贫困—环境退化—进一步贫困"的恶性循环。[③]

1994 年，在国家制定的第一个扶贫开发纲要《国家八七扶贫攻坚计划》文件中，国家将易地扶贫搬迁模式正式作为我国扶贫开发的重要模式。并且，文件中提出，对极少数生存和发展特别困难的村庄及其农户开展易地扶贫搬迁，通过搬迁实现减贫、脱贫。2000 年以前，我国在小范围、小规模地开展易地扶贫搬迁工作。但易地扶贫搬迁工作处于摸索和研究阶段，开展规模小、投入成本低，并没有形成规模，也不是我们国家主要的扶贫模式。2001 年，我国国家发展和改革委员会开始组织实施易地扶贫搬迁工作，易地扶贫搬迁开始受到越来越多人的重视，各个基层政府也开始着手通过易地搬迁达到脱贫的目的。2007 年，国家发展和改革委员会根据我国的第二个扶贫开发纲要《中国农村扶贫开发纲要（2001—2010年）》，编制并发布了我国第一个易地扶贫搬迁规划——《易地扶贫搬迁"十一五"规划》。该规划首次确定了"易地扶贫搬迁"的概念，并将易地扶贫搬迁作为专项规划。《中华人民共和国国民经济和社会发展第十一个五年规划纲要》也明确规划"对生存条件恶劣的贫困地区，实行易地扶贫"，并把易地扶贫搬迁确定为"中央政府投资支持的重点领域"。从那时

---

① 《携手消除贫困，促进共同发展》（2015 年 10 月 16 日），《十八大以来重要文献选编》（中），中央文献出版社，2016，第 720 页。

② 《"五个一批"作答大考》，人民网，2016 年 1 月 18 日。

③ 胡兴东、杨林：《中国扶贫模式研究》，人民出版社，2018，第 150 页。

起，党和中央政府对易地扶贫搬迁的重视程度越来越高，支持力度越来越大。

2011 年，中国扶贫历史迈上了新的台阶，中国对扶贫的投入和支持达到了前所未有的高度。中共中央、国务院制订了第三个农村扶贫开发计划——《中国农村扶贫开发纲要（2011—2020 年）》，首次将易地扶贫搬迁作为专项扶贫的第一点列入国家层面的扶贫开发计划中。纲要要求“充分考虑资源条件，因地制宜，有序搬迁，改善生存与发展条件，着力培育和发展后续产业。有条件的地方引导向中小城镇、工业园区移民，创造就业机会，提高就业能力。加强统筹协调，切实解决搬迁群众在生产生活等方面的困难和问题，确保搬得出、稳得住、能发展、可致富”。可见，政府在制定政策时，不是一刀切，而是考虑了项目的持续性，不仅要实现易地搬迁，而且搬迁后的发展也更为重要，为此要因地制宜，考虑发展后续产业，保证不出现返贫现象。

2014 年，中国提出“精准扶贫”的概念以后，更注重对象的精细化，不再是按片区实施易地搬迁，而是要求对贫困对象实施建档立卡、动态管理，根据搬迁对象识别确认程序，在全国扶贫开发信息系统标注易地扶贫搬迁建档立卡贫困户。2016 年 9 月，国家发展和改革委员会印发实施《全国“十三五”易地扶贫搬迁规划》，该规划确定了搬迁对象主要是“一方水土养不起一方人”地区经全国扶贫开发信息系统核实的建档立卡贫困人口，对易地扶贫搬迁的指导思想、任务目标、基本原则、资金来源、资金运作方式、保障措施都做了明确的规定，给出了具体的指导意见。坚持把贫困搬迁户的脱贫工作贯穿于规划选址、搬迁安置、后续发展全过程，立足安置区资源禀赋，依据不同搬迁安置模式，支持发展特色农牧业、劳务经济、现代服务业以及探索资产收益扶贫等方式，确保搬迁群众实现稳定脱贫。① 从中国脱贫攻坚来看，截至 2018 年 6 月，未来三年还有约 3000 万农村贫困人口需要脱贫，任务十分艰巨。根据十九大精神关于打赢脱贫攻

① 《〈全国“十三五”易地扶贫搬迁规划〉出台》，腾讯新闻，2016 年 9 月 23 日。

坚战总体部署，中国为完善顶层设计，强化政策措施，加强统筹协调，于2018年6月制定了《中共中央 国务院关于打赢脱贫攻坚战三年行动的指导意见》（简称《意见》），对2020年以前易地扶贫搬迁怎么做做了详细说明。与之前制定的意见、政策不同的是，此次《意见》更强调的是户口迁移、子女上学、医疗保障、社会服务、心理健康等后续服务，同时加强易地扶贫搬迁安置点的督促检查，确保将安全放在首位，统筹各项扶贫和保障措施，确保完成剩余390万左右的贫困人口搬迁建设任务。

二 新时代云南易地扶贫搬迁制度建设

2001年，国家发展和改革委员会在云南率先启动了易地扶贫搬迁试点工程。云南省各级政府按照“搬得出、稳得住、能脱贫”的总体原则，坚持政府积极组织、群众主动参与，通过对生活在不适宜人类生存地区的贫困人口实施搬迁，组织实施各项工程建设。“十五”期间全省共组织实施易地扶贫搬迁34.55万人。其中：2001—2004年，在国家发展和改革委员会支持下，中央投入11亿元国债资金，实施易地扶贫搬迁23.75万人；地方政府组织实施易地扶贫搬迁10.8万人，省级财政投入资金4.83亿元。实践证明，易地扶贫搬迁是一个能消除贫困并改善生态环境的重要举措。

2006年，国家《易地扶贫搬迁“十一五”规划》（规划期限为2006—2010年）要求“各地尽快制定易地扶贫搬迁规划”。根据该规划的顶层设计，为加快云南省贫困地区的脱贫步伐，积极稳妥地推进“十一五”易地扶贫搬迁工作，云南省结合该省实际情况制定了《云南省易地扶贫搬迁“十一五”规划》（简称《规划》）。《规划》具有云南省自身的特色，提出了具有云南特色的易地扶贫搬迁方式、对象及举措；《规划》的目标是在2010年以前实施完成23万农村贫困人口的搬迁工作。云南省在“十三五”期间，实施易地扶贫搬迁建档立卡贫困人口总规模达到99.5万。

2011年以后，中国扶贫进入了新篇章，特别是在2014年扶贫开发由片区扶贫转战为精准扶贫之后，云南省的易地扶贫搬迁工程也随着政策的改革有了自身的变化和特点。云南省政府加大了对易地扶贫搬迁的支持力度，搬迁规模更大，投入资金更多。2015 年，云南省委办公厅、云南省人民政府办公厅印发了《云南省易地扶贫搬迁三年行动计划》（简称《计划》），加快推进云南省易地搬迁进程，解决好“一方水土养不起一方人”的问题。根据该《计划》提出的“36313”目标，从 2016 年开始，云南省将通过 3 年努力，投入 600 亿元，完成 30 万户、100 万人、3000 个以上安置点新村建设的易地扶贫搬迁任务。搬迁对象为居住分散、交通不便、生态环境脆弱、长远发展极为困难等急需搬迁的贫困户和危房户。通过易地搬迁和新村建设，农户住房条件和居住环境显著改善，新村水、电、路、气、讯和污水、垃圾处理等基础设施完善配套，教育、卫生、文化、体育等公共服务设施基本建成。

2016 年 9 月，国家发展和改革委员会印发实施《全国“十三五”易地扶贫搬迁规划》，计划 5 年内对近 1000 万建档立卡贫困人口实施易地扶贫搬迁。云南省各级地方政府也积极响应国家政策，立即按照《全国“十三五”易地扶贫搬迁规划》和《云南省易地搬迁三年行动计划》，认真贯彻落实。为保障易地扶贫搬迁用地，2016 年，云南省国土资源厅印发了《关于保障易地扶贫搬迁用地的意见》，明确做好易地扶贫搬迁用地保障，依法依规办理用地审批手续。易地扶贫搬迁，除了用地问题，资金支持也是大问题。2016 年，云南省财政厅为解决易地扶贫搬迁的资金问题，印发了《关于规范易地扶贫搬迁资金管理工作的通知》，对易地扶贫搬迁资金的承接（承贷）、平台公司如何管理、信息报送制度、监督管理机制等多方面进行了明确，为云南省易地扶贫搬迁资金管理、使用提供了强有力的支持和保障。

随着云南易地扶贫搬迁工程的推进，云南省在易地扶贫搬迁工程上也积累了自己的经验，具有了自己的特色。为深入做好云南省易地扶贫搬迁工作，2018 年 5 月，云南省易地扶贫搬迁协调小组办公室通知易地扶贫搬迁集中安置点全面推行“双点长制”。“点长”由一名县级领导干部和施工企业项目经理同时担任，共同做好集中安置点的建设管理、脱贫发展的组织实施工作，便于易地扶贫搬迁工作后续发展。该制度的实施，是云南省易地扶贫搬迁制度的创新与特色，推行“双点长制”不仅可以起到相互监督、相互促进的作用，而且能保障安置点建设、管理的质量，充分体现了新时代政府层面对制度建设、落实的态度。云南省民政厅也印发了《关于进一步做好易地扶贫搬迁工作的通知》，强调要做好易地扶贫搬迁“保障”和“配套”环节，认真落实社会救助政策，有效保障易地扶贫搬迁困难群众的基本生活；健全养老服务体系，丰富养老服务供给；健全移民安置点村（居）民自治机制；积极推进移民安置点社区服务体系建设；统筹推进移民安置区殡葬改革；合理布局殡葬服务设施。从政策中可以看出，云南省的易地扶贫搬迁坚持安居与乐业并重、搬迁与脱贫同步，真正做到“搬得出、稳得住”。

根据多年易地扶贫搬迁的经验，为争取 2020 年全面完成脱贫攻坚任务，针对云南省易地扶贫搬迁工作，云南省 2019 年出台了《关于进一步做好易地扶贫搬迁工作的指导意见》。主要围绕严把质量标准、完善配套设施、加强产业就业等方面提出了 50 项工作目标，全方位对基层党的建设、人户精准管理、安置点选取规划、工程安全建设、配套设施落实、人员就业培训等进行了说明。云南省易地扶贫搬迁攻坚战指挥部也随之印发了《关于进一步做好易地扶贫搬迁项目工程质量和安全等工作的通知》，要求严格控制质量和安全，这两个文件的印发也是云南省针对本省实情，对 2018 年 6 月我国制定的《中共中央　国务院关于打赢脱贫攻坚战三年行动的指导意见》的具体落实和补充。

第二节　云南易地扶贫搬迁的实践发展

云南省易地扶贫搬迁在实践过程中，认真遵从国家的顶层设计。总体原则遵循《国家易地扶贫搬迁规划》，同时结合云南省特殊省情，时刻从群众的角度出发，保证搬迁群众搬得出、稳得住、能脱贫、早脱贫。

一 云南易地扶贫搬迁试用的类型

（一）搬迁范围和搬迁对象

云南省位于我国西南边陲，集边境地区和民族地区于一体，是国家新一轮扶贫开发攻坚战主战场中重点扶贫的省份。云南省虽然贫困但物产丰富，特色农产品种类繁多，素有“动物王国”“植物王国”“药物宝库”之称。但因山地较多、交通不便，多数老百姓被大山阻隔、与世隔绝，有的还过着刀耕火种的生活，经济十分落后，需要易地扶贫搬迁的人口较多，所以云南省是中国易地扶贫搬迁重要的几个省份之一。从中国易地扶贫搬迁的情况来看，易地扶贫搬迁主要有生存型、生态型和发展型三种，云南省易地扶贫搬迁三种类型都有，但生存型和发展型占比较大。云南省自“十一五”期间，主要安排 73 个国家级扶贫开发重点县，兼顾 7 个省级扶贫开发重点县的贫困乡镇完成易地扶贫搬迁，其中滇西边境连片特困地区为易地扶贫搬迁人口的主要部分。优先解决丧失基本生存条件地区的农村贫困人口、生态环境恶劣的农村少数民族贫困人口和边境地区贫困人口的搬迁问题。

根据中共云南省委办公厅、省政府办公厅最新印发的《关于进一步做好易地扶贫搬迁工作的指导意见》，搬迁范围主要包括“一方水土养不起一方人”的六类区域：一是资源承载力严重不足地区；二是公共服务严重滞后，建设成本过高地区；三是地质灾害频发、易发地区；四是国家禁止开发区或限制开发区；五是地方病高发地区；六是其他确需实施易地扶贫搬迁的地区。由于云南具有独特的地理环境，重点考虑贫困程度深、贫困面广，丧失基本生存条件的农村贫困人口数量大的贫困地区；加强少数民族和边境地区、革命老区等的贫困人口的易地扶贫；加强滇东北生态恶化型贫困区，滇东南石漠化严重、干旱缺水岩溶贫困地区，滇西北高寒型贫困区，滇西横断山贫困区，滇西南生态脆弱型贫困区的易地扶贫，这也是云南地区所独有的特点。

搬迁对象采取入户精准识别，不再是片区扫描、片区落实，而是逐户识别，登记入册，主要分为农村建档立卡户和易地建设随迁户两种。搬迁对象主要是住房不具备遮蔽风雨功能，居住地土地贫瘠、水资源匮乏、自然灾害频繁，生存环境恶劣，水、电、路以及教育、文化、卫生等基础设施落后，改善基本生产生活条件所需的基础设施工程艰巨，难以就地解决温饱问题的建档立卡贫困户。具体识别程序是“住户申请—村小组评议—村初定公示—乡复核—县审定公告”，确保搬迁户信息和户籍信息一致，人房相符，即房屋产权人就是房屋居住人。在对象识别过程中，当地政府会积极抽调各个部门工作人员和挂职干部组成工作小组，入村入户逐一登记核查，确保信息准确，真正做到识别精确。

（二） 安置点选择

《全国“十三五”易地扶贫搬迁规划》对易地扶贫做了详细阐述，确定了编制原则，尤其是对安置点如何选取详细列支。安置点选址需避开地震断裂带、地质灾害隐患点和行洪通道，确保安全；向旅游交通环线、产业聚集区、工贸旅游园区、县城规划区、乡集镇、中央村“六靠拢”，为搬迁后的发展创造条件。优化搬迁村寨详规和民居设计，配套生产生活设施和公共服务设施建设，同步推进特色产业和转移就业、劳务产业发展，确保搬迁户生活有改善、发展有前景，确保搬迁一户、脱贫一户。从规划内容可知，政府不再只是从理论上简单提到易地扶贫搬迁，而是加大了对易地扶贫搬迁的重视力度，对百姓搬迁后的后续发展问题做了重要部署，配套了周边基础设施建设，真正实现了老百姓搬迁一户、稳定一户。

在整个易地扶贫搬迁工程中，选址成功非常重要。如果搬迁到自然资源较好的地方，搬迁户会出现与原有居民争夺生存资源的状况，引发新的社会问题，导致社会不和谐；如果搬迁到生存条件不好的地方，或者配套设施不完善的地方，又不能实现原有的搬迁目的。为此，搬迁地的选址也需要各种权衡、多方考虑。根据2019年3月云南省印发的《关于进一步做好易地扶贫搬迁工作的指导意见》，安置点必须科学合理选址，做到“三符合”“五避开”“四靠近”，所有安置点都要进行地质灾害危险性评估，做好规划设计，编制实施方案，落实“点长”责任，确保施工安全，加强工程管理，组织检测验收。

首先，安置点选址应符合主体功能区规划、土地利用总体规划、城乡规划等要求，避让优质耕地和基本农田，避开地震断裂带、地质灾害隐患点、行洪通道等危险区域。结合实际情况采取本乡镇行政村内就近集中安置。行政村内搬迁具有土地流转和置换比较容易、搬迁成本低、总体投入少、群众易接受、搬迁积极性高、便于发动和管理、资金容易整合使用等优点，而且通过行政村内易地扶贫搬迁可确保群众不返迁、不返贫。

其次，云南省自然资源丰富，安置点须是土地资源较丰富，光、热、水等自然条件较好，宜于发展农业生产，无安全隐患的地方；须是能满足安置群众生产生活需要，有条件带动贫困人口脱贫致富的地方。分散插花安置须选择土地资源较丰富、自然条件较好、基础设施建设基本配套完善的村，安置人口人均耕地面积不得低于或相当于当地村民人均耕地面积；水、电、路等基础设施建设条件较好，即在易地扶贫开发项目用于基础设施建设的投资标准内能完成建设任务。并且依托周围村社已建学校、卫生室，可就近解决移民入学、就医问题；可开发资源条件相对较好，周边环境有利于改变易地扶贫搬迁贫困农户落后的思想观念和耕作方式，搬迁农户通过艰苦创业，能实现“搬得出、稳得住、有发展、能脱贫”的目标。

最后，安置点的建设必须符合国家易地扶贫搬迁建设标准。一是基础设施动工建设均严格按照工程建设管理“五制”执行，施工过程中所使用的水泥、钢筋、混凝土等所有建设材料均按要求送检，经复检合格后才能使用，施工过程由监理公司进行现场监督，严格管控质量和安全。二是严格按《云南省土地管理条例》，户均宅基地面积严格控制在 150 平方米以内。三是严格控制安置住房面积，户均面积控制在 50 ~ 125 平方米，建档立卡搬迁户人均面积不超过 25 平方米。四是严格控制安置住房建设成本，建房用地由当地政府提供。五是严格兑现安置住房建设补助和奖励政策。对建档立卡户搬迁住房建设按人头给予补助，对优先搬迁的给予一定的奖励；从已搬迁住户情况看，补助资金加上奖励资金，不仅可以抵消建房成本，还可以对房屋进行简易装修，这样即可防止因搬迁而大量举债，因搬迁而难以脱贫。

（三）安置方式

易地扶贫搬迁应统筹考虑当地经济、资源优势及承载能力，优先搬迁到有园区和产业基础的地段，便于后续解决搬迁户的就业问题。搬迁必须遵从群众意愿，以集中安置方式为主，集中安置包括县城安置、产业园区安置、小城镇安置、乡村旅游区安置、新型农村社区安置、中心村安置等六种形式。县城安置主要是依托城区原有的基础设施和公共服务，集中建设大型安置点，便于搬迁户入城创业、劳动就业获得发展；产业园区安置是依托产业园区将搬迁户安置在周边，便于后续解决搬迁户的劳动就业问题；小城镇安置是在有特色、有地理优势的城镇集中打造新型现代区域，搬迁户集中就近安置，如云南省保山市隆阳区蒲缥镇就采取了这种安置方式，在镇集市周边规划出一块新型区域，打造新农村，将山上生存条件恶劣的居民搬迁至此，搬迁户们离开了大山，住进了新房，内心也如春天的太阳一般温暖；乡村旅游区安置是将搬迁户安置在有旅游资源或下一步将打造成旅游重点的区域，便于搬迁户既能拥有较好的生活环境，也能通过发展旅游业改善生活；新型农村社区安置主要是因地制宜开展小村撤并、空心村治理，整合村庄建设新型农村社区和移民新村，集中安置搬迁对象；中心村安置是安排本行政村内搬迁对象就近集中安置在交通便利、具有产业发展条件的村落。分散安置主要包括插花安置、进城务工和投亲靠友、省域内跨区安置等形式。

根据扶贫移民迁移方向，易地扶贫搬迁主要分为“农村—农村”、“城镇—农村”、“农村—城镇”和“城镇—城镇”四种类型。云南省易地扶贫搬迁鼓励集中居住在 30 户以下、贫困发生率在 50% 以上、基础设施和公共服务尚未达到脱贫出列条件的自然村整村迁出。按照先难后易的顺序，尽量采取以地域上相连的人口集聚区（村、组）为单元的整体迁出方式。从云南省目前情况来看，易地扶贫搬迁安置形式主要有村内就近安置、村内集中安置、跨村插花安置、城镇化无土安置等。城镇化无土安置在云南省的多个县市都有推广，但就目前调查来看，部分搬迁户持反对态度。主要原因是老百姓们被统一安置到城镇，原有的田地被政府征收，农民变为城镇人口，没有了生活来源，一下子又不能很快融入城镇生活，等拆迁补偿款消耗殆尽后如果还没有适应城镇生活、找到合适的工作，将出现后续生计问题，这就会使他们陷入新的贫困。“移民会导致生计困难，甚至出现次生贫困或灾难转移，生态移民精准扶贫也难以逃出贫困的怪圈。”①

从扶贫搬迁的组织主体身份来看，易地扶贫搬迁又可分为政府组织进行的易地扶贫搬迁和自发组织的易地扶贫搬迁。从云南省多数州市的实践来看，云南省易地扶贫搬迁以政府组织协调进行为主，也有一些搬迁是在企业的组织下，通过政府审批后完成的。企业为了谋得发展，给一些优惠条件，希望当地老百姓搬迁，腾出土地资源。云南省还实施了一种产业基地开发扶贫移民，即政府为保障贫困群众脱贫，在辖区内划定区域，并为贫困移民提供信息，供其开发以达到长期脱贫。

总而言之，云南省在推进易地扶贫搬迁工作中，在安置方式上坚持乡镇安置与进城安置结合，既带动了乡村振兴，又推进了城市化发展；坚持城镇集中安置为主，抵边集中安置为辅，既推动了边境繁荣，又做到了守边固边；建设方式是以县为单位，按照“六个统一”“三个严格”“一个推行”实施。“六个统一”即统一补助政策，统一住房面积标准，统一资金筹措，统一公共配套，统一规划建设，统一指挥监督；“三个严格”即严格项目前期工作，严格搬迁入住时间，严格住房面积和标准；“一个推行”即推行工程总承包制，实行“交钥匙工程”。在拆旧复垦方面，全省各地积极出台激励措施大力推进，拆旧复垦工作走在了各省前列；在后续

① 王娜、杨文健：《生态移民精准扶贫：现实困境、内在悖论与对策》，《开发研究》2016年第4期。

产业和就业扶持方面，云南省出台了很多政策措施，各地因地制宜制定发展规划，激发内生动力。通过大力发展特色产业、全覆盖式开展技能培训、开发就业岗位、推进劳务输出等方式，带动搬迁群众提高工资性收入、财产性收入、权益性收入，全力确保搬得出、稳得住、逐步能致富。

二　云南易地扶贫搬迁的实践与发展

2017 年 6 月 23 日，习近平总书记在深度贫困地区脱贫攻坚座谈会上提出："古人说：'病有标本'，'知标本者，万举万当；不知标本者，是谓妄行'。推进深度贫困地区脱贫攻坚，需要找准导致深度贫困的主要原因，采取有针对性的脱贫攻坚举措。"① 针对深度贫困地区治理，必须解决该地区的根本性问题。"两高""一低""一差""三重"被广泛认定为深度贫困地区的特征。"两高"是指贫困人口占比高、贫困发生率高，"一低"是指人均可支配收入低，"一差"是指基础设施和住房差，"三重"是指低保五保贫困人口脱贫任务重、因病致贫返贫人口脱贫任务重、贫困老人脱贫任务重。云南省的怒江就属于深度贫困地区，自然灾害频繁，基础设施和公共服务严重滞后，贫困率在 20% 左右。另外，深度贫困地区普遍存在社会发育滞后，社会文明程度低，许多深度贫困地区长期封闭，同外界脱节；经济发展落后，人穷村也穷，无产业支撑。党的十八大以来，我国针对这些深度贫困地区专门出台了易地扶贫搬迁的文件，对居住在生存条件恶劣、生态环境脆弱、自然灾害频发等"一方水土养不起一方人"地区的贫困群众，大力实施易地搬迁工程，云南省的怒江就在该范围之内。"易地扶贫搬迁"作为云南省扶贫攻坚规划"五个一批"的重要环节，必须认真实施，才能好好治理深度贫困地区，真正达到通过易地扶贫搬迁安置一批。

易地扶贫搬迁是党中央、国务院为支持全面建成小康社会、加快贫困地区脱贫致富做出的正确决策，是一项德政工程、民心工程，同时是一项

① 《在深度贫困地区脱贫攻坚座谈会上的讲话》，人民网，2017 年 9 月 1 日。

庞大的、复杂的系统性工程。根据资金、项目、招投标、管理、责任“五个到县”和各级增加易地扶贫搬迁工作考核权重的要求，云南省县级政府为此承担的任务、责任和承受的压力巨大。为顺利启动搬迁工作，有序完成搬迁任务，县级政府迅速充实工作人员，抽调相关工作力量，在快速推进建设、完成“硬任务”的同时，做好上下衔接沟通，增强“软实力”，确保工作齐头并进，不出纰漏、“货真价实”。

（一）规划先行，因地制宜，科学打造特色村寨

云南省政府按照消除贫困、改善民生、全面小康的目标要求，坚持规划先行，以科学规划引领易地扶贫搬迁。由县级主导，全面负责易地扶贫搬迁各项工作，承担规划设计、组织实施和融资还债等主体责任。各县（市、区）党政主要领导是易地扶贫搬迁工作第一责任人。以县为单位统一制定移民搬迁规划，结合美丽乡村建设，因地制宜、分类指导，统筹好新村布局、村庄规划、民居设计、村容村貌和产业发展，抓好试点示范，先易后难，有序组织实施。全面推进安置新村农户住房、基础设施、公共服务设施、生态修复、产业发展和素质提升等建设，实现新房、新村、新景，新产业、新生活、新发展。

苏典乡地处云南省德宏州盈江县西北部，距县城53公里。东与支那、盏西两乡接壤，南与勐弄、卡场两乡连接，西北与缅甸联邦山水相连，是我国南方重要的边疆要地，是盈江县出入境的重要通道，也是德宏州唯一一个傈僳族民族乡。该乡围绕“依河就市临路”的思路，充分利用勐嘎路的便捷性进行平面布局，结合原有的居民将现有的农贸市场围合进入集镇内部，在盘活整个集贸市场的同时，便捷居民生活。新址规划占地面积为36亩，户型设计以傈僳族特色民居为主，因地制宜，顺其自然，留住了自然生态，为发展乡村旅游夯实了基础。同时依托苏典河沿岸山林交错、农田成片特点，把苏典河打造成特色河滨休闲带。做好农田水利基础设施建设，保护好村庄周围山

林和农田，把搬迁点建成整体色调与山、水、田园相融合的特色村寨。目前苏典乡民居与村外农田、森林相连；劈石园、苏典园等4个文化园区绿化小道、路灯、山石绘画，体现了“布局之精，设计之巧”的傈僳族农耕文化特点，和谐、宁静，如同一幅山水画卷。

云南省像苏典乡这样的例子举不胜举，真正实现了“实施一个搬迁新村、安置好一方群众、实现一方人脱贫奔康”的要求。云南省政府在选择安置点时，认真落实党中央文件精神，重点依托城镇、中心村、产业园区、旅游景区及交通便利的低丘缓坡和台地进行合理安置。坚持先规划后建设，无村庄规划不开工，无民居设计不动土，做到民居设计与周边环境相映衬、与当地文化相融合，村庄规划与产业规划、公共服务建设相衔接。

（二）以群众为主体，发挥内生动力助力易地扶贫搬迁

中国自古以来便有“落叶归根”“乡愁”等各种说法，老百姓们习惯于居住在自己出生的地方，即使生存条件限制了发展，也不愿意离开自己的家乡，不愿意改变现状，担忧不适应搬迁后的地方，这是老百姓们不愿搬、不想搬的一个重要原因。另一个原因是嫌政府给的搬迁条件不够好，想通过当“钉子户”多争取一些个人利益，以不搬为由向政府开条件。对于这种现象，云南省当地政府通过组织县级发改委和工信局、财政局、农发行等部门到乡镇举行政策宣传大会及发宣传单，乡镇组织村小组会议及入户走访宣传等各种方式，对“十三五”时期易地扶贫搬迁政策进行了广泛深入的宣传，使广大群众和搬迁户及时了解国家政策，极大地提高了搬迁群众的自觉性和积极性，极大地增强了各级干部和社会各界落实好搬迁工作的责任感和使命感，有效激发了落实好搬迁工作的热情，充分发挥群众内生动力，以少数带动多数搬迁，实现群众愿意搬、自己搬。

红木岭干是云南省德宏州盈江县盏西镇双龙村的一个偏远高寒山区村寨，村内群众以傈僳族为主，涉及搬迁46户共162人，其中建档立卡18户共56人。在实施易地扶贫搬迁过程中，搬迁群众没有只等

政府解决，不等不要，互帮互助，积极发挥村民内生动力，建设美丽乡村。老百姓们在知晓政府政策后，自己的安置点自己“找”，自己的活动室自己“盖”，自己的道路自己“修”，自己的地板自己“打”，自己的房子自己“建”。村民们还在村寨民主管理、环境卫生和产业发展等方面进行了积极探索，主动作为，把易地扶贫搬迁点建成了美丽宜居的傈僳族特色村寨。

云南省在实施易地扶贫搬迁过程中，充分尊重搬迁农户的主体地位，实施前充分征求群众意见，实施中组织群众参与，实施后由群众评价，创新搬迁建设全过程群众民主决策、民主管理、民主监督的方式和方法，充分发挥群众自力更生、艰苦奋斗的积极性和创新性。

（三）以岗定搬、以业定迁，大力发展特色产业

云南省在实施易地扶贫搬迁后，要保证搬迁户“稳得住”，必须加强后续产业发展和转移就业工作，从政策的角度考虑，确保贫困搬迁家庭至少有 1 个劳动力实现稳定就业。根据《中共中央　国务院关于打赢脱贫攻坚战三年行动的指导意见》（中发〔2018〕16 号）和中共云南省委办公厅、省政府办公厅印发的《关于进一步做好易地扶贫搬迁工作的指导意见》，必须做强产业就业，实现稳定脱贫，每个安置点必须有 1 项主导产业辐射带动脱贫发展，根据安置点劳动力资源情况，争取每个安置点至少建成 1 个扶贫车间，有针对性地开展劳动技能培训，设立就业服务站和公益性岗位，多举措解决搬迁户的后续就业问题。搬迁户搬迁到城镇后，虽然生活条件、配套基础设施有了大的改善，可是搬迁户拥有融入城镇生活的技能也很重要，同时，城镇生活消费水平比原有的高，要想使得搬迁户获得持续发展，地方政府就要对其开展一些技能培训、产业培训，多提供一些就业机会，同时做好教育、医疗、社保兜底等多方面持续支持，这样才不会出现再次返贫现象，搬迁户的生活才能过得越来越好。

云南省大理州宾川县钟英乡放眼望去都是“山大无柴烧、江水留

不住”的陡坡和深箐，一山有四季，春夏青草绿，秋冬一片枯，交通靠走，运输靠驮，水只够人马喝。对比坝区亩产值可达2万至10万元的葡萄、柑橘、石榴产业，钟英当地地方政府和扶贫干部们通过反复分析、研究，决定结合钟英立体气候和地理环境的特点，用“挪穷窝、置新业”解决“一方水土养不起一方人”的问题，用“五法帮扶”因村施策“拔穷根”，通过产业培植发展解决增收难的问题，通过基础设施建设解决群众生产生活条件差的问题。

在西山、钟英、皮厂村委会适宜区域重点巩固烤烟、核桃产业，扶持发展葡萄、柑橘产业，在唐古地、赵卡拉、芝麻登探索扶持发展养殖猪、鸡、羊、蜜蜂，种植青花椒、山药、咖啡等产业。组织794户建档立卡贫困户成立扶贫资金互助社，整合产业发展资金330万元、发放扶贫小额信贷资金756万元，注入“种子资金”117.275万元，实行“一村一业”“一户一策”帮扶方式，形成了山上种植核桃、花椒，半坡种植烤烟、葡萄，沿江种植咖啡、柑橘的产业布局。另外，钟英乡还积极采取“党组织＋龙头企业＋贫困户”产业扶贫模式，把560户建档立卡贫困户的产业扶持信贷资金，与3家企业建立利益联结机制，通过发展高效特色产业和农产品加工、休闲农业、电子商务等新产业、新业态实现入股分红、增加收入，全乡参与资金2800万元，每年获得股金分红179.2万元。

为防止返贫现象发生，还需大力发展特色产业，解决农户的就业问题。为此，安置点的选择应该与地方特色产业规划相匹配，政府有效投入资金帮助搬迁户获得发展。云南省德宏州瑞丽市勐秀乡勐典村勐典小组12户建档立卡户，通过易地扶贫搬迁搬到安置点后均获得较好的产业扶持。依托2016年整村推进项目及其他产业扶持项目，勐典小组建档立卡户均享受过坚果、柠檬、养猪等方面的产业扶持政策，12户安置点居民根据产业发展需求，分别发展种植、养殖等方面的产业，另有部分居民就近务工，收入有保障，增收有希望。可见，在刚搬入新的安置点后的过渡期，政府的帮扶尤为重要。

（四）城镇集中安置为主，抵边集中安置为辅

山广人稀、交通不便、居民分布较散是云南省山区的一大特征，也是少数民族地区的基本特征。对于该地区人民，如果不实施易地扶贫搬迁，就地建设基础设施，解决道路硬化、用电、网络、饮水、新农村建设等问题，不仅投入较大，而且在山区实施以上工程难度较大，付出的成本较多。通过政府引导，帮助这些居民搬迁到生存环境相对较好的地区，如城镇集中安置，集中解决“四通”（通水、通电、通路、通信）问题，不仅降低了扶贫成本，同时对新农村建设提供助力，加快了实现乡村振兴新步伐。为此，云南省多数地区以城镇集中安置为主，将山区的百姓搬迁下来，集中安置在城镇或城镇周边，并为之配套周边服务设施，同时创造就业机会。云南省易地扶贫搬迁人口有些是从农村搬到城镇、城镇搬到城镇，搬迁户的户口也从农民转为城镇人口，变为所谓的“建成区”居民，随之周边配套设施、商业中心也逐步完善。这样的方式，可以将不同区域的人群重新组织在一起，类似于在原有的池塘里注入新生命，激发新的力量，有助于加快城镇化建设，同时实现乡村振兴。乡村振兴战略是习近平同志于2017年10月18日在党的十九大报告中提出的战略。十九大报告指出，农业、农村、农民问题是关系国计民生的根本性问题，必须始终把解决好“三农”问题作为全党工作的重中之重，实施乡村振兴战略。[①]

另外，还需注意的是，易地扶贫搬迁后，搬迁户来到一个全新的环境，资源相对丰富，和周边原有居民接触，可耳濡目染地学到各种新的知识、新的观念，得到更多的发展机会。这样可以直接或间接地促进自身与群体素质的提高，不断让自己的人力资本、社会资本提高，改善资源占有水平、生存经验和生活条件，生活质量也能得以提升。从社会角度来看，也缩小了不同人群的资源、文化、教育、经济等方面的差距，有利于社会

① 《习近平强调，贯彻新发展理念，建设现代化经济体系》，新华网，2017年10月18日。

和谐发展。人力资本理论的观点是“贫困产生的根本原因不在于物质的匮乏而在于人力资本的匮乏和自身对人力资本的轻视”。① 只有不断提高自身的人力资本，才有可能摆脱贫困，也才不会出现“一代不如一代”的现象，避免发生“素质型贫困”。当然，搬迁户搬迁到新的地区，在教育、文化、经济和生活等方面存在一定的弱质现象，在短时间内与当地人难以融为一体，会有一些格格不入的现象或矛盾产生，当地政府要给予一定的文化生活支援和帮助。

抵边集中安置也是云南省易地扶贫搬迁的一大特点，云南省地处祖国边疆，与泰国、缅甸、越南、老挝等南亚、东南亚国家相邻，是面向南亚、东南亚的辐射中心。做好抵边集中安置是云南省发展的关键，是国家稳边固边的需要。云南省按照“五通八有三达到”目标，对373个抵边行政村（社区）、19个沿边农场进行巩固提升，对505个非抵边行政村（社区）按照“缺什么补什么”原则进行建设，认真打好沿边深度贫困脱贫攻坚战，深入围绕“两不愁，三保障”目标，突出守土固边、居边脱贫致富，着力推进易地扶贫搬迁、产业就业扶贫、生态扶贫、健康扶贫、教育扶贫、能力素质提升、农村危房改造、贫困村提升、兜底保障、守边强基等十大工程，加大脱贫攻坚政策措施向沿边贫困地区的倾斜力度，确保沿边贫困村、贫困人口如期脱贫出列。

（五）易地扶贫搬迁与旅游小镇建设有机融合，搬出新希望

云南省自然资源丰富，气候适宜，全省有26个少数民族，具有民族特色和边疆地域特色。云南省旅游业的持续快速发展，对全省的经济社会发展具有重要意义。云南省政府考虑到这一特殊省情，在开展易地扶贫搬迁时，将安置点的选取和旅游小镇的打造结合，将搬迁户集中安置到旅游小镇规划范围之内，除了让搬迁户能有好的楼房，好的环境，后续还能使他们通过发展旅游业获得收益，解决了后续搬迁户的发展问题。加快建设旅

① 丁忠兰：《云南民族地区扶贫模式研究》，中国农业科学技术出版社，2012，第145页。

游小镇，也有助于加快推进城镇化步伐，丰富城镇类型，有利于云南优势资源显现化，是云南旅游发展新的增长点。

> 云南省怒江州泸水市洛本卓乡的金满村，山高坡陡、交通不便，村民们分散居住在木棍作柱、篱笆当墙、木板为顶的“千脚楼”里，生活环境十分恶劣。为帮助百姓们改善生活条件，2016 年 10 月，云南省怒江州启动建设了巴尼旅游小镇易地扶贫搬迁安置点，统一设计、统一施工，楼下是商铺，楼上给村民居住，商铺的收益用于每年村民分红。如今多数村民搬进楼房，过上了新生活，每年还有了收益，脸上露出了笑容。

可邑旅游小镇已由贫困的小山村发展成为实施乡村振兴战略和脱贫攻坚的成功典范，实现农村人均可支配收入 2 万元，辐射带动 72 户贫困人口共 225 人脱贫致富。云南省类似的还有保山市昌宁县温泉镇，也是将易地扶贫搬迁和旅游小镇结合，开启脱贫致富奔小康之路。

（六）易地扶贫搬迁与传统文化保护有机融合

随着经济的发展、易地扶贫搬迁工作的推进，传统村落可能将不复存在，里面隐藏的传统文化也将随着新时代的到来逐渐消失。如何保护和传承传统文化也是社会争议的一个话题。特别是云南省少数民族居多，少数民族贫困人口占云南省的 40% 以上，“直过民族”和人口较少民族地区基本处于深度贫困状态，是易地扶贫搬迁的重点。一旦实施易地扶贫搬迁，原先很多少数民族的特色村寨，如傣族的竹楼、彝族的土掌房、壮族的吊脚楼有可能一去不复返，全部变为钢筋水泥做的现代化楼房，那我们的房屋文化、民族特色也将逐步消失。

云南省在实施易地扶贫搬迁过程中，充分考虑到这一特殊省情，在开发易地扶贫搬迁安置点、设计房屋图纸时，结合了当地民族同胞风俗习惯，融入了民族文化元素，推出了具有民族特色的房屋户型图，做到一村一景，一个民族一种建筑，塑造了民族特色浓郁的村落风貌。云南省还鼓励提倡“搬迁搬文化”的理念，不再只是重建房子、使人搬迁，还注意传承村落的文化理念、本民族的文化理念，从房屋设计、室内摆设、周边设施建设到服饰等，都要体现本民族的文化特点。

云南省怒江州福贡县的阿加王底易地扶贫搬迁安置点位于云南省怒江州福贡县匹河怒族乡，是全国唯一的怒族乡，“阿加王底”在傈僳语中含义为“宜居的小坝子”。该安置点在三峡集团的帮扶下，建成了民族特色村寨，房屋在设计时充分体现了当地少数民族特色，黄墙红瓦、小楼林立，成为峡谷腹地最南端的一道风景。类似的村寨还有云南省大理州祥云县下庄镇大仓村易地扶贫搬迁安置点，所建的房屋充满了白族的民族特色，搬迁户们搬入新房拔出穷根。

在保护传统文化的同时，为保证云南易地扶贫搬迁工程顺利实施，云南省政府整合易地扶贫搬迁各类资金，确保工程按时完成。根据国家要求及《云南省易地扶贫搬迁工作整改方案》，云南省易地扶贫搬迁资金来源主要包括七个方面：一是中央预算内投资，二是地方政府债务资金，三是专项建设基金，四是国家低成本长期贷款，五是整合扶贫部门财政专项扶贫资金，六是整合住建部门农村危房改造和抗震安居工程专项资金（2017年起不再整合），七是农发行易地扶贫搬迁项目贷款。需整合国家分配到云南省的易地扶贫搬迁专项地方政府债券资金和其他相关资金，分别用于注入项目承贷公司资本金和搬迁农户建房补助。充分调动搬迁户自筹资金、投工投劳实施易地扶贫搬迁的积极性，并广泛动员社会力量给予资金支持，保证安置点建设资金及时到位，搬迁户补偿资金按时发放，周边配套设施按时完工。

第三节　云南易地扶贫搬迁的经验与启示

由于地理原因，云南省贫困面广而深，是中国的深度贫困地区。贫困百姓普遍生活在深山，交通不便，山路崎岖，生存资源匮乏，甚至一部分民族还处于与世隔绝状态。为此，云南省一直是中国易地扶贫搬迁的重要省份，经过多年不断的努力，取得了一些经验和成绩，同时，由于受多方面客观因素影响，扶贫之路依然任重道远。

一　云南易地扶贫搬迁的经验

（一）举多方之力，以群众为主体助力易地扶贫搬迁

云南省易地扶贫搬迁项目确定后，政府积极调动公务员单位、事业单位人员，挨家挨户入户谈心，做老百姓的思想工作，坚决杜绝了强迫搬迁，让老百姓从心底里认可了这一项目。在宣传方面，主要通过召开村民代表会、村民大会、入户座谈会等多种形式，开展广泛的宣传动员工作，鼓励老百姓们实现自主搬迁，发挥自身的能动性。而且实现自主搬迁的百姓，一般都有一定的技能，也能预想到搬入新环境后面临的问题，多数会靠自身的努力去解决。在整个项目的开展与实施中，要让百姓全程参与，实施“一事一议”，并成立项目实施领导小组，最大限度地调动老百姓的积极性，让搬迁户自己成为项目实施的主体，参与项目规划和管理。

在资金投入方面，云南省易地扶贫搬迁除了靠财政资金以外，还得到了企业资助资金、社会捐赠资金等多渠道资金的支持，这才是保证搬迁项目顺利实施的基础。专项资金投入到县后，资金使用要同项目需求相结合，优先解决群众最担忧的问题。财政扶贫资金则重点用于改善易地扶贫搬迁农户的基本生存条件，巩固提升整村推进、整村搬迁的质量和效果。坚持专户管理、专款专用、专项审计、“五级”公告公示、廉政承诺、开展民主评议等制度，上级对下级开展不定期监督检查，防止专项资金落入他人口袋现象发生，确保每一分资金都真正用在百姓的搬迁工作上。

（二）易地扶贫搬迁与云南实际产业发展相结合

易地扶贫搬迁是一个庞大、错综复杂的工程，涉及的每一个环节、每

一个阶段都至关重要。搬迁前、搬迁中、搬迁后都必须谨慎。搬迁并不是只为解决眼前困境、摆脱眼前生存恶劣的环境，更多的是需要通过搬迁彻底摆脱贫困，通过到新的环境以后谋求自身发展获得新的生存资源、发展条件。为此，在前期规划时，必须考虑易地扶贫搬迁人群到底被安置在什么地方才能更有利于后续发展，绝不能只是逃脱目前困境即可。

从实践部分的案例分析可知，云南在开展易地扶贫搬迁时，充分考虑了它的实际情况，云南省是一个旅游大省，没有工业、特大产业，要想既实施易地扶贫搬迁，又要让百姓们搬迁后不仅能脱贫，还能致富，就必须与当地实际情况相结合。适合打造旅游小镇的，可以规划打造旅游小镇，让搬迁户搬到该区域内，不但居住环境得到改善，后期通过发展旅游也能增收，并且有自己的工作，当然前期还需要政府帮助和扶持。当地有特色产业的，就搬迁到适合发展特色产业的区域，重点打造特色产业，解决后续就业问题，真正实现以岗定搬，以业定迁。

（三）易地扶贫搬迁与传统文化的保护、传承相结合

中国五千年的文化发展至今，文化的保护和传承是每一个民族、每一个人都应该坚持的事情。特别是在经济高速发展的今天，如果没有了文化，一个民族也将没有了脊柱，没有了凝聚力。为此，保护和传承文化人人有责，尤其是在实施易地搬迁时，更要坚持住这一基本底线，不仅搬家，也要把我们的民族文化、传统文化搬进县城，搬进安置点。

云南位于祖国边陲，是一个拥有26个少数民族的省份，也是少数民族最多的省份，有着自身独特的民族风情和边疆风光。调查发现，很大一部分需要搬迁的百姓要么是少数民族，要么居住在祖国边疆，一旦摧毁现有的房屋，损坏村寨，多年传承的历史文化、民族文化也可能随之而去。考虑到这一特殊省情，云南省在进行易地扶贫搬迁时，尤其重视传统文化的保护和传承，做到“搬家也搬文化”。在规划建设新的安置点时，都会考虑到原有的建筑风格和搬迁户的风俗习惯，设计房屋时会融入该民族的文化特点、风俗习惯，让新的安置点更具特色。为此，云南省在开展易地扶

贫搬迁后，呈现了一个个类似“可邑旅游小镇”这样具有民族风情的特色村寨。这也是易地扶贫搬迁与传统文化保护最有力的结合。

二 云南易地扶贫搬迁的启示

（一）云南易地扶贫搬迁在精准扶贫中成效显著

自我国提出精准扶贫思想以来，云南省认真落实我国政府顶层设计的各项政策、制度，云南省脱贫攻坚取得了很大的进步，2017 年，全省有 10 个州（市）的 15 个贫困县（市）实现了脱贫摘帽，云南易地扶贫搬迁也在精准扶贫中成效显著。从制度建设上看，云南省不仅认真贯彻落实我国政府的各项制度，也有着自己的特色和创新。特别是 2016 年以后，云南省出台了《云南省易地搬迁三年行动计划》《关于进一步做好易地扶贫搬迁工作的指导意见》《关于进一步做好易地扶贫搬迁项目工程质量和安全等工作的通知》《云南省易地扶贫搬迁攻坚战指挥部关于加快培育和建设易地扶贫搬迁特色小镇的通知》等一系列地方化政策；在易地扶贫搬迁集中安置点全面推行“双点长制”；要求各承建单位成立修缮队，在五年内对易地扶贫搬迁安置房进行免费维修。云南省民政厅也印发了《关于进一步做好易地扶贫搬迁工作的通知》。这些政策都是新时代云南易地扶贫搬迁的亮点与特色，是我国新时代精准扶贫思想的体现，有了这些制度保障，云南易地扶贫搬迁工程建设才能加大力度推进，同时发展云南旅游经济，争取 2020 年达到全面建成小康社会、消除贫困的目标。

“十三五”期间，云南省实施易地扶贫搬迁建档立卡贫困人口总规模达到 99.5 万。自 2016 年以来，云南易地扶贫搬迁工作取得了前所未有的进展。2016 年云南省计划搬迁的 30 万建档立卡贫困人口安置房竣工率达到 94.4%、入住率达到 93.8%。2017 年计划搬迁的 20 万建档立卡贫困人口安置房竣工率为 85.3%、入住率为 68.3%，计划建设的 939 个集中安置点开工率为 100%、竣工率为 53.4%。近三年来，云南省已累计安排易地扶贫搬迁资金 376 亿元，建成 1882 个集中安置点和 16 万套安置房，约 28

万人通过搬迁实现脱贫，40 万以上贫困群众从“一方水土养不起一方人”的地方搬出来，云南省易地扶贫搬迁的脱贫效果亦得到了社会广泛认可，在贫困地区已达成共识，产生了良好的经济、社会、生态效益和脱贫示范效应。①

易地扶贫搬迁在精准扶贫中的作用还可以从云南省德宏州易地扶贫搬迁的情况中看出。根据统计，截至 2018 年 12 月底，德宏州已启动易地扶贫搬迁三年行动项目 160 个，其中集中安置项目 115 个，分散搬迁项目 45 个。建档立卡户动工 4346 户共 17378 人，占三年任务数 17378 人的 100%。竣工 4204 户共 16845 人，占三年任务数 17378 人的 96.9%。入住 4156 户共 16656 人，占三年任务数 17378 人的 95.8%。在资金投入方面，根据德发改扶贫〔2017〕558 号文件，2016 年计划下达中央预算内投资 5394.4 万元，用于完成国家下达云南省 2016 年度易地扶贫搬迁建档立卡贫困人口 30 万中德宏州涉及的 6743 人的任务。根据德发改扶贫〔2017〕559 号文件，2017 年第一批计划下达中央预算内投资 4073.6 万元，用于支持完成 5092 名建档立卡贫困人口易地扶贫搬迁安置住房建设；根据德发改扶贫〔2017〕560 号文件，2017 年第二批下达中央预算内投资 2832.8 万元，用于 3541 名建档立卡贫困人口易地扶贫搬迁安置住房建设；根据德发改扶贫〔2018〕138 号文件，2018 年计划下达中央预算内投资 1601.6 万元，用于支持完成 2002 名居住在“一方水土养不起一方人”地区建档立卡贫困人口搬迁建设任务。可见新时代云南省在易地扶贫搬迁上投入了大量的资金，下了很大的功夫，也取得了一定的成效，对整体脱贫攻坚有着较大的助推作用。

（二）2020 年后云南易地扶贫搬迁展望

易地扶贫搬迁是阻断贫困根源，帮助搬迁户脱离贫困苦海，重新寻找

① 《云南已安排扶贫搬迁资金 300 多亿元 数十万人通过搬迁脱贫》，云南省发展和改革委员会门户网站，http://www.yndpc.yn.gov.cn/content.aspx?id=425471257454，最后访问日期：2018 年 9 月 26 日。

新的生存之路的重要途径和手段，有利于缩小社会贫富差距，维系社会和谐。特别是云南省深度贫困地区生存资源薄弱、自然环境恶劣，更需要通过易地扶贫搬迁改变多年不变的现状，打乱社会原有的生存环境，将人口和环境重组，有助于经济发展和新的改变。云南省在易地扶贫搬迁上经过多年的努力，总结了一些可取的经验和成效。但是由于云南省贫困面较广、贫困程度较深，特别是我国11个集中连片特困地区的滇西边境片区主要集中在云南省，分布在云南省的10个州（市）61个县。滇西边境地区、乌蒙山区、滇黔桂石漠化区域、迪庆藏区等集中连片特困地区的贫困人口占云南省贫困人口的80%以上，需要易地扶贫搬迁的人口更多，易地扶贫搬迁的道路依旧任重道远。易地扶贫搬迁主要依靠的还是政府的主导和支持，随着2020年政府主导扶贫机制退出以后，易地扶贫搬迁未完成的工作以及需持续推进的后续发展由谁来主导，也是需要政府关心的问题。《云南省乡村振兴战略规划（2018—2022年）》就是对脱贫攻坚做的一个衔接，通过乡村振兴巩固脱贫攻坚成果，继续做好易地扶贫搬迁工作，建设美丽新家园。这在制度上已经有了很大的保障和延续，也是新时代精准扶贫思想的特点。

易地扶贫搬迁工程巨大，耗资较多，云南省每个县市情况又各不相同，实施起来较为困难，问题较多。特别是对年长的老百姓而言，搬离自己土生土长的乡村，实为不易，一下子难以接受，还需从观念上加以引导，保证搬迁工作顺利进行。易地扶贫搬迁工程要能顺利实施，除了观念上多加引导，制度上有所保障，起着关键作用的是资金及时到位。云南省在“十三五”期间，共有16个州（市）122个县（市、区），其中有65万贫困人口需要易地搬迁，移民数量规模巨大，移民搬迁、集中安置点的基础设施建设、土地资源开发及搬迁补偿等，都需投入不少资金才能完成。而易地扶贫搬迁的资金投入渠道过于单一，主要依靠财政拨款和政府向银行贷款，政府压力也随之剧增。资金不到位会影响移民搬迁的进度和配套设施的建设，有些安置点由于没有资金，虽搬迁但未达到预期的设想，甚至出现拖欠、延后发放搬迁户的搬迁补偿金、过渡费等情况，这样不仅会降低老百姓对政府的信任，也会给后续搬迁户造成负面影响。目前，云南省易地扶贫搬迁所需资金主要来源于中央预算内投资、地方政府债务资金、专项建设基金和国家低成本长期贷款，2020 年以后如果政府主导退出，扶贫资金大幅度减少，易地扶贫搬迁的资金将会受限，安置点的配套设施建设、后续发展能否持续进行有待观望。随着乡村振兴，搬迁安置点的长期发展需要形成一种常规机制，具体由哪些部门负责、每年资金投入多少、给予哪些政策保障等都是 2020 年以后需解决的问题。甚至搬迁后面临的问题会更多，如户口迁移、子女入学、人口统计、配套设施建设、医疗服务、社会保障等都需要政府形成良好的制度认真落实。

另外，随着经济的发展，易地扶贫搬迁还存在建筑成本不断上涨、拆迁压力过大、安置点周边配套设施滞后、安置点交通发展过慢、产业发展不足、搬迁户无法融入城镇生活等一系列问题，都是需要政府和社会关心的。政府应给予更多的支持，不能只管搬迁之前的问题，不管搬迁的后续问题，防止出现易地扶贫搬迁后返贫现象。任何一项工程的实施都需要不断探索和总结经验，云南省易地扶贫搬迁虽然面临一些困难，但是在新时期精准扶贫思想的指导下和云南省各项政策、制度的保障下，一定能尽早完成任务，争取 2020 年全面建成小康社会，实现脱贫目标。

（本章由董云云执笔）

第六章

社保兜底：云南织牢贫困群众的"保障网"

2015 年 10 月 16 日，习近平主席在 2015 减贫与发展高层论坛上的主旨演讲《携手消除贫困　促进共同发展》中指出："我们坚持分类施策，因人因地施策，因贫困原因施策，因贫困类型施策，通过扶持生产和就业发展一批，通过易地搬迁安置一批，通过生态保护脱贫一批，通过教育扶贫脱贫一批，通过低保政策兜底一批。"[①] 11 月 27 日，他在中央扶贫开发工作会议上的讲话中进一步指出，解决好"怎么扶"的问题，要按照贫困地区和贫困人口的具体情况，实施"五个一批"工程，即发展生产脱贫一批、易地搬迁脱贫一批、生态补偿脱贫一批、发展教育脱贫一批、社会保障兜底一批。[②] 随后，11 月 29 日发布实施的《关于打赢脱贫攻坚战的决定》中明确了"五个一批"的要求和措施。

"五个一批"是精准扶贫、分类施策的体现。这其中，社会保障兜底主要解决的是完全或部分丧失劳动能力的贫困人口脱贫的问题，具有保民生、托底线、救急难的重要作用，是我国 2020 年全面实现脱贫、全面建成小康社会不可或缺的重要举措。我国的社会保障体系包括社会救助、社会保险、社会福利、慈善事业、优抚安置等诸多方面，在扶贫实践中，承担兜底功能的主要是社会救助、社会保险、社会福利制度。下文将以这三类制度为主，对云南兜底保障扶贫的情况进行实践考察。

---

① 《携手消除贫困　促进共同发展》，《十八大以来重要文献选编》（中），中央文献出版社，2016，第 720 页。

② 《在中央扶贫开发工作会议上的讲话》，《十八大以来重要文献选编》（下），中央文献出版社，2018，第 40～43 页。

第一节　社会救助兜底保障

2014 年 12 月，根据国务院《社会救助暂行办法》，云南省人民政府以政府规范性文件方式制定出台《云南省社会救助实施办法》，对最低生活保障、特困人员供养、受灾人员救助、医疗救助、教育救助、住房救助、就业救助、临时救助等进行规范，为社会救助脱贫奠定了较好的政策基础。在各种救助形式中，最低生活保障、特困人员供养覆盖贫困人口面大，是兜底脱贫非常重要的基础性制度安排，下面着重考察这两种形式的实践情况。

一　着力推动农村低保与扶贫开发“两项制度”衔接

农村低保制度最早出现于 20 世纪 90 年代，开始仅是在一些经济较发达地区进行小规模的探索和试验。2002 年，党的十六大提出，“有条件的地方，探索建立农村养老、医疗保险和最低生活保障制度”；2006 年，党的十六届六中全会提出，“逐步建立农村最低生活保障制度”；2007 年，中央一号文件《中共中央　国务院关于积极发展现代农业扎实推进社会主义新农村建设的若干意见》明确要求，“在全国范围建立农村最低生活保障制度”；2007 年 7 月，国务院发布《关于在全国建立农村最低生活保障制度的通知》，对农村低保的目标任务、原则要求、保障标准、对象范围、操作管理等进行了规范。自此，农村低保成为缓贫、减贫的重要制度安排。但是低保制度与扶贫开发政策在适用对象、标准、程序、管理等方面均有较大区别，扶贫实践中两项制度难以形成效应互补和帮扶合力。为此，民政部、国务院扶贫办等六部门在前期开展试点工作的基础上，于 2016 年制定出台《关于做好农村最低生活保障制度与扶贫开发政策有效衔接的指导意见》，要求各地推进“两项制度”的衔接，这也成为当前扶贫实践中低保兜底脱贫的一个重点工作。

云南是脱贫攻坚的主战场之一，也是兜底脱贫任务最为繁重的省份。截至2015年底，全省仍有农村低保对象455万人，有建档立卡贫困人口471万，分别居全国第一位和第二位。根据《分州市县贫困测量分解结果》，预计到2020年，全省建档立卡贫困人口中仍有151万需要纳入农村低保或特困人员供养范围，实行政策性兜底保障。① 因此，加强“两项制度”的有效衔接对云南按期完成脱贫攻坚任务、与全国同步实现小康尤为重要和紧迫。2016年以来，云南省级层面先后出台《关于做好农村最低生活保障制度与扶贫开发政策有效衔接实施意见的通知》（云政办发〔2016〕127号）、《关于进一步做好农村最低生活保障兜底脱贫工作的通知》（云政办发〔2018〕11号）、《云南省民政工作人员低保经办人员和村（居）民委员会成员亲属享受最低生活保障备案管理暂行办法》（云民社救〔2017〕21号）等政策文件，州（市）、县（区）也结合各自实际纷纷出台相关的实施办法和操作性规定，为落实“两项制度”衔接提供了指导。从当前扶贫实践看，“两项制度”衔接主要体现为对象、政策、标准和管理上的“四个衔接”。

（一）加强对象衔接

农村低保制度和扶贫开发政策指向的对象不完全相同：前者指向家庭年人均收入低于当地最低生活保障标准且家庭财产状况符合县级以上人民政府规定的农村居民，主要是因病、因残、年老体弱、丧失劳动能力以及生存条件恶劣等造成生活常年困难的农村居民；而后者指向家庭年人均纯收入低于国家扶贫标准、有劳动能力或劳动意愿的农村居民，包括有劳动能力和劳动意愿的农村低保对象。在低保对象与扶贫对象的衔接上，云南的基本做法是：通过强化家庭经济状况核查、完善对象识别机制、加强动态管理、按月比对系统数据等措施，精准认定农村低保对象和扶贫对象，

① 《〈云南省人民政府办公厅转发省民政厅等部门关于做好农村最低生活保障制度与扶贫开发政策有效衔接实施意见的通知〉政策解读》，云南省民政厅网站，http://www.ynmz.gov.cn/preview/article/3365.jhtml，最后访问日期：2018年10月16日。

并在此基础上把符合低保条件的建档立卡贫困户纳入低保范围，把符合扶贫条件的低保家庭按程序纳入建档立卡范围，实现低保对象和建档立卡贫困对象双向衔接、动态调整、双向畅通。如大理州在推行“两项制度”衔接后，农村低保对象与扶贫建档立卡贫困户重合率大幅提升，由2015年的14.2%提高至2016年的33.3%。[①] 临沧市2015年建档立卡对象为259349人，与农村低保对象重合80707人，重合率为31.12%；2016年建档立卡对象为201292人，与农村低保对象重合69178人，重合率提高到34.37%。[②] 巧家县2018年有农村低保45038户共55699人，纳入建档立卡贫困人口21405户共30293人，全县低保总人数中建档立卡贫困人口占54.3%。[③] 峨山县创新实行低保积分制管理，对低保认定条件进行数字量化、积分评定，提高了精准施保水平，促进了低保与扶贫开发政策的衔接；截至2018年5月，全县未脱贫建档立卡贫困户590户共1750人中已纳入低保442户共1333人，重合率达到76.17%。[④] 从全省情况看，截至2018年6月，全省共有农村低保对象279.94万人，与建档立卡贫困人口重合141.44万人（其中已脱贫49.17万人，未脱贫92.27万人）[⑤]，较好地实现了“两项制度”的对象衔接。

（二）加强政策衔接

实施“两项制度”衔接后，云南省将各地不同的低保户类型划分为三

① 《以精准救助助力精准扶贫——大理州“两项制度”衔接工作做法及成效》，云南省民政厅网站，http：//www.ynmz.gov.cn/preview/article/3233.jhtml，最后访问日期：2018年10月18日。

② 严兴贵、杨子：《扶贫救助 民政部门责任重》，《云南法制报》2017年5月27日，第5版。

③ 陈红云、高泽萍：《巧家织牢脱贫“兜底保障网”》，《昭通日报》2018年7月18日，第2版。

④ 《峨山县精准低保量化工作成效显著》，云南省民政厅网站，http：//www.ynmz.gov.cn/preview/article/10097.jhtml，最后访问日期：2018年10月18日。

⑤ 《云南省民政厅2018年第二季度例行新闻发布会》，云南省政府门户网站，http：//ynxwfb.yn.gov.cn/html/2018/shengzhibumen_0724/983.html，最后访问日期：2019年2月25日。

类：A 类重点保障户、B 类基本保障户、C 类一般保障户。A 类为完全丧失劳动能力或生活自理能力，家庭生活常年陷入困难的极困家庭；B 类为因年老、残疾、患重特大疾病或长期慢性病等，部分丧失劳动能力或生活自理能力，家庭人均收入低于当地保障标准且家庭财产符合有关规定的比较困难家庭；C 类为其他原因造成家庭人均收入低于当地保障标准且家庭财产符合有关规定的一般困难家庭。在统一分类的基础上，低保重点向 A 类和 B 类对象倾斜，以切实保障其基本生活；C 类对象则以扶贫帮扶和就业扶持为主。同时，对建档立卡贫困户根据致贫原因施以扶贫开发政策、低保救助等支持。如云县实施“两卡”分类管理，将建档立卡贫困户分为蓝卡户、红卡户，蓝卡户即有劳动力、有稳定收入来源的贫困户，红卡户即无劳动力或劳动能力弱、无稳定收入来源的贫困户；对蓝卡户给予基本医疗保险和医疗救助、教育扶持、养老保险、退耕还林补助、劳动力转移技能扶贫、农危改、产业发展循环金、太阳能热水器补助等 15 项扶持政策，对红卡户则在蓝卡户享受的 15 项扶持政策基础上再增加股权或资产收益扶贫、农村最低生活保障两项扶持政策。对于收入水平已超过扶贫标准但仍低于低保标准的，宣布脱贫后继续享受低保政策，做到“脱贫不脱保”；对于通过发展产业、实现就业等方式实现家庭收入超过低保标准的保障对象，通过“救助渐退”增强其就业和发展产业的稳定性。此外，注重加强与医疗救助、临时救助等政策的衔接，对贫困人口参加城乡居民基本医疗保险个人缴费部分给予补贴，对贫困人口突发性、临时性、紧迫性困难问题给予临时救助。

（三）加强标准衔接

现行的国家扶贫标准是农民年人均纯收入 2300 元（2010 年不变价），根据消费价格指数等相关因素变化进行更新调整后，该标准的现价 2015 年为2855 元、2016 年和2017 年为2952 元。农村低保标准为地方标准，在云南是由省政府确定的，但州、市政府可以按照不低于省定标准的原则另行确定本地的低保标准。长期以来，云南各地的低保标准普遍低于国家扶贫标准，因此推行两项制度衔接后，将低保标准提高到国家扶贫标准就成为一项重要的工作。2017年，云南省将农村最低生活平均保障标准提高到3175元/（人·年）[①]；到年底，全省农村低保平均保障标准达到3305元/（人·年），最低的为3175元/（人·年），均高于上年度2952元/（人·年）的国家扶贫标准，城乡低保对象401.5万人，平均保障标准同比分别增长12.3%和18.6%。[②] 2018年，农村低保标准提高到3500元/（人·年），高于国家扶贫标准。[③] 从地州情况看，以昭通市为例，2017年6月全市完成61.23万人农村低保提标工作，保障标准从2016年的2716元提高到3197元，增长17.71%，月人均补助水平从167元提高到175元，增长4.79%，其中：重点保障对象（A类）、基本保障对象（B类）、一般保障对象（C类）在2016年不低于222元、165元、125元的基础上，月人均提高8元。[④] 2017年，该市所辖各县区的农村低保标准也都得到提高，大关、永善、绥江三县从2700元提高到3175元，昭阳区从2694元提高到3175元，鲁甸、巧家、镇雄、彝良四县从2700元提高到3180元，威信县自2700元提高到3252元，盐津县自2700元提高到3240元，水富县自2880元提高到3250元。[⑤]

（四）加强管理衔接

在实践中，管理衔接主要体现为两个方面。一个方面是对农村低保对

---

① 《云南省民政厅关于提高2017年城乡最低生活保障和特困人员救助供养基本生活标准的通知》（云民社救〔2017〕10号），云南省民政厅网站，http://www.ynmz.gov.cn/preview/article/5372.jhtml，最后访问日期：2018年10月18日。

② 《云南省民政厅2017年工作报告》，云南省民政厅网站，http://www.ynmz.gov.cn/preview/article/9820.jhtml，最后访问日期：2018年10月18日。

③ 《云南省民政厅关于提高2018年城乡居民最低生活保障和特困人员救助供养标准的通知》（云民社救〔2018〕24号），云南省民政厅网站，http://www.ynmz.gov.cn/preview/article/10668.jhtml，最后访问日期：2018年10月18日。

④ 《筑牢社会救助体系 助推社会保障“兜底”脱贫》，云南省民政厅网站，http://www.ynmz.gov.cn/preview/article/9382.jhtml，最后访问日期：2018年10月18日。

⑤ 《昭通市农村低保标准稳步提升》，云南省民政厅网站，http://www.ynmz.gov.cn/preview/article/5887.jhtml，最后访问日期：2018年10月18日。

象和建档立卡贫困人口实施动态管理。按照应保尽保、应扶尽扶、应退尽退等原则，通过专项整治以及定期、不定期开展走访调查、复核、复审（低保 A 类一年一核查、B 类半年一核查、C 类一季一核查），动态掌握低保对象、建档立卡贫困家庭人口、收入、财产变化情况，并据此进行纳入或退出管理。如玉溪市从 2016 年起持续开展城乡低保专项治理行动，当年全市退出农村低保 16317 人、新增 4418 人，2017 年上半年退出农村低保 2371 人、新增 527 人。[①] 另一个方面是加强部门间的协作与信息共享。民政部门加大信息技术手段的运用，大力建设“云南省居民家庭经济状况核对平台”，完成 8 个子系统、26 个子模块和 97 个业务功能软件的开发，于 2017 年 3 月在全省铺开使用，实现了民政与公安、工商、住建、人社、扶贫等部门的数据链接共享，低保申请“逢进必核”，提高了认定和审批的精准度。同时，该核对平台与省扶贫办的业务系统建立了数据实时交换核对机制，既可自动对全省建档立卡扶贫对象享受城乡最低生活保障情况进行核对，又可在核对平台出具的核对报告中，自动显示核对对象是否为建档立卡扶贫对象、主要致贫原因、贫困属性及是否脱贫标志等内容。[②] 在实际工作中，普遍建立了民政、扶贫、残联等部门之间的会商交流工作机制，共享低保对象、扶贫对象、残疾人等的相关情况和动态信息，并加强程序对接、完善信息公开机制。例如，要求受理低保（扶贫）申请时，应填写是否属于扶贫对象（低保对象）及残疾人有关信息；张榜公示低保申请对象（扶贫对象）情况时，应标注是否属于扶贫对象（低保对象）；低保对象、扶贫对象和特困人员的名单应在居住地长期公示，接受社会和群众监督。

---

① 《玉溪市民政局聚焦“兜得准、兜得住、兜得牢”织密筑牢基本民生防线和脱贫兜底防线》，云南省民政厅网站，http：//www.ynmz.gov.cn/preview/article/5676.jhtml，最后访问日期：2018 年 10 月 18 日。

② 《云南省民政厅 2018 年第二季度例行新闻发布会》，云南省政府门户网站，http：//ynxwfb.yn.gov.cn/html/2018/shengzhibumen_0724/983.html，最后访问日期：2019 年 2 月 25 日。

二 加大特困人员救助供养力度

特困人员是原城市“三无”人员和农村五保供养对象的统称，是指无劳动能力、无生活来源、无法定赡养抚养扶养义务人或者其法定义务人无履行义务能力的，具有本地户籍的城乡老年人、残疾人以及未满16周岁的未成年人。特困人员是贫困人口中最困难、最脆弱的群体，为其提供制度化的基本生活保障和照料护理服务，既是完善社会救助体系、编密织牢基本民生安全网的重要内容，也是打赢脱贫攻坚战、全面建成小康社会的必然要求。2016年以来，根据《国务院关于进一步健全特困人员救助供养制度的意见》（国发〔2016〕14号），云南省制定出台《云南省人民政府关于进一步健全特困人员救助供养制度的实施意见》（云政发〔2016〕73号）、《云南省民政厅关于贯彻落实〈云南省人民政府关于进一步健全特困人员救助供养制度的实施意见〉的通知》（云民社救〔2016〕20号）、《云南省特困人员认定实施细则》（云民社救〔2017〕18号）等文件，为特困人员救助供养工作的推进提供了强有力的政策保障。

（一）提高特困人员救助供养标准

云南省特困人员数量较多（2017年为15.06万人），多数居住在边远、贫困山区，残疾人占比高，缺乏生活自理能力的失能、半失能老人基数大，因此，对全省特困人员的经费保障提出了更高的要求。尽管财政资金紧张，但云南近年仍大幅提高了特困人员的供养标准。2017年，全省农村分散供养的特困人员基本生活平均标准提高到455元/（人·月），城市特困人员和农村集中供养的特困人员基本生活平均标准提高到540元/（人·月）。[①] 2018年，全省城市特困人员、农村集中供养和分散供养的特困人员

① 《云南省民政厅关于提高2017年城乡最低生活保障和特困人员救助供养基本生活标准的通知》（云民社救〔2017〕10号），云南省民政厅网站，http：//www.ynmz.gov.cn/preview/article/5372.jhtml，最后访问日期：2018年10月18日。

基本生活指导标准统一提高到665元/（人·月）；特困人员照料护理补贴省级指导标准为一档（完全丧失生活自理能力或一级重度残疾的特困人员）70元/（人·月），二档（部分丧失生活自理能力或二级重度残疾的特困人员）40元/（人·月）。[①]

昭通是云南特困供养人员最多的地区，2017年有特困供养人员28755人，占全省150677名特困供养人员的19.08%；2017年，昭通市将城乡集中供养水平由500元提高到540元、农村分散供养水平由410元提高到455元，累计支出资金1.69亿元，并为5708名特困供养人员中的一、二级残疾人发放照料护理费439.80万元。[②] 2017年6月，玉溪市将特困人员集中供养基本生活标准提高到月人均650元，分散供养月人均520元；上半年，全市共有特困供养人员4022人（其中集中供养1047人、分散供养2975人），共发放供养资金1879.05万元，发放特困人员中一、二残疾人照料护理补贴17.3万元。[③] 2017年，丽江有6720名特困人员（集中供养397人、分散供养6323人），集中供养标准提高到每人每月600元，分散供养标准提高到每人每月510元。[④]

（二）加强救助供养管理服务

在精准认定特困人员方面，围绕"应救尽救、应养尽养"的目标，各地普遍结合贫困户建档立卡工作，开展特困人员摸底排查和清理，将原农村五保供养对象、城市"三无"人员以及其他符合条件的困难群众统一纳入救助供养范围。统计特困人员中一、二级重度残疾人和失能、半失能人

① 《云南省民政厅关于提高2018年城乡居民最低生活保障和特困人员救助供养标准的通知》（云民社救〔2018〕24号），云南省民政厅网站，http：//www.ynmz.gov.cn/preview/article/10668.jhtml，最后访问日期：2018年10月18日。

② 《昭通市特殊困难群众关爱保护工作的做法及成效》，云南省民政厅网站，http：//www.ynmz.gov.cn/preview/article/9592.jhtml，最后访问日期：2018年10月18日。

③ 《玉溪市精准救助保障脱贫攻坚做法及建议》，云南省民政厅网站，http：//www.ynmz.gov.cn/preview/article/5710.jhtml，最后访问日期：2018年10月18日。

④ 《丽江市2017年老龄工作汇报材料》，云南省民政厅网站，http：//www.ynmz.gov.cn/preview/article/8494.jhtml，最后访问日期：2018年10月18日。

员的情况，按照“一人一档案”的要求，全面建立特困人员分类管理档案。

在政策衔接方面，特困人员不再纳入低保对象，纳入孤儿基本生活保障范围的不再适用于特困人员救助供养政策，纳入特困人员救助供养范围的残疾人不再享受困难残疾人生活补贴和重度残疾人护理补贴。同时，符合有关条件的特困人员，可同时享受城乡居民基本养老保险、基本医疗保险、高龄津贴等普惠性社会保障待遇；终止救助供养后，符合低保或其他社会救助条件的，则纳入相应救助范围。

在动态管理方面，加强抽查核实。如宾川县于2017年5月分5个小组对全县10个乡镇1089户共1282名特困供养人员进行不少于30%的随机抽查核实，主要核查特困人员的年龄、残疾等级、经济状况、住房情况、家庭收入、生活自理情况、监护人及镇村组的评议、公示等方面的情况，通过抽查核实，取消了对31人的特困救助供养。①

在保障和提升服务方面，结合发展养老服务体系，采取公建民营、民办公助等方式，支持社会力量参与特困人员供养服务机构的建设与运营，推动供养服务机构依法办理法人登记。对供养服务机构运转经费给予补贴，按规定比例配备服务管理人员并保障其薪酬待遇。指导供养服务机构建立健全内部管理、安全管理、服务管理等制度，为特困人员提供日常生活照料、送医治疗等基本救助供养服务，提高供养服务机构管理服务的规范化、标准化、专业化水平，指导加强与医疗机构的协作，进一步满足特困人员的就医需求，建立方便快捷的转诊安排机制。开展养老院、敬老院服务质量建设专项行动，对运营管理、生活服务、健康服务、社会工作服务、安全管理等方面的工作进行检查、整治，督促供养机构提高供养能力和服务质量。

① 《宾川县开展特困人员抽查》，云南省民政厅网站，http：//www. ynmz. gov. cn/preview/article/4506. jhtml，最后访问日期：2018年10月18日。

第二节　社会福利和保险保障

以最低生活保障、特困人员供养制度为核心的社会救助是社会保障兜底的主要形式，除此之外，社会保险、社会福利制度也都具有兜底功能。这些制度中有既特惠又普惠的制度安排，它们既单独运作又相互配合、彼此衔接、综合运用，共同促进贫困人口脱贫并防止新增贫困人口。从云南社会保障兜底扶贫的实践情况看，除重点加强农村低保、特困供养兜底外，还对困境儿童、残疾人、老年人等特殊群体加大了社会福利和保险保障力度，主要体现在以下四个方面。

一　加强困境儿童综合性保障

困境儿童是因家庭经济贫困、自身重病或残疾、缺乏有效监护等，面临生存、发展和安全困境的儿童，主要包括0～18岁的孤儿、感染艾滋病病毒儿童、事实无人抚养儿童、重病儿童、重残儿童、贫困家庭儿童、流浪儿童、家庭监护缺失或监护不当儿童等。作为社会上的弱小、困难群体，困境儿童尤其是孤儿向来是社会福利事业和社会救助工作的重点对象。2016年以来，为进一步确保困境儿童生存、发展、安全权益得到有效保障，云南省制定出台了《云南省人民政府关于加强困境儿童保障工作的实施意见》（云政发〔2016〕103号）、《云南省人民政府关于建立残疾儿童康复救助制度的实施意见》（云政发〔2018〕52号）、《云南省人力资源和社会保障厅关于做好困境儿童基本医疗保险服务的通知》（云人社政发〔2017〕71号）等文件，提出了困境儿童分类保障的明确要求和系统性的政策措施。

各地各有关部门积极贯彻落实上述文件精神，统筹各方资源，加大资金投入力度，完善工作机制，综合运用社会救助、社会福利和安全保障等政策措施，分类施策，精准帮扶，推动全省困境儿童工作取得了新成效。

一是将困境儿童基本生活保障范围由孤儿扩大到事实无人抚养儿童和感染艾滋病病毒儿童，保障标准实行一年一调。二是加强对残疾儿童的救助，落实康复救助手术费最高补助2万元、康复训练费每人每月2000元等标准，落实困难残疾儿童生活补贴和重度残疾儿童护理补贴。三是加强困境儿童医疗保障，政府对困境儿童参加医保区别情况给予全额资助、定额资助或补贴个人缴费部分，并适当提高困境儿童医疗保险待遇水平。据统计，截至2018年4月，全省22697名散居孤儿、感染艾滋病病毒儿童和事实无人抚养儿童基本生活补助标准达到每人每月1069.41元；集中供养儿童基本生活补助标准达到每人每月1769元；建成并投入使用的儿童福利机构共36个，集中供养1900名孤残儿童；先后投入建设两个婴儿安全岛、两个脑瘫儿童康复训练基地、26个受艾滋病影响儿童救助安置指导中心（站），可对弃婴、残障儿童、受艾滋病影响儿童开展救助安置、康复医疗及转介服务等工作。[①] 从地州情况看，以保山市为例，全市2017年有集中供养孤儿13人、社会散居孤儿823人，分别按每人每月1769元、1069.41元的标准足额配套和按时发放了基本生活费1083.7万元。截至2017年12月底，全市建设了市级及施甸县、腾冲市、龙陵县儿童福利院，共建设床位390张，创建儿童之家120所；对生活困难的残疾儿童按50元/（人·月）发放生活补贴，对一级、二级残疾儿童分别按70元/（人·月）、40元/（人·月）发放护理补贴；将困境儿童纳入建档立卡贫困人口管理，享受基本医疗保险、大病保险、医疗救助、医疗费用兜底保障机制“四重保障”，组织实施了“明天计划”“重生行动”“疝气康复手术”等项目。[②]

二 全面落实残疾人“两项补贴”制度

由于残疾影响、受教育程度偏低、缺乏技能、机会不均、扶贫资金投

---

① 《云南省儿童保护工作取得新成效》，民政部网站，http：//www.mca.gov.cn/article/xw/dfdt/201806/20180600009460.shtml，最后访问日期：2018年10月24日。

② 《保山市人民政府督查室关于困境儿童保障工作开展情况的通报》，保山市人民政府网站，http：//www.baoshan.gov.cn/info/egovinfo/1001/zw_ nry/01525502 - 2 - 17_ C/2018 - 0205001.htm，最后访问日期：2018年10月25日。

入不足等原因，残疾人一直是贫困人口中贫困程度深、扶持难度大、返贫率高、所占比例较大的特困群体，是农村扶贫工作的重点人群。残疾人福利补贴制度能够在一定程度上缓解残疾人贫困，从而能够与低保等制度合力实现兜底脱贫。2016 年，根据《国务院关于全面建立困难残疾人生活补贴和重度残疾人护理补贴制度的意见》（国发〔2015〕52 号），云南省人民政府制定出台相应的实施办法，建立起了困难残疾人生活补贴和重度残疾人护理补贴（简称“两项补贴”）制度，明确规定：低保家庭中的残疾人，按每人每月 50 元发放生活补贴；一级、二级且需要长期照护的重度残疾人，按一级每人每月 70 元、二级每人每月 40 元发放护理补贴。

从目前情况看，多数地方按照上述标准，较好地落实了“两项补贴”。如文山州 2017 年享受残疾人“两项补贴”人数为 57755 人，发放补贴 3501.063 万元。其中，文山州为 38050 人发放生活补贴，发放资金 2217.656 万元；为 19705 人发放护理补贴，发放资金 1283.407 万元。① 昭通也执行省定标准，2017 年全市共发放残疾人“两项补贴”5644.31 万元，其中，为 6.62 万人发放残疾人生活补贴 4127.57 万元，为 2.59 万人发放重度残疾人护理补贴 1516.74 万元。② 有的地方扩大了适用的对象范围，如楚雄州还按每人每月 40 元向三、四级精神残疾人发放护理补贴，截至 2016 年底，全州共为 52611 名城乡残疾人发放“两项补贴”9853730 元，其中，为 25315 人发放困难残疾人生活补贴，补贴资金 5332150 元；为 27296 人（含三、四级精神残疾人）发放重度残疾人护理补贴，补贴资金 4521580 元。③

三　加强老年人福利保障

我国已步入老龄社会，加强老年人福利保障对于防止老年人生活陷入

① 《文山州为 5 万余名残疾人发放两项补贴》，云南省民政厅网站，http://www.ynmz.gov.cn/preview/article/8428.jhtml，最后访问日期：2018 年 10 月 24 日。

② 《昭通市特殊困难群众关爱保护工作的做法及成效》，云南省民政厅网站，http://www.ynmz.gov.cn/preview/article/9592.jhtml，最后访问日期：2018 年 10 月 18 日。

③ 《楚雄州向困难和重度残疾人发放两项补贴 980 余万》，楚雄州人民政府政务服务网，http://www.cxzwfw.gov.cn/info/1147/6501.htm，最后访问日期：2018 年 10 月 24 日。

困顿，增强其获得感、幸福感、安全感具有十分重要的意义。老年人福利保障的范围较为宽泛，但从缓贫、减贫的视角看，关联较为紧密的是高龄补助制度和养老服务保障制度。

高龄补助兼有社会救助和社会福利性质，对于保障和改善老年人的生活具有补充性作用。云南省人民政府 2008 年第十四次常务会议决定，从 2009 年 1 月起，全省对 100 周岁以上老年人发放长寿补助，对 80 周岁以上不满 100 周岁的老年人发放保健补助，补助标准省级不做统一规定，由各地根据相关政策结合当地财力自行确定。[①] 各地根据上述要求，普遍建立了普惠性高龄补助制度。如临沧市规定：年满 80～99 周岁的，每人每月发放 50 元、每人每年发放 600 元保健补助；年满 100 周岁及以上的，每人每月发放 500 元、每人每年发放 6000 元长寿补助。[②] 有的州市还进一步扩大了发放范围，如丽江市从 2013 年起，对全市 60 周岁以上老年人发放老年补助，具体标准为：60～79 周岁月人均发放 30 元，80～99 周岁月人均发放 50 元，100 周岁月人均发放 300 元，补助资金由市、县（区）财政各承担 50%。2017 年，该市给 183133 位老年人发放老年补助共计 6593 万元。自 2018 年 1 月 1 日开始，该市将百岁老人长寿补助标准提高至 500 元/（人・月），同时鼓励有条件的县（区）在此基础上视财力情况提高补助标准，目前古城区、玉龙县已将百岁老人补助提高到 13600 元/（人・年）。[③] 据云南省民政厅统计，全省 2013 年至 2017 年 9 月，投入资金 23 亿多元，分别按照 80～99 周岁老年人平均 55 元/（人・月），百岁老人平均 398 元/（人・月）的标准全面发放高龄补贴，惠及 80 多万老年人口。[④]

---

① 参见《云南省民政厅、云南省财政厅关于认真做好 80 周岁以上老年人保健补助和百岁老年人长寿补助发放工作的通知》（云民办〔2009〕12 号）。

② 《临沧市进一步规范高龄老人保健补助发放管理》，云南省民政厅网站，http://www.ynmz.gov.cn/preview/article/8163.jhtml，最后访问日期：2018 年 10 月 24 日。

③ 《丽江市 2017 年老龄工作汇报材料》，云南省民政厅网站，http://www.ynmz.gov.cn/preview/article/8494.jhtml，最后访问日期：2018 年 10 月 18 日。

④ 《云南省民政厅 2017 年第三季度例行新闻发布会》，云南省政府门户网站，http://ynxwfb.yn.gov.cn/html/2017/shengzhibumen_1020/502_2.html，最后访问日期：2019 年 2 月 25 日。

养老服务机构是落实养老服务保障制度的载体，从社会需求尤其是云南特困人员中缺乏生活自理能力的失能、半失能老人基数较大的实际情况看，迫切需要加强养老服务机构的建设。为此，云南进一步加大了这方面工作的力度。2016 年，中央、省级投入 4.98 亿元，资助云南各地建设 20 个城市公办养老机构、80 个农村敬老院、300 个城乡社区日间照料中心，新增床位 1.6 万张，每千名老人拥有养老床位 25.5 张，较 2015 年底增加 2.5 张。同时，省级投入补助资金 4600 万元，鼓励支持社会力量兴办养老服务机构。[①] 2017 年，云南采用 PPP 模式带动全省社会资金 15.11 亿元参与发展养老服务，社会力量兴办养老机构，新增养老床位 7220 张，引入社会资金 2600 余万元建设的省级老年公寓正式运营；下拨 4.79 亿元补助资金，加快推进新增 1.15 万张养老床位任务落实，扩大有效供给，每千名老年人拥有养老床位达 28 张，同比增长 9.8%。[②] 从云南各州市的情况看，也大都结合养老服务体系建设，加大了养老服务机构的建设力度。如临沧市 2017 年共有建成投入使用、建成未投入使用和在建的养老机构 168 个、养老床位合计 9330 张（其中城市公办养老机构 13 个、养老床位 2360 张，民办养老机构两个、养老床位 80 张，居家养老服务中心 89 个、养老床位 1160 张，农村敬老院 64 个、养老床位 5730 张），全市平均每千名老人拥有床位数达到 28 张。[③] 玉溪市 2017 年改扩建 5 所敬老院，建成 20 个居家养老服务中心、70 个农村幸福院任务圆满完成，为所有敬老院共匹配了运转经费 408 万元，供养服务机构托底保障能力得到很大提升。[④] 截至 2017 年，丽江市共建成并投入运营的养老机构共 13 家，其中养老院（社会福利机构）5 家，农村敬老院 8 家；全市共获得批复建设居家养老服务中心

① 《云南省民政厅 2016 年工作报告》，云南省民政厅网站，http://www.ynmz.gov.cn/preview/article/4912.jhtml，最后访问日期：2018 年 10 月 18 日。

② 《云南省民政厅 2017 年工作报告》，云南省民政厅网站，http://www.ynmz.gov.cn/preview/article/9820.jhtml，最后访问日期：2018 年 10 月 18 日。

③ 《临沧市每千名老人拥有 28 张床位》，云南省民政厅网站，http://www.ynmz.gov.cn/preview/article/8165.jhtml，最后访问日期：2018 年 10 月 18 日。

④ 《玉溪市民政局社会救助兜底保障助推脱贫攻坚》，云南省民政厅网站，http://www.ynmz.gov.cn/preview/article/4924.jhtml，最后访问日期：2018 年 10 月 18 日。

（含农村互助养老服务站）项目91个，已建成45个，2017年新增项目22个，新增床位146张，服务老年群众5万余人。①

四 加大资助困难群体参加社会保险力度

社会保险是一种普惠性的保障制度安排，包括基本养老保险、基本医疗保险、工伤保险、失业保险、生育保险。它在助力参保贫困人口精准脱贫的同时，能够在一定程度上避免参保人口因年老、疾病、工伤、失业等陷入贫困，因而推动困难群体参加社会保险成为扶贫的一项重点工作。在以上五险中，基本养老保险和医疗保险均须个人缴纳、承担部分费用。而贫困群体本身收入就比较低，个人缴费部分因而成为参保的一大障碍。为此，云南省出台特殊政策，对贫困群体参保个人缴费部分给予全额资助、定额资助或部分补贴。在参加城乡居民基本养老保险方面，主要是：对建档立卡贫困人口、低保对象、特困人员等困难群体，地方政府为其代缴最低标准基本养老保险费（每年100元）的部分或全部；对重度残疾人，自2014年起省财政厅按照200元缴费档次标准逐年全额代缴养老保险费。在参加城乡居民基本医疗保险方面，主要是：对建档立卡贫困人口、特困人员（即城市三无人员和农村五保对象）、农村重点优抚对象（纳入农村低保、特困人员救助供养范围内以及居住在边境一线行政村人员）实行全额资助；对城乡低保对象，丧失劳动能力的一、二级重度残疾人，低收入家庭60周岁以上的贫困老年人，25个边境县（市）以行政村为单位的边境一线农村居民，以及经批准的迪庆州除农村低保对象和特困人员外的农村居民，按照每人每年70元标准定额资助参保。此外，云南还将基本医疗保险与医疗救助结合起来，所有建档立卡贫困人口全部纳入医疗救助范围，取消建档立卡贫困人口医疗救助起付线，年度累计救助封顶线不低于10万元，符合转诊、转院、规范住院情况的医疗费用，政策范围内经基本医

① 《丽江市2017年老龄工作汇报材料》，云南省民政厅网站，http://www.ynmz.gov.cn/preview/article/8494.jhtml，最后访问日期：2018年10月18日。

保、大病保险报销后达不到90%的，通过医疗救助报销到90%。①

随着上述这些特殊政策的落实，贫困人口参加基本养老保险、医疗保险的比例大幅提高。截至2017年底，云南省各级政府为752万贫困人员全额代缴了医疗保险费，为198万贫困人员（未脱贫人员121万人）代缴了养老保险费1.91亿元（个别县按50%进行代缴）；全面完成了符合条件建档立卡贫困人员100%参加城乡居民基本养老保险、100%参加基本医保和大病保险“两个百分之百”的目标。②

第三节　健康扶贫综合性医疗保障

健康扶贫是专门针对因病致贫、因病返贫问题所采取的重要举措，其核心在于综合运用医疗保险、医疗救助、政府兜底等方式强化对贫困人口的医疗兜底保障。近年来，云南将健康扶贫作为脱贫攻坚的一个主攻方向，不断完善政策措施并加大落实力度，健康扶贫工作取得阶段性进展和成效。

一　健康扶贫的政策措施

（一）健康扶贫政策体系的形成

因病致贫、因病返贫是我国农村人口贫困的主要原因之一。据统计，2013年全国因病致贫、因病返贫贫困户占建档立卡贫困户的比例为

① 参见《云南省城乡居民基本养老保险实施办法》（云政发〔2014〕20号）、《关于切实做好社会保险扶贫工作的实施意见》（云人社发〔2017〕133号）、《关于统一城乡居民基本医疗保险覆盖范围和筹资标准有关问题的通知》（云人社发〔2016〕248号）、《云南省人民政府办公厅关于印发云南省健康扶贫30条措施的通知》（云政办发〔2017〕102号）、《关于进一步加强医疗救助与城乡居民大病保险有效衔接的实施意见》（云民社救〔2017〕12号）等文件。

② 孙斌：《云南：吹响脱贫攻坚“冲锋号”》，《中国社会保障》2018年第6期。

42.2%，而到了2015年底，这一比例不降反升，达到44.1%，涉及近2000万人。[①] 防止因病致贫、因病返贫成为现阶段我国脱贫攻坚工作的一个主攻方向。2015年11月29日，中共中央、国务院印发《关于打赢脱贫攻坚战的决定》，明确提出要开展医疗保险和医疗救助脱贫，实施健康扶贫工程，保障农村贫困人口享有基本医疗卫生服务，努力防止因病致贫、因病返贫。随后，国家有关部委先后印发《关于实施健康扶贫工程的指导意见》（国卫财务发〔2016〕26号）、《农村贫困人口大病专项救治工作方案》（国卫办医函〔2017〕154号）、《农村贫困住院患者县域内“先诊疗，后付费”工作方案》（国卫办医函〔2017〕186号）、《健康扶贫工程“三个一批”行动计划》（国卫财务发〔2017〕19号）等文件，对健康扶贫工作做出具体部署安排。

由于受自然、历史、经济社会发展等因素的制约和影响，云南贫困地区医疗卫生事业发展长期滞后，医疗卫生服务能力明显不足，群众健康水平亟待提升，因病致贫、因病返贫问题一直比较突出。[②] 为贯彻落实中央、国家有关部委的要求，切实解决因病致贫、因病返贫问题，云南省人民政府及相关部门先后制定出台《云南省健康扶贫行动计划（2016—2020年）》（云卫规财发〔2016〕18号）、《云南省医疗保险健康扶贫工作方案》（云人社发〔2017〕106号）、《关于进一步加强医疗救助与城乡居民大病保险有效衔接的实施意见》（云民社救〔2017〕12号）、《云南省健康扶贫30条措施》、《关于贯彻落实云南省健康扶贫30条措施切实做好医疗救助

---

① 《〈健康扶贫工程“三个一批”行动计划〉解读》，国家健康委员会网站，http://www.nhc.gov.cn/caiwusi/s3578c/201704/76fb599e9b91427e891396edd5bb6ea8.shtml，最后访问日期：2019年2月26日。

② 2018年9月21日上午，云南省副省长李玛琳在十三届人大常委会第五次会议上对云南省健康扶贫工作开展情况进行专题询问时介绍：云南建档立卡贫困人口754.4万人，其中未脱贫332.1万人，目前仍有20.5万户79.3万人因病致贫、返贫，因病致贫、返贫率为23.88%，患病是主要致贫原因之一。同时，云南省是全国需救治人员规模超过50万人的5个省区之一，是全国健康扶贫人群数量最多、任务最艰巨、脱贫难度最大的主战场之一。参见程浩《如何让健康扶贫不流于形式 副省长和厅长们这样说》，人民网，http://yn.people.com.cn/GB/n2/2018/0922/c378439-32087134.html，最后访问日期：2019年4月11日。

工作的实施意见》（云民社救〔2017〕17号）等文件，形成了较为完善的健康扶贫政策体系。这其中，作为核心的《云南省健康扶贫30条措施》（简称《健康扶贫30条》）充分体现了聚集、整合各级各部门政策、资金、项目、人才资源向贫困地区和建档立卡贫困人口倾斜的思路，具有综合性好、含金量高、可操作性强的特点，对指导推动各地开展健康扶贫工作，有效防止因病致贫、因病返贫起到了重要作用。

（二）健康扶贫政策的总体框架

云南围绕解决农村建档立卡贫困人口看得起病、方便看病、看得好病、尽量少生病问题，形成了四个方面的健康扶贫政策措施。

在看得起病方面，省级提出建立贫困人口医疗“四重保障”机制，即基本医保—大病保险—医疗救助—政府兜底。一些地方还在“四重保障”外，增加了商业医疗保险保障。如玉溪市由市级财政全额出资为建档立卡贫困人口按照每人40元的标准，购买人身意外身故、人身疾病身故、大病救助医疗补充费用保险。该补充保险经城乡居民基本医疗保险、大病补充保险报销后，剩余个人自付部分政策范围超过起付线500元的由保险工伤按100%比例赔付，最高救助补充封顶线为5万元。此外，就实施“三个一批”（大病集中专项救治一批、重病兜底保障一批、慢性病签约服务管理一批）、“光明扶贫工程”等做出规定。

在方便看病方面，提出实行县域内先诊疗后付费和定点医疗机构“一站式”即时结报。建档立卡贫困人口在县域内定点医疗机构住院时，无须缴纳住院押金，直接住院治疗；确有困难，出院时无法一次性结清自付费用的贫困患者可与医疗机构签订先诊疗后付费延期（分期）还款协议，办理出院手续。在出院结算医疗费用时，定点医疗机构实行“一站式”即时结报，贫困患者只需要缴清个人自付费用。同时，还明确了建档立卡贫困人口家庭医生签约服务100%覆盖、65岁以上建档立卡贫困人口每年免费开展1次健康体检等政策。

在看得好病方面，主要从提升医疗服务能力角度，提出实施“三个一”工程（贫困县至少有1所县级公立医院达到二级医院标准、每个乡镇有1所标准化乡镇卫生院、每个行政村有1所标准化村卫生室）。同时，对加强基层卫生人才队伍建设、推动优秀人才向基层流动等出台倾斜性鼓励政策。

在尽量少生病方面，针对贫困县疾控中心、妇幼保健机构建设薄弱，传染病、地方病、艾滋病多发，妇女和儿童健康水平低于全省平均水平的现状，提出了要加大贫困县重点疾病防控，实行“一病一策”管理，加强疾控中心实验室、妇幼保健机构建设，实施妇幼卫生项目，加强农村中小学保健室建设，大力开展城乡环境卫生整治，加强农村饮用水监测等具体措施。

（三）健康扶贫政策对贫困人口医疗保障的倾斜

健康扶贫主要针对贫困地区和建档立卡贫困人口实行政策性倾斜，而对贫困人口医疗保障给予特殊优惠照顾是其重要内容，大致体现在以下方面。

在第一重保障（基本医保）方面，对建档立卡贫困人口实行“一补二免三提四要”。“一补”即建档立卡贫困人口免费参加基本医保，其个人缴费部分由政府代为承担（财政全额补贴）。“二免”即免除建档立卡贫困人口在基层门诊就诊所需承担的一般诊疗费个人自付部分，由基本医保全额支付；免除建档立卡贫困人口在乡镇卫生院住院医保报销的“门槛费”（即住院报销起付线，其他城乡居民一般为每次300元）。“三提”即普通门诊基本医保年度最高报销额度比其他城乡居民提高5个百分点；高血压Ⅱ—Ⅲ期、糖尿病等28种疾病门诊政策范围内医疗费用报销比例比其他城乡居民提高10—20个百分点，达到80%，其中重性精神病和终末期肾病门诊报销比例为90%；政策范围内住院费用报销比例比其他城乡居民提高5～20个百分点。“四要”即一是要从2017年起进一步扩大基本医保用药和诊疗项目报销范围，医保政策范围内报销药品达到2888种、诊疗项目达到5003项；二是要将治疗恶性肿瘤的高值靶向药和中药，治疗高磷血症的口服药等 36 种国家谈判药品纳入医保报销范围；三是要将康复综合评定、吞咽功能障碍检查、手功能评定等 20 项新增残疾人康复项目纳入医保报销范围；四是要做到县域内住院实际报销比例不低于 70%，对符合转诊转院规范、到县域外住院的，单人单次住院政策范围内报销比例不低于 70%。

在第二重保障（大病保险）方面，对建档立卡贫困人口实行“一降二提一扩大”。“一降”即起付线降低 50%，“二提”即年度报销限额（封顶线）提高 50%、政策范围内费用报销比例提高到 70%（比其他城乡居民高 10～20 个百分点），“一扩大”即保障范围扩大到罹患癌症、肉瘤、淋巴瘤等 25 种疾病的建档立卡贫困人口门诊医疗费用。

在第三重保障（医疗救助）方面，取消建档立卡贫困人口医疗救助起付线，年度累计救助封顶线不低于 10 万元；建档立卡贫困人口符合转诊转院规范住院发生的医疗费用，政策范围内经基本医保、大病保险报销后达不到 90% 的，通过医疗救助报销到 90%。

在第四重保障（政府兜底）方面，对建档立卡贫困人口通过基本医保、大病保险、医疗救助报销后，符合转诊转院规范住院治疗费用实际补偿比例达不到 90% 和个人年度支付符合转诊转院规范住院的医疗费用仍然超过当地农村居民人均可支配收入的部分，由县级政府统筹资金进行兜底保障。

“四重保障”在政策设计上向建档立卡贫困人口倾斜，对于遏制因病致贫、因病返贫的实践起到了积极作用。玉叫（化名）是一名 50 岁的布朗族妇女，生活在勐海县布朗山乡，一家七口是典型的因病致贫建档立卡贫困户。2016 年，她被确诊为直肠恶性肿瘤（同时患有肾结石），生病后花光了家里的积蓄，不断增加的医疗费用像个无底洞，加上家里没有固定经济来源，她一直没有进行规范治疗，随着年龄增长，病情不断加重，整个家庭也因此陷入了困境。2017 年 9 月，《健康扶贫 30 条》政策出台让原本一片茫然的家庭看到了希望。“四重保障”政策的实施，解除了她看病负担重的后顾之忧。2017 年 12 月，玉叫到西双版纳农垦医院进行手术治疗，先后共住院治疗6次，医疗总费用84929.8元，“四重保障”报销76436.82元（其中医保报销51598.98元，大病报销16242.33元，民政救助4621.58元，政府兜底保障补助3973.93元），个人支付医疗费用8492.98元，个人支付比例占10%。在医护人员的治疗和护理下，玉叫已康复出院并恢复了生产生活能力。玉叫是健康扶贫“四重保障”政策众多受益人之一，也是健康扶贫工作成效的一个缩影。

二 推动落实健康扶贫工作的主要做法和措施

一分部署，九分落实。健康扶贫的政策规定已经比较完善、要求也比较明确，关键在落实。从实践情况看，各地主要采取以下措施推动落实健康扶贫工作。

（一）强化组织领导

健康扶贫工作开展以来尤其是《健康扶贫30条》下发后，各级人民政府高度重视，大力加强组织领导，形成以上率下、高位推动抓落实的良好局面。一是成立各级健康扶贫领导小组及其办公室。省级层面成立了由分管副省长任组长，卫生计生、扶贫、人力资源社会保障、民政、财政、残联等部门领导为成员的健康扶贫领导小组，领导小组下设办公室在省卫生计生委[①]；州市、县级人民政府也都参照省级做法，成立了领导小组和办公室。领导小组定期或不定期组织召开健康扶贫工作专题会议及健康扶贫领导小组会议，对健康扶贫工作进行全面安排部署。二是细化工作方案、政策措施。各地普遍结合本地实际，纷纷出台贯彻落实《健康扶贫30条》的实施意见、实施办法、工作方案。如勐海县制定出台了《勐海县贯彻落实云南省健康扶贫30条措施实施方案》《勐海县健康扶贫实施方案》《勐海县农村贫困人口大病专项救治工作方案》等12项配套文件，为有效贯彻和落

① 参见《云南省人民政府办公厅关于成立云南省健康扶贫领导小组的通知》（云政办函〔2017〕104号）。

实健康扶贫工作提供了强有力的支撑。三是明确任务分工、压实责任。各地普遍将年度健康扶贫重点工作及任务、目标分解细化到县级各部门、各乡镇，明确牵头单位、责任单位和完成时限，并层层签订责任书（状）。

（二）强化资金投入

健康扶贫对各级政府财政资金的投入有很大的需求，比如在落实“四重保障”方面，财政全额补贴建档立卡贫困人口参加基本医保个人缴费部分（省级财政和州市财政对未脱贫、已脱贫建档立卡贫困人口分别按照6∶4和4∶6的比例承担）；医疗救助费用（省级财政按照建档立卡贫困人口年人均10元的标准给予补助）；政府兜底资金（省级财政按照建档立卡贫困人口年人均60元的标准给予补助），仅此项经初步统计，2017年各级政府筹集兜底保障资金5.86亿元，其中省级财政补助资金4.5亿元①；免除建档立卡贫困人口家庭医生签约服务个人缴费部分（省级财政和州市财政对未脱贫、已脱贫建档立卡贫困人口分别按照6∶4和4∶6的比例承担）。以普洱市为例，2017年该市市级财政下达各类补助配套资金5636.26万元，其中：参保补助资金1573.19万元，建档立卡贫困人口兜底保障资金和医疗救助资金585.09万元，家庭医生签约服务补助100.58万元，医保资金列支基本医保及大病保险倾斜政策3081.4万元，健康扶贫工作经费196万元，“一站式”服务平台建设经费100万元。②

（三）强化部门协作

各级卫生计生、扶贫、民政、人力资源社会保障、财政等部门加强协调配合，定期或不定期召开健康扶贫工作联席会、协调会、推进会，基本

---

① 《云南省财政厅加大投入 打出健康扶贫“组合拳”》，财政部网站，http://www.mof.gov.cn/xinwenlianbo/yunnancaizhengxinxilianbo/201801/t20180125_2800115.htm，最后访问日期：2019年2月27日。

② 《普洱市精准推进健康扶贫工作》，云南省卫生健康委员会网站，http://www.pbh.yn.gov.cn/wjwWebsite/web/doc/UU151548832203841573，最后访问日期：2019年2月27日。

形成上下联动、左右衔接、齐抓共管、合力推进健康扶贫的工作格局。一是建立联席会、推进会、专题会、汇报会等会议制度，及时研究和协调解决在工作落实中出现的各项问题。二是提升健康扶贫工作信息化水平，加强部门之间信息共享，做到卫生计生、民政、人力资源社会保障、扶贫等相关部门数据信息实时共享、互联互通、相互支持、密切配合，确保健康扶贫系统管理数据吻合。三是卫生计生部门发挥牵头职责，主动作为，包保联系指导县（区）开展工作。如洱源县卫计系统组建健康扶贫医疗队 10 支，县卫计局实行“局领导 + 股室 + 县级医疗卫生单位医疗队 + 镇乡”挂钩联系制度，调动全系统的力量切实抓好健康扶贫工作。

（四）强化督导考核

在省级层面，健康扶贫纳入省人民政府对各州市的目标考核和卫计系统的工作考核中，省健康扶贫领导小组制定出台《云南省健康扶贫工作考核办法》（云健扶发〔2017〕1 号），明确了 9 个方面 28 项考核的具体指标；建立健康扶贫工作督导机制，督促指导各州市加快推进健康扶贫工作。各地也普遍建立了督导、考核、问责机制，力求以此方式跟踪问效督促工作落实。如普洱市制定印发了《普洱市健康扶贫检查督导办法》《普洱市健康扶贫考核办法》《普洱市健康扶贫问责办法》等文件，强化刚性约束，形成对照政策抓落实、对照任务抓进度、对照问题抓整改的工作格局；加强各部门联合督导，深入各县、乡、村开展专题督导调研和驻点督导，现场反馈在督查中发现的问题，形成书面反馈意见并及时指导解决。①玉溪市制定下发《玉溪市卫生计生委关于建立委领导联系县区健康扶贫工作制度的通知》，实行委领导分别联系 1 ~2 个县区，成立 9 个督导组，每月每个督导组到各县区对健康扶贫工作定期开展一次督导工作，推动健康扶贫工作任务落实见效。

---

① 张瑜、石凯文：《普洱市健康扶贫工作现状与思考》，《普洱日报》2018 年 7 月 11 日，第 7 版。

（五）强化政策宣传

为使基层干部、医务人员、贫困户等广泛、充分了解健康扶贫相关政策，各地采取多种渠道和方式加大健康扶贫宣传力度。如普洱市充分利用节假日开展义诊、宣传等活动；结合少数民族聚居的特点，将政策翻译成傣语、佤语、拉祜族语等少数民族语言在村寨播放；利用顺口溜、小品、舞蹈等形式深入基层开展宣传；制作、发放形象生动的健康扶贫工作手册、宣传单、口袋书、健康服务证、明白卡折页、日历、纸杯等入户宣传品，做到入户就能见到健康扶贫宣传品。此外，还针对扶贫干部和工作人员开展健康扶贫政策培训、知识测试。[①] 西双版纳州的乡镇卫生院、村卫生室对辖区建档立卡贫困人口分片包干，定期对分管片区人员进行政策、健康知识宣传、教育，提升群众知晓率和满意度；各级医疗机构在输液大厅、候诊大厅等人员密集场所，循环播放健康扶贫政策视频或幻灯片，在醒目位置设置通俗易懂、简明扼要的政策宣传栏；在行政村内广泛张贴健康扶贫政策宣传海报、绘制板报等。

三　健康扶贫工作的进展与成效

近年来，云南高度重视健康扶贫工作，把健康扶贫作为脱贫攻坚的关键性战役来抓，紧紧围绕“四重保障”、“九个确保”工作目标以及“三个一批”行动、“三个一”工程等重要指标，聚焦让贫困群众“看得起病、方便看病、看得好病、尽量少生病”的重点任务，加大财政资金投入力度，强化政策和责任落实，推动健康扶贫工作取得阶段性的进展和成效。

（一）云南省总体情况

2017 年，全省建档立卡贫困人口（含历史脱贫人口）实现了 100% 参

① 张瑜、石凯文：《普洱市健康扶贫工作现状与思考》，《普洱日报》2018 年 7 月 11 日，第 7 版。

加基本医保和大病保险，全部纳入了医疗救助和政府兜底保障范围（全国健康扶贫动态管理系统显示，实际报销比例已达到90.26%，人均自付费用657.61元）；全省9类15种大病集中专项救治实现了所有贫困县区全覆盖，实际救治61100人；组建家庭医生团队15075个，实现对全省建档立卡贫困人口签约服务全覆盖；全省县级综合医院全部达到二级以上医疗机构标准，乡镇卫生院、村卫生室建设达标率分别达到98.14%和98.52%，县域内就诊率提高到83%。2017年，全省核实核准因病致贫、返贫28.8万户共111.6万人，通过健康扶贫实现脱贫4.3万户共17.6万人。① 2018年1月29日至30日，全国卫生计生财务工作会议在北京召开，云南是唯一一个在大会上就健康扶贫典型经验进行工作交流的省份，充分体现了国家卫生计生委对云南健康扶贫工作的肯定。

2018年，全省建档立卡贫困人口全部纳入“四重保障”范围，符合转诊转院规范住院医疗费用实际报销比例达到90.81%，个人自付比例下降到9.19%、人均自付费用692.77元，全年实现因病致贫、返贫人口减少7.2万户共28.5万人。大病专项救治覆盖所有贫困县（市、区），救治29种大病共91704人，救治进度为97.86%；为12603人次建档立卡白内障患者实施复明手术；慢病签约服务管理覆盖所有建档立卡贫困人口；对高血压、糖尿病、严重精神障碍和肺结核患者的管理率均在92%以上。16个州市129个县（市、区）针对建档立卡贫困人口全面实施“先诊疗后付费”和“一站式、一单式”即时结报，便民惠民措施得到有效落实。全省乡镇卫生院建设达标率提高到99.6%，行政村卫生室建设实现全面达标，县域内就诊率提高至89.48%；88个贫困县传染病发病率低于全国平均水平，孕产妇死亡率、婴儿死亡率接近全省平均水平。②

---

① 《云南：建立健全责任机制和政策体系 全面提升健康扶贫工作水平》，云南省卫生健康委员会网站，http://www.pbh.yn.gov.cn/wjwWebsite/web/doc/UU151728426181762565，最后访问日期：2019年2月26日。

② 《2018年云南省因病致贫返贫人口减少7.2万户、28.5万人》，云南省卫生健康委员会网站，http://www.pbh.yn.gov.cn/wjwWebsite/web/doc/UU154840632329940296，最后访问日期：2019年2月26日。

（二）云南省部分州市情况

德宏州全面建立“四重保障”机制，2017 年全州 145511 名建档立卡贫困人口 100% 参加了基本医疗保险和大病医疗保险、全部被纳入特大疾病医疗救助和医疗费用兜底保障范围，建档立卡贫困人口住院实际报销比例达到 93.12%；全州建档立卡贫困人口住院治疗 26590 人次，住院费用 11788.24 万元，基本医保报销 9695.74 万元、大病保险理赔 280.9 万元、医疗救助 742.78 万元、政府兜底 257.9 万元，患者自付 810.91 万元，患者自付比例仅为 6.88%。“三个一批”行动计划得到有效落实，全州各县市对建档立卡贫困人口开展疾病筛查，共筛查出 15471 人需要救治，已救治 15109 人，救治率为 97.66%；大病集中救治 5547 人，其中 9 类 15 种大病集中救治 1091 人，救治率为 100%；慢病签约管理 9193 人，其中高血压、糖尿病、严重精神障碍、肺结核等患者规范管理率均达到省级要求；重病兜底保障 1261 人，救治率为 98.8%。“三个一”工程达到脱贫摘帽验收标准，各县市人民医院已达到“二级甲等”标准，48 个乡镇卫生院、278 个村卫生室均达到脱贫摘帽验收标准。便民惠民措施全面落实，全州 91 个医疗机构为农村建档立卡贫困患者开通就医“绿色通道”，落实“先诊疗，后付费”“一站式”即时结报工作。通过落实对建档立卡贫困人口的健康扶贫政策，全州因病致贫返贫人口从 2017 年 9 月的 3947 户共 15513 人，减少至 12 月的 3568 户共 11048 人，分别减少 9.60%、28.78%。①

2017 年，普洱市实现全市建档立卡贫困人口基本医保、大病保险、医疗救助、兜底保障、家庭医生签约服务“五个全覆盖”，实现大病集中救治、县乡村医疗机构标准化建设、对口帮扶、“先诊疗后付费”和“一站式、一单式”结算“五个全推开”。全市建档立卡贫困人口住院 80259 人次，医疗总费用 33539 万元，政策范围内费用 32110 万元；建档立卡贫困

① 寸超：《我州健康扶贫工作取得阶段性成效》，《德宏团结报》2018 年 1 月 26 日，第 1 版。

患者住院实际报销比例达到91.30%，政策范围内报销比例为95.40%。[①]

截至2018年10月，西双版纳州有建档立卡贫困户17878户共70526人，未脱贫4166户共15356人。在未脱贫人口中，因病致贫返贫的人员有468户共1712人，包括：主要致贫原因为患病的347户共1318人（占未脱贫人口总数的8.58%），次要致贫原因为患病的121户共394人（占未脱贫人口总数的2.57%）。全州建档立卡贫困人口总住院14606人，总医疗费用5574万元，其中：基本医保报销4184.65万元，大病保险报销285.38万元，医疗救助501.66万元，政府兜底费用189.85万元，个人自付费用412.88万元，自付费用比例为7.41%。在落实“三个一批”方面，截至2018年10月，全州建档立卡贫困人口中患大病需救治者共有1156人，已救治1138人，救治进展率为98.44%，累计救治2162人次；慢病签约需救治者共有3061人，已救治3034人，救治进展率为99.12%，累计救治2127人次；重病兜底保障需救治者共有1210人，已救治1201人，救治进展率为99.26%，累计救治1683人次。

第四节　云南社会保障兜底扶贫的经验与启示

社会保障在精准扶贫、精准脱贫中具有重要的兜底功能。近年来，云南把社会保障扶贫作为脱贫攻坚的一个重要内容和方式，不断完善政策体系并大力抓好落实，取得了较好的成效，为今后进一步开展好社会保障扶贫工作提供了经验和启示。

一　云南社会保障兜底扶贫的经验

（一）着力完善多方面、多层次的政策和制度体系

在内容上，云南构建起了以社会救助、社会保险、社会福利为核心的

① 张瑜、石凯文：《普洱市健康扶贫工作现状与思考》，《普洱日报》2018年7月11日，第7版。

多方面的政策和制度体系。在这些政策和制度中，既有普惠安排，又有针对不同扶贫对象的特惠安排；内部既相互配合，又能与外部其他扶贫政策和制度衔接、综合运用，起到了共同促进贫困人口脱贫并防止新增贫困人口的作用。在层级上，除省级有相对统一的政策和制度规定外，州市级、县级也大都结合本地实际进行了配套或细化规定，形成了多层次的政策和制度体系，这既体现了统一性，也体现了各地的特殊性，同时增强了可操作性，使得社会保障的相关政策和制度能够落到实处。

（二）着力提高贫困人口社会保障的待遇水平

提高贫困人口社会保障的待遇水平，实际上是制度性地增加了贫困人口的收入，使之更容易达到“脱贫线”或脱贫标准。但是社会保障待遇水平的提高，需要大量的资金作为支撑。云南尽管经济发展滞后、财政收入有限，但仍千方百计地筹措资金、切实加大投入，不断提高贫困人口社会保障的待遇水平，从而较好地发挥了社会保障兜底脱贫的功能。如逐年提高农村低保标准，到2018年已提高至3500元/（人·年），高于国家扶贫标准。特别是在健康扶贫方面，为实现建档立卡贫困人口生病住院个人支付部分不超过10%的目标，云南省各级财政都加大了资金投入，仅省级财政2018年就累计筹措下达“健康扶贫”专项补助资金47.93亿元。①

（三）着力健全高位、合力抓落实的机制

社会保障的政策和制度出台后，能不能发挥兜底脱贫的功能关键在于其能不能落到实处。在这方面，云南各地高度重视，普遍建立健全由政府及其相关部门分管领导参加的专门领导小组和办公室（如“两项制度”有效衔接工作、健康扶贫工作的领导小组和办公室），并通过联席会议、信息平台对接等方式强化卫生计生、扶贫、民政、人力资源社会保障、财

① 程浩：《如何让健康扶贫不流于形式 副省长和厅长们这样说》，人民网，http://yn.people.com.cn/GB/n2/2018/0922/c378439-32087134.html，最后访问日期：2019年4月11日。

政、残联等部门之间的信息共享、协调联动，形成高位抓落实、合力抓落实的机制。同时，各地普遍建立健全事中、事后的督导、考核、问责机制，强化刚性约束和跟踪问效，通过层层传导压力推动社会保障各项政策和制度落实。这些机制的建立和运行，使得政策和制度从“文本”变为现实，社会保障兜底脱贫取得了较好实效。

二 云南社会保障兜底扶贫的启示

（一）提升社会保障制度化、科学化、系统化水平

近年来，为实现2020年全面脱贫、建成小康社会的目标，各级各地各有关部门纷纷出台各种社会保障的政策措施，但这些政策措施普遍具有短期性，并且不同程度地存在科学合理性不足、彼此之间整合协调不够等问题，对社会保障长期、有效发挥扶贫功能带来不利影响。因此，2020年以后应以社会保障可持续发展为主线，着力推动政策措施的制度化、法制化；处理好尽力而为与量力而行的关系，既要努力提高社会保障待遇水平，又要防止掉入“福利陷阱”，不断提高社会保障制度的科学合理性；注重社会保障各项制度的合理分工、有机衔接，构建各有侧重、不重不漏、协调统一的系统性社会保障制度体系。

（二）推动社会力量积极参与社会保障兜底扶贫

从实践情况看，当前的社会保障兜底扶贫调动的主要是体制内的资源和力量，社会力量参与还不够充分，其优势和潜力尚未得到完全发挥。为此，在政府承担托底保障责任的同时，应积极引导、大力支持社会力量参与社会保障兜底扶贫工作，促进形成政府为主、多主体合力共担的局面。一是广泛动员、引导社会组织、社会工作者、志愿者等在医疗卫生、养老、就业、心理咨询、困难救助等方面积极提供服务；二是在加大各级财政资金投入的基础上，拓宽资金来源渠道，积极发挥市场和社会组织的作用，尤其是慈善机构、公益组织等的募资作用，建立多元、开放的社会保

障筹资机制；三是完善政策措施，推动慈善事业大力发展和规范化、专业化发展，充分发挥其扶危济困的作用。

（三）切实防范、处理社会保障兜底扶贫领域的违法、违纪、违规问题和矛盾纠纷

近年来，社会保障兜底扶贫领域基层干部利用职务便利贪污、挪用、侵占、虚报冒领、截留私分、吃拿卡要、优亲厚友等违法、违纪、违规问题凸显，同时随着贫困人口社会保障待遇水平的提高，人们因争当贫困户、低保户等产生的矛盾纠纷也日趋增多。这些都会对社会保障制度的良性运行造成不利影响，损害社会保障的公平性和政府的公信力。对此，应着力从以下方面加以防范和处理：一是要坚持零容忍的态度，严厉打击各种违法、违纪、违规行为，实现“不敢违”的效果；二是要健全制度机制，特别是要健全保障对象精准识别、动态管理的机制以及阳光运作、全面公开的制度，实现“不能为”的效果；三是要严格执行、公正执行社会保障政策制度，做好对“不满群众”的政策解释、思想疏导工作，加强对矛盾纠纷的排查发现和及时妥善化解。

（本章由胡仕林执笔）

第七章

社会扶贫：云南开启脱贫攻坚的助推器

新时代中国扶贫以专项扶贫、行业扶贫、社会扶贫为基础构成的“三位一体”大扶贫格局为基本模式。这种扶贫模式体现了精准扶贫中的脱贫攻坚是一种全民参与的扶贫。2014 年党中央提出精准扶贫后，“三位一体”的大扶贫格局成为新时代扶贫工作的重要内容。对“三位一体”大扶贫格局，习近平总书记有过精准论述。“坚持社会动员，凝聚各方力量。脱贫攻坚，各方参与是合力。必须坚持充分发挥政府和社会两方面力量作用，构建专项扶贫、行业扶贫、社会扶贫互为补充的大扶贫格局，调动各方面积极性，引领市场、社会协同发力，形成全社会广泛参与脱贫攻坚格局。”① 云南作为全国贫困面广、贫困程度深、贫困人口多的脱贫攻坚重点省份，是国内较早开展社会扶贫的地区。20 世纪 80 年代，随着中国改革开放的推行，部分国际组织在云南开展社会扶贫。2012 年后，以定点扶贫和东西部扶贫协作为核心的社会扶贫构成了云南社会扶贫中的两个核心，在云南精准脱贫攻坚中起到了十分重要的作用。对于新时代云南精准扶贫模式，2016 年 2 月 13 日，云南在总结“十二五”期间扶贫工作经验时，认为云南已经建成“全面构建三位一体大扶贫格局”。② 同年，在“10·17”国家扶贫日表彰大会上，省委对云南社会扶贫做出的总结是：“党的十八大以来，省委、省政府深入贯彻落实习近平总书记扶贫开发战略思想和党中央、国务院扶贫开发决策部署，形成具有云南特色的社会扶贫工作

---

① 习近平：《在打好精准脱贫攻坚战座谈会上的讲话》（2018 年 2 月 12 日）。

② 吉哲鹏：《云南：“十二五”期间已全面构建三位一体大扶贫格局》，新华社（昆明）2016 年 2 月 13 日专电。

体系，扶贫成效显著。随着经济社会发展和社会文明程度提高，社会扶贫的作用将越来越大。"① 分析新时代云南精准扶贫下的社会扶贫会发现，在全面落实和贯彻党中央社会扶贫原则和理念下，云南充分结合了本省精准脱贫攻坚的需要，以全面完成党中央、国务院提出的2020年全面建成小康社会为目标，进行了积极的制度、机制创新，使其社会扶贫体现出很强的时代特色和区域特点，丰富了中国社会扶贫的内容和样式，构成了中国社会扶贫模式的重要组成部分。

第一节　新时代云南社会扶贫的制度设置与创新

新时代中国社会扶贫应如何开展，在顶层设计上早已有明确的规划。对于新时代中国社会扶贫，习近平总书记有过全面和精准的论述。要加大东部地区和中央单位对深度贫困地区的帮扶支持，强化帮扶责任，"谁的孩子谁抱"。东西部扶贫协作和对口支援、中央单位定点帮扶的对象在深度贫困地区的，要在资金、项目、人员方面加大力度。东部经济发达县结对帮扶西部贫困县"携手奔小康"行动和民营企业"万企帮万村"行动，都要向深度贫困地区倾斜。国务院扶贫办要做好这方面的对接工作。要通过多种形式，积极引导社会力量广泛参与深度贫困地区脱贫攻坚，帮助深度贫困群众解决生产生活困难。要在全社会广泛开展向贫困地区、贫困群众献爱心活动，广泛宣传为脱贫攻坚做出突出贡献的典型事例，为社会力量参与脱贫攻坚营造良好氛围。②

这里对新时代中国社会扶贫的制度和机制进行了明确规划，指出东西部扶贫协作和定点帮扶在当前中国社会扶贫中具有基础性地位，同时为其他社会主体参与社会扶贫指明了方向。

---

① 陈豪：《凝聚强大合力 构建大扶贫格局》，载《昆明日报》，2016年10月18日第1版。

② 习近平：《在深度贫困地区脱贫攻坚座谈会上的讲话》（2017年6月23日），人民出版社单行本，第15~16页。

一　充满时代感的中国社会扶贫类型和主体

在新时代“三位一体”的大扶贫格局中，变化最大的是社会扶贫，因为新时代社会扶贫充分体现了中国贫困治理的特色和时代内涵，实现了中国脱贫攻坚的多样性和党主导下全社会参与扶贫的新格局。新时代的社会扶贫构成主体全面体现了中国特色而非世界通行的以非政府组织（NGO）和个体志愿者参与为主体的社会扶贫模式。对此，学术界达成了共识。“‘社会扶贫’作为一种具有中国本土特色的扶贫模式，有着自身独特的理论、实践及政策背景，它与专项扶贫、行业扶贫构成中国扶贫开发的大扶贫格局。”[①] 2012 年后的社会扶贫与 2001—2011 年的社会扶贫在构成重点上是存在差别的，新时代的社会扶贫以各级党政机关、企业单位为主体的定点扶贫和以东部发达省、区、市、县、乡镇为主体的东西部扶贫协作两大机制为核心。新时代定点扶贫主体十分多样，不仅包括传统的各级党政机关，还包括民主党派、人民团体、高等院校、科研院所、国有企业、军队和武警部队等；东西部扶贫扶协作主体除省级地方政府外，还包括东部参与扶贫的省市下的区县、乡镇、街道办事处，甚至包括村或社区。此外，民营企业和商会、专业社会工作组织形成了新的社会扶贫主体。这些主体上的扩张构成了新时代中国社会扶贫的特色内容。

对新时代中国社会扶贫主体可以分为哪些，实务界和学术界虽然存在不同观点，但在具体分类上，学术界明显受到政策划分的影响。在 2012 年后制定的扶贫规划和创制的扶贫制度中，可以看出政策层面对社会扶贫主体界定的变化。在实务划分上，2011 年制定的《中国农村扶贫开发纲要（2011—2020 年）》在“社会扶贫”下列举的种类有国家机关定点扶贫、东西部扶贫协作、军队和武警部队扶贫、企业和社会各界扶贫；2016 年制定的《十三五脱贫攻坚规划》在“社会扶贫”下列举的有：东西部扶贫协作、定点帮扶、企业帮扶、军队帮扶、社会组织和志愿者帮扶、国际交流

① 苏海、向德平：《社会扶贫的行动特点与路径创新》，《中南民族大学学报》2015 年第 3 期。

合作。2014 年国务院发布的《关于进一步动员社会各方面力量参与扶贫开发的意见》（国办发〔2014〕58 号）规定，社会扶贫主体有民营企业、社会组织（非政府）、个人扶贫、东西部扶贫协作、定点扶贫。这里把具有非政府性质的社会扶贫主体放在前三位，体现出国家希望在社会扶贫主体上发挥真正意义上的“社会力量”。学术界对当前社会扶贫主体的划分主要有以下类型，即“定点扶贫，东西部扶贫协作，民主党派中央、全国工商联和无党派人士参与扶贫，各类企业、社会组织和个人扶贫，军队和武警部队参与扶贫”。[①] 这是按参与社会扶贫的主体性质分类的。有学者认为有“定点扶贫、东西扶贫协作、社会组织扶贫、企业扶贫和个人扶贫五种形式”。[②] 这种分类更抽象一些。还有学者将其划分为“定点扶贫、对口扶贫、企业扶贫、社会组织扶贫、国际机构扶贫和个人扶贫”。[③] 这些分类仅在表述上存在差别，实质都差不多。可以看出，当前中国社会扶贫的种类在学术界与官方实务界是大体一致的。

总结分析中国当前的社会扶贫类型，基本有定点扶贫、东西部扶贫协作、非政府社会组织扶贫、非公有制（或民营）企业扶贫、个体志愿者扶贫五类。每一类下具体包括的主体十分复杂多样。如定点扶贫主体是财政供给的政府机关、事业单位、国有企业、民主党派、人民团队、军队和武警部队等。东西部扶贫协作主要由东部 9 个省市和东部以外 9 个较大城市及下属县区、部门、乡镇（街道办事处）、村等构成。非政府社会组织包括社会团体、非营利性基金会、民办非企业单位等公益性组织。个体志愿者包括大陆志愿者和港澳台同胞、华侨及海外人士等。以上五类社会扶贫的种类和主体在云南社会扶贫中同样存在，构成了新时代云南社会扶贫的重要内容。

---

① 向德平、刘风：《价值理性与工具理性的统一：社会扶贫主体参与贫困治理的策略》，《江苏社会科学》2018 年第 2 期。

② 林万龙等：《全面深化改革背景下中国特色社会扶贫政策的创新》，《经济纵横》2016 年第 6 期。

③ 李周：《社会扶贫的经验、问题与进路》，《求索》2016 年第 11 期。

二 精准扶贫下云南社会扶贫制度建设和创新

对社会扶贫在中国扶贫事业中的作用认识，有个逐渐发展的过程。1994 年在国家制定的第一个扶贫开发规划——《国家八七扶贫攻坚计划（1994—2000 年）》中专门有“社会动员”，规定加强定点扶贫和对口帮扶两种社会扶贫。随着扶贫工作的深入，国家发现社会扶贫在整个扶贫中起到了十分重要的补充作用，于是在 2001 年《中国的农村扶贫开发白皮书》中给予社会扶贫较高评价，同时提出“国家将进一步动员社会各界参与扶贫，增加社会扶贫的资源”。2001 年国家进入第二个农村扶贫开发规划期，即颁布《中国农村扶贫开发纲要（2001—2010 年）》后，中国政府给予社会扶贫更多的承认和支持，在“政府保障”中强调党政机关定点扶贫、东西部扶贫协作、社会各界帮扶、非政府组织和志愿者参与国家扶贫的重要性。2011 年，国务院在总结 2001—2010 年扶贫成果的《中国农村扶贫开发的新进展》中，指出中国扶贫开发政策具有三个重要特征，其中之一是“坚持专项扶贫和行业扶贫、社会扶贫相结合”，并指出社会扶贫是“党政机关和企事业单位定点扶贫，东西扶贫协作，军队和武警部队支援，社会各界参与，形成有中国特色的社会扶贫方式，推动贫困地区发展，增加贫困农民收入”。[①] 2010 年制订第三个农村扶贫开发计划——《中国农村扶贫开发纲要（2011—2020 年）》时，在扶贫原则上提出“社会帮扶，共同致富”的扶贫理念，在具体扶贫措施上用专章规定“社会扶贫”，指出社会扶贫有党政机关企事业定点扶贫、东西部扶贫协作、军队和武警部队扶贫、企业扶贫、社会各界扶贫等形式。

2014 年，实施精准扶贫后，为了更好地构建“三位一体”的大扶贫格局，国家在顶层设计上不停完善社会扶贫的制度设置。2013 年 12 月，由中共中央办公厅、国务院办公厅印发的《关于创新机制扎实推进农村扶贫开发工作的意见》（中办发〔2013〕25 号）对创新社会参与扶贫机制进行

---

① 杨临宏：《扶贫工作研究参考文献集萃》，云南大学出版社，2017，第 116 页。

了总体谋划；2014 年 5 月，国务院扶贫办、中央组织部等 15 个单位在此基础上制定了《创新扶贫开发社会参与机制实施方案》（国开办发〔2014〕31 号）；2014 年 11 月 19 日，国务院办公厅以国办名义印发了《关于进一步动员社会各方面力量参与扶贫开发的意见》（国办发〔2014〕58 号）。58 号文件提出“为打好新时期扶贫攻坚战，进一步动员社会各方面力量参与扶贫开发，全面推进社会扶贫体制机制创新”的目标。58 号文件成为新时代中国社会扶贫的工作指南。这些构成了新时代国家层次上的社会扶贫制度设计。

新时代云南省在社会扶贫种类、作用和政府职责上，根据以上精神和制度，结合云南扶贫工作的具体需要，进行了系统本地化，具体在 2014 年 7 月 27 日制定的《云南省农村扶贫开发条例》中规定国家机关、事业单位、人民团体、国有或者国有控股企业等通过定点扶贫参与社会扶贫，民营企业、民间组织和个人通过科技推广、人才引进、人员培训、劳务输出、商务贸易等形式参与社会扶贫。2015 年是云南省社会扶贫发展史中划时代的年份，根据党中央、国务院精准扶贫战略布局和社会扶贫发展规划，云南省在 2015 年 7 月 20 日发布了《中共云南省委云南省人民政府关于举全省之力打赢扶贫开发攻坚战的意见》（云发〔2015〕14 号，以下简称《意见》），在《意见》中对云南社会扶贫进行了全面的、系统的规定。《意见》是在国家精准扶贫战略下，云南省对社会扶贫机制进行的设计，体现了新时代云南社会扶贫的特色和特点。《意见》指出健全“三位一体”大扶贫工作机制是新时代云南精准扶贫中社会扶贫的基本要求，具体由六个方面构成。第一，定点扶贫，参与主体是国家机关定点扶贫、省内机关定点挂钩扶贫以及驻滇部队、各民主党派、工商联、各界人士参与扶贫；第二，东西部扶贫协作，具体由沪滇、滇粤对口帮扶；第三，医疗对口帮扶，分别由省内及上海、广东三市的三级医院定点帮扶全省贫困县人民医院；第四，国有企业定点扶贫，即国有企业联县、包族、包乡、包村帮扶，其中国有企业包族扶贫是云南社会扶贫中的重要创新；第五，社会组织扶贫，鼓励社会组织承接政府扶贫项目，开展以项目为载体的社会扶贫；第六，志愿者扶贫，主要开展“圆梦”行动，组织教育、科技、文化等行业人员和志愿者到贫困地区扶贫。为了保证云南社会扶贫有效运行，落实政府在社会扶贫中的引导、鼓励职责，明确政府在四个方面对社会扶贫提供服务，即：①搭建扶贫信息平台、合作平台，引导社会力量参与扶贫；②建立完善激励政策体系，落实税收等优惠政策；③开展“扶贫日”系列活动，发展慈善事业；④做好政策宣传、经验和典型推广。围绕提出的社会扶贫机制，云南省开展了精准扶贫下的社会扶贫创新，让社会扶贫在云南整个扶贫工作中产生了积极作用。

云南省委、省政府为了贯彻落实中央 58 号文件和 31 号文件的精神，根据近年党中央、国务院对社会扶贫做出的新部署、新举措和新要求，结合云南社会扶贫工作的实际需要，在 2015 年 7 月 20 日制定并出台了《关于进一步动员社会各方面力量参与扶贫开发的实施意见》（简称《实施意见》）。《实施意见》成为新时代云南社会扶贫的基本规划和指导。《实施意见》由总体要求和基本原则、完善多元主体的社会扶贫体系、健全社会扶贫工作机制、创新社会扶贫参与方式、强化政策支持和管理 5 个部分共 21 条组成。《实施意见》与国务院 58 号文件相比，主要有以下特点和变化：第一，在国务院 58 号文件的总体要求下，增加了“认真贯彻落实习近平总书记在云南考察时的重要讲话精神”“全省扶贫开发总体目标”“63686 行动计划”等内容；第二，在国务院 58 号文件确定的“政府引导、多元主体、群众参与、精准扶贫”四项原则基础上增加了“畅通渠道、形成合力、双向选择、精准脱贫”，达 8 项原则；第三，把新时代参与社会扶贫的 10 类主体，即民营企业、社会组织、个人扶贫、国家机关定点扶贫、各级单位定点挂钩扶贫、对口帮扶合作、驻滇部队、民主党派、工商联和无党派人士分为 8 类社会扶贫主体，分别明确他们的责任和工作要点；第四，改变过去突出政府主导社会扶贫的思路，突出民营企业、社会组织、个人扶贫在社会扶贫中的主体地位和作用；第五，提出形成“政府主导的定点扶贫、对口帮扶，政府鼓励和引导的非公企业、社会组织、个人等参与扶贫”多元社会扶贫机制；第六，对云南已经实施且有特色的制度进行健全和完善，如社会扶贫组织动员机制、干部驻村帮扶机制、工作考核机制和工作激励机制等。《实施意见》成为新时代云南社会扶贫工作的重要创新，是精准扶贫战略下社会扶贫在云南实施的创新和发展的产物。

在社会扶贫上，为了让定点扶贫更好地发挥作用，云南省委、省政府根据工作需要和实践经验，制定了很多保障和加强定点扶贫的办法和规定，如2014年《进一步做好定点挂钩扶贫工作的通知》（云办通〔2014〕26号）、《关于进一步加强新农村建设指导员驻村帮扶工作的意见》（云厅字〔2014〕23号）、《云南省定点挂钩扶贫考核办法》（云贫开发〔2014〕16号），2015年7月《省级部门（机关）、企事业单位和中央驻滇单位扶贫攻坚挂联县方案》，2016年《省级及中央驻滇单位“挂包帮”定点扶贫工作考核办法》（云贫开发〔2016〕21号）、《云南省省级机关企事业单位定点挂钩扶贫考核暂行办法》等。这些规定让云南定点扶贫中的“挂包帮”驻村扶贫机制有了制度上的保障。

以上这些意见、通知、办法，为新时代云南社会扶贫的开展提供了制度上的保障，创新了云南社会扶贫工作机制，让云南精准扶贫体现出了自己的特点。

第二节　新时代云南社会扶贫的实践

新时代中国社会扶贫按主体性质分为党政机关企事业单位定点扶贫、东西部扶贫协作和社会组织参与扶贫三类，其中前两类是中国社会扶贫的主力，同时是最具中国特色的社会扶贫。在社会扶贫力量中，2015年后最大变化是民营企业和商会参与的“万企帮万村”精准扶贫行为和社工专业社会扶贫的出现和加强。

一 党政机关企事业单位定点扶贫

党政机关企事业单位定点扶贫是中国社会扶贫的重要组成部分，也是中国社会扶贫的重要特色。这种扶贫模式在当前中国社会扶贫中起到了十分重要的作用。“这种扶贫模式是中国扶贫事业中最大创新，成效显著，保证了国家扶贫政策和措施得到强有力的实施。机关定点扶贫模式的优点是扶贫主体明确、责任清晰、可操作性强。在实践中，机关定点扶贫是最见效、最实际、最稳定的扶贫方式，是社会扶贫力量中的核心。”[①] 这种扶贫模式对落实政府扶贫政策起到了有效的保障作用，因为机关在承担定点扶贫时具有很强的政治性和职责性。在云南，参与定点扶贫的主体有中央国家机关企事业单位和省市县乡国家机关事业单位两类。

（一）中央国家机关企事业单位与定点扶贫

中央国家机关事业单位在云南参与定点扶贫的时间较早，20 世纪 80 年代就开始了。1984 年 9 月，中共中央　国务院发布了《关于帮助贫困地区尽快改变面貌的通知》，呼吁各级党政机关干部、事业单位技术骨干到贫困地区去支援经济建设。1994 年“定点挂帮”全面推行，标志着国家机关定点扶贫模式的正式形成。1994 年，《国家八七扶贫攻坚计划（1994—2000 年）》中提出“中央和地方党政机关及有条件的企事业单位，都应积极与贫困县定点挂钩扶贫，一定几年不变，不脱贫不脱钩”。这成为党政机关企事业单位定点扶贫的正式开始。2011 年，随着第三个国家农村扶贫开发计划的启动，特别是在十八大后，国家提出在 2020 年消除绝对贫困，全面建成小康社会后，国家对社会扶贫中的中央机关参与扶贫越来越重视。2014 年，在全面开展精准扶贫后，国家对中央国家机关企事业单位参与定点扶贫进行了全面部署。在精准扶贫下，中央国家机关定点扶贫主体包括中央和国家机关各部门各单位、人民团体、参照公务员法管理的事业

---

① 胡兴东、杨林：《中国扶贫模式研究》，人民出版社，2018，第 242 页

单位和国有大型骨干企业、国有控股金融机构、国家重点科研院校、军队和武警部队、各民主党派、全国工商联等。[①] 作为全国扶贫的重点省份，2013 年后，中央机关加强了对云南定点扶贫的力度，参与定点扶贫的中央机关单位从 2013 年的 27 家增至 2016 年的 66 家。[②] 2016 年 5 月参与云南定点帮扶的中央国家机关和有关单位、片区牵头单位等共有 68 家。[③] 2015 年底，中央国家机关企事业单位选派到云南定点挂职的干部有 192 人，累计投入扶贫资金 5.97 亿元。[④] 2017 年 1 月，49 家中央国家机关企事业单位组织了 1583 人次深入定点帮扶县考察调研，直接投入的扶贫资金有 4.4 亿元，帮助贫困地区引入扶贫资金高达 28.87 亿元。[⑤] 2017 年 9 月，49 家中央定点扶贫单位直接投入的扶贫资金有 9.56 亿元，帮助引进资金 263.4 亿元。[⑥] 中央机关在云南的定点扶贫，不仅在人才、资金上给予云南贫困县发展支持，还引入了相关政策机制，为云南省贫困地区发展理念更新产生了积极影响。

云南的一些贫困县长期由某一特定国家机关定点帮扶，获得了全方位发展的资源，解决了制约发展的各种难题。如外交部自 1992 年开始定点帮扶云南省红河州金平县，到 2018 年，在云南金平县定点扶贫长达 26 年，其间为云南金平县发展提供了众多支持。根据统计，在此期间，外交部在云南金平县帮扶情况如下：

---

① 林万龙等：《全面深化改革背景下中国特色社会扶贫政策的创新》，《经济纵横》2016 年第 6 期。

② 吉哲鹏：《云南："十二五"期间已全面构建三位一体大扶贫格局》，新华社（昆明）2016 年 2 月 13 日专电，http://finance.jrj.com.cn/2016/02/13164820550524.shtml，最后访问日期：2020 年 10 月 28 日。

③《云南省不断完善社会扶贫工作体系》，《云南日报》，http://xxgk.yn.gov.cn/Z_M_013/Info_Detail.aspx?DocumentKeyID=99879C997796428E863CC47F622B58FA，最后访问日期：2020 年 10 月 28 日。

④ 吉哲鹏：《云南："十二五"期间已全面构建三位一体大扶贫格局》，新华社（昆明）2016 年 2 月 13 日专电，http://finance.jrj.com.cn/2016/02/13164820550524.shtml，最后访问日期：2020 年 10 月 28 日。

⑤《云南聚焦"两不愁、三保障"目标》，http://www.sohu.com/a/125109798_117792。

⑥《凝心聚力决战脱贫攻坚》，云南网（昆明），http://news.163.com/17/0926/07/CV8AN7C7000187VG.html，最后访问日期：2020 年 10 月 28 日。

派出17任挂职副县长和两任驻村第一书记，筹集2亿余元帮扶资金，实施温饱、教育、卫生、整村推进、培训等5类共799个项目，累计受益37.17万人，减少贫困人口5.5万。其中，“温饱工程”181个，经费投入4176.45万元，涉及勐桥乡、者米乡、老集寨乡等13个乡镇80个村委会的人畜饮水、交通、种养殖等，解决了全县18.76万贫困人口温饱问题。教育项目403个，累计投入8326余万元，涉及金河镇、金水河镇等13个乡镇93个村委会，受益23.26万人。医疗卫生项目81个，累计投入3711.66万元，涉及卫生院（室）建设、医疗器械、药品管理和利用、医务人员培训等。整村推进项目涉及7个乡镇23个自然村，累计投入2449余万元。科技、教育及干部素养培训等培训项目49个，累计投入414.96万元，惠及14638人。通过桥梁作用，引入国内外各种组织帮扶项目63个，累计投入帮扶资金1168.46万元，惠及7.48万人。[①]

外交部在云南金平县的定点扶贫个案是中央党政机关在云南定点扶贫中的典型代表，反映了中央机关在云南贫困县定点扶贫上的作用，是了解中央国家机关在云南定点扶贫的重要窗口。

（二）省级、州市级机关定点扶贫

中国机关定点扶贫由两类主体构成，即中央国家机关和省级政府及直属部门，但随着定点扶贫的推进，地方国家机关参与定点扶贫已经从省级政府及直属部门发展到州市、县区，再到乡镇，共四级国家机关单位。在云南定点扶贫中，省级机关事业单位是重要主体。2013年随着国家扶贫工作转向精准扶贫，省委、省政府高度重视，为了让全省能够按时、按质完成党中央、国务院确立的脱贫攻坚目标，开始大规模调整省级机关参与定

① 《外交部26年坚守扶贫路，云南金平县累计受益37万人 减贫5.5万人》，云南网，http：//honghe.yunnan.cn/system/2018/09/06/030063194.shtml，最后访问日期：2020年10月28日。

点扶贫的数量和对象。2015 年，全省有 302 个省级部门（机关）、企事业单位和中央驻滇单位参与云南 93 个片区县和重点县的扶贫。① 2015 年底，全省参与定点扶贫的各类性质的省级单位由 2010 年的 217 家增加到 3000 家。② 这些省级定点扶贫单位成为云南当前定点扶贫的主要力量。据统计，2015 年底，仅省级国家机关企事业单位选派到扶贫点挂职的干部就达 3695 人次，直接投入帮扶资金 39.66 亿元，引进各类帮扶合作资金共 163.66 亿元。③ 省级国家机关在定点扶贫中产生的作用十分显著，为全省扶贫提供了重要资源。如云南省水利厅和云南冶金集团在定点扶贫西畴县时，针对该县自然村交通问题，分别给予帮扶，解决基础建设中的难题，为贫困村发展改善了基础设施。

> 云南省水利厅在定点扶贫中，针对西畴县法斗乡石鹅行政村麻栗山村小组进村水泥路全长 3.4 公里，原本是一条坑洼不平的土路，2009 年，该村群众每户集资 3000 元，仅铺筑了 1 公里水泥路，剩下的 2.4 公里路段因资金短缺无法修通。省冶金集团 2016 年在西畴县法斗乡投入资金 130 万元，对法斗乡老寨村委会、脱皮树村委会、石鹅村委会和乡政府驻地总里程为 15.58 公里的 4 条道路进行硬化帮扶。④

云南州市级机关单位参与定点扶贫主要是结对帮扶贫困乡镇和贫困村。全省各州市机关单位参与定点扶贫的数量十分巨大。这些定点扶贫为云南省贫困乡镇、贫困村脱贫攻坚提供了人才、资金、物资上的多方面支持。

---

① 李丹丹：《云南启动“挂包帮 转走访”扶贫长效机制 40 万干部职工结对帮扶 194.5 万贫困户》，《昆明日报》2015 年 8 月 25 日，A02 版。

② 吉哲鹏：《云南：“十二五”期间已全面构建三位一体大扶贫格局》，新华社（昆明）2016 年 2 月 13 日专电，http://finance.jrj.com.cn/2016/02/13164820550524.shtml，最后访问日期：2020 年 10 月 28 日。

③ 吉哲鹏：《云南：“十二五”期间已全面构建三位一体大扶贫格局》，新华社（昆明）2016 年 2 月 13 日专电，http://finance.jrj.com.cn/2016/02/13164820550524.shtml，最后访问日期：2020 年 10 月 28 日。

④《省级挂包帮单位助力西畴县脱贫攻坚纪实》，人民网，http://news.eastday.com/eastday/13news/auto/news/china/20170210/u7ai6483423.html，最后访问日期：2020 年 10 月 28 日。

2014 年玉溪全市 8 县 1 区和市级 118 个党政机关、社会团体和企事业单位，共有 731 个机关单位参与到定点扶贫工作中，帮扶了全市 63 个乡镇、528 个村委会，帮扶单位直接投入 7018.37 万元，其中：资金 6614.44 万元，物资折款 403.95 万元。①

（三） 各级国有企业参与定点扶贫

在新时代的定点扶贫中，国有企业作为定点扶贫主体参与社会扶贫是国家明确规定的。中国国有企业分为中央国有企业和省市级国有企业。云南很多贫困县、贫困乡镇、贫困村和深度贫困特少数民族成为国有企业特别是央企、省级国企定点扶贫的对象，这成为云南国有企业参与定点扶贫的重要特色。

在云南贫困群体中，存在以民族为特征的深度贫困群体，其中典型代表是 11 个“直过民族”和“人口较少民族”。② 两个群体的贫困发生率和贫困比例都高于云南其他民族和地区。

2016 年底，11 个“直过民族”和人口较少民族聚居区贫困人口由 70.27 万人减少到 50.43 万人，贫困发生率为 17.6%。其中，9 个“直过民族”聚居区建档立卡贫困人口由 2014 年的 18.73 万户 66.75 万人减少到 13.02 万户 45.92 万人，贫困发生率由 28.6% 下降到 20%。③

---

① 《我市 2014 年定点挂钩扶贫情况通报》，云南省政府信息公开导航，http://xxgk.yn.gov.cn/Info_Detail.aspx?DocumentKeyID=0f7c1024-7e17-4e4b-8ac5-685e7b9ac2f1，最后访问日期：2020 年 10 月 28 日。

② 在扶贫中，云南“直过民族”和人口较少民族分别是：独龙、德昂、基诺、怒、布朗、景颇、佤、拉祜、傈僳等 9 个是“直过民族”，普米、阿昌是人口较少民族，贫困人口上。参见云南省 2016 年《云南省全面打赢“直过民族”脱贫攻坚战行动计划（2016—2020 年）》。

③ 《云南：全力推动直过民族和人口较少民族脱贫攻坚》，财政部网站，http://jcz.cq.gov.cn，最后访问日期：2020 年 10 月 28 日。

云南省针对两种深度贫困民族群体实施了“一个民族一个行动计划”“一个民族一个集团帮扶”包族帮扶机制。云南省委、省政府通过协调，让参与定点扶贫的三峡集团、华能集团、大唐集团、云南中烟公司、云南省烟草专卖局5家集团公司对两类特殊贫困群体实施包族扶贫，为这些深度贫困群体提供了有效帮扶。2016年，云南省政府与三峡、华能、大唐3家中央水电集团达成定点包族扶贫协作协定，3家央企承诺在3年（2016年至2019年）内投入50亿元帮扶资金，帮助7个州市19个县市中怒族、普米族、景颇族、拉祜族、佤族、傈僳族等6个民族聚居区内的41万建档立卡贫困人口脱贫。2017年底，三峡集团、华能集团、大唐集团3家水电央业集团在云南扶贫工作中到位资金达到20.5亿元，帮助6个“直过民族”和人口较少民族聚居区中的104个贫困村出列，减少10.4万贫困人口。① 2017年，云南省委、省政府与三峡集团、华能集团、大唐集团、云南中烟公司、云南省烟草专卖局5家企业集团达成帮扶全省11个“直过民族”和人口较少民族协议，5家企业集团计划从2016年至2019年共投入64.5亿元，重点定点帮扶布朗族、阿昌族、怒族、普米族、景颇族、拉祜族、佤族、傈僳族等8个少数民族，覆盖丽江、保山、普洱、临沧、楚雄、怒江、德宏、迪庆8个州市共43万贫困人口。5家企业集团按照精准扶贫、精准脱贫的要求，通过实施能力素质提升、劳务输出、安居工程、培育特色产业、改善基础设施、生态环境保护等六大帮扶工程，促进这些贫困对象发展脱贫。其中，三峡集团自2016年深入怒江、丽江、德宏、迪庆等州市贫困地区，对怒族、普米族、景颇族3个人口较少民族开展包族帮扶。② 2016年6月，华能集团与云南省签订《帮扶云南拉祜族、佤族脱贫攻坚合作协议》，对普洱市澜沧拉祜族自治县，临沧市沧源县、耿马县、双江县等两市四县的拉祜族、佤族聚居区贫困人

① 胡晓蓉：《央企倾情帮扶云南脱贫攻坚》，《云南日报》，http：//yn.yunnan.cn/html/2018-03/26/content_5138277.htm，最后访问日期：2020年10月28日。

② 《五家企业集团助云南“直过民族”和人口较少民族脱贫攻坚》，《民族时报》，http：//yn.xinhuanet.com/minzu，最后访问日期：2020年10月28日。

口实施对口帮扶。从2016年到2019年，投入巨资帮扶两市四县，促使拉祜族、佤族聚居区建档立卡贫困人口中15.09万人脱贫。[①] 三峡集团计划用4年时间定点扶贫怒江州怒族、普米族，计划投入8.9亿元（2017年帮扶36400万元）扶贫资金；大唐集团计划用4年时间，帮扶怒江傈僳族实现精准脱贫，为此计划投入6.7亿元。[②] 在这种包族定点扶贫机制下，2017年底，5家企业集团到位帮扶资金达到32.5亿元，促使12万“直过民族”和人口较少民族实现脱贫。[③] 活跃在云南扶贫事业中的国有公司，除了这些大型央企和省级重点国企外，还有其他大量国有企业。这些国有公司参与定点扶贫时，由于在资金和技术上拥有强大的能力，让扶贫对象发展获得了有力的支持。

> 中建二局西南分公司定点帮扶云南大理洱源县。为此，公司计划从2018年至2020年，每年捐赠60万元实施扶贫济困献爱心活动，具体帮扶洱源县贫困户中2016年、2017年考取大学的在读学生，考上高职专科的学生，全县孤儿，四个贫困村（牛街乡福田村、福和村、西甸村和西山乡建设村）的五保老人及残疾特殊困难群体。[④] 云南白药集团定点帮扶维西傈僳族自治县攀天阁乡美洛村后，自2015年先后出资200万元，在维西县及攀天阁乡设立“中药材产业发展基金”及“中药材种子基金”，用于资助扶贫户购买纯正药材种苗，支持贫困户种植中药材。2016年种植面积达11475亩，687户农户受益。[⑤] 云南

① 《央企扎实推进精准扶贫 助力云南打赢脱贫攻坚战》，中新网云南，http：//www.sohu.com/a/291612518_123753，最后访问日期：2020年10月28日。

② 《怒江州：推动贫困群众从“要我脱贫”向“我要脱贫”转变》，http：//city.sina.com.cn/yn/cjdt/2017－06－05/detail－ifyfuzny3166597.shtml。

③ 《五家企业集团助云南“直过民族”和人口较少民族脱贫》，《民族时报》，http：//yn.xinhuanet.com/minzu，最后访问日期：2020年10月28日。

④ 《聚力脱贫攻坚 携手扶贫济困——中建二局西南分公司举行帮扶洱源爱心捐赠仪式》，云南网（昆明），http：//news.163.com/18/0205/20/D9TIGDH6000187VG.html，最后访问日期：2020年10月28日。

⑤ 郭雪艺：《云南吹响脱贫攻坚“集结号”》，《人民日报》（海外版）2016年8月16日，第6版。

电网公司从2016年至2018年底在云南省贫困地区完成了电网建设投资137.1亿元，其中2016年以来，投资17亿元实施易地扶贫搬迁配套电网建设，已建成通电25万户，惠及96万人。在定点帮扶上，自2016年以来，累计投入定点扶贫资金4614万元，派出驻点扶贫干部233人，累计发展各类产业扶贫项目104个，销售额在1800余万元。①

（四）各类事业单位参与定点扶贫

各类事业单位是当前云南参与定点扶贫中数量最大的群体。云南参与定点扶贫的高等院校和科研院所数量十分庞大。其中，参与定点扶贫的高等院校和科研院所有：由教育部牵头的44所直属高等院校、云南省省属高等院校和科研院所。事业单位定点扶贫，特别是高等院校，在扶贫上主要是通过自身科研力量和教育优势，在教育和产业两个领域进行帮扶。如云南省农科院通过技术支持，2015年在定点扶贫的景谷县凤山镇顺南村建立了“爱心茶园”，通过“互联网+企业+科技+扶贫+茶农”的茶叶产业链增值扶贫模式让扶贫对象增收脱贫。省草地动物科研院通过推广自主知识产权——“云岭牛”，在扶贫点西盟县通过“公司+示范基地+专业合作社+养殖户”模式，带动扶贫农户8000余户共2.5万人养殖增收脱贫。云南农业大学在扶贫地区推广冬季马铃薯种植、林下三七仿生种植、玉米集雨抗旱栽培技术、热区特色农业产业、高原优质地方鸡养殖，实现养殖面辐射全县8个乡镇等的科技产业扶贫。西南林业大学通过科研支撑迪庆州藏红花种植产业的发展。

云南省企事业单位参与社会扶贫的力量可以从在怒江州参与定点扶贫的单位情况上看出。根据统计，2017年在怒江州参与定点扶贫的各类国有企业和事业单位中，中央、省级企事业单位有39个，州、县国家机关企事

① 《央企扎实推进精准扶贫 助力云南打赢脱贫攻坚战》，中新网云南，http://www.sohu.com/a/291612518_123753，最后访问日期：2020年10月28日。

业单位有 328 个，帮扶对象覆盖 4 个贫困县、29 个贫困乡、256 个贫困村①，构成了整个州扶贫力量的重要组成部分。

（五）医疗对口帮扶

云南省定点扶贫中还有以帮扶贫困县医疗建设为中心的医疗对口帮扶。云南省贫困县的医疗技术和设备一直存在落后和不足问题，导致很多贫困县较为明显地出现因病致贫的情况。为此，改善云南省贫困地区医疗技术设备和人才力量，成为云南扶贫模式的重要选择。云南省实施以上海市、广东三市和云南省省级、州（市）三级医院对口定点帮扶贫困县人民医院的扶贫帮扶。这种对口帮扶是全国定点扶贫中的重要机制。根据统计，在 2016 年全国三级医院对口帮扶贫困县县级医院扶贫机制中，889 家三级医院对口帮扶了 834 个贫困县的 1149 家县级医院。2015 年 10 月，云南省提出让全省三级医院（含军队医院）与 93 个贫困县开展对口帮扶，目标是实现 93 个贫困县都有对口帮扶的省级三级医院。2016 年 5 月，在国家调整东西部扶贫协作机制后，上海市与云南省达成由上海市 28 家三级医院与云南 28 家贫困县县级医院对口定点帮扶的协议。2018 年，上海 28 所三级医院结对帮扶云南 28 家贫困县县级医院，广东省东莞、中山市 13 家医院与昭通市 13 家县级医疗机构结成结对帮扶。

> 2018 年上海 28 所三级医院累计派出 4 批共 522 人次驻点帮扶医务人员，接诊患者 25.5 万人次，手术 2.2 万台次。广东省东莞市、中山市、珠海市 32 家医院与昭通市、怒江州 32 家医疗机构开展一对一医疗帮扶；珠海市派出 89 名卫生专业人才到怒江进行医疗帮扶，先后开展 87 场大型义诊活动。珠海市先后派出 78 名医疗人才到怒江进行医疗帮扶，使贫困群众享受到了优质医疗资源。2018 年上海 28 所三

① 祝林华：《大山深处帮扶情 ——社会各界全力帮扶怒江脱贫攻坚纪实》，怒江大峡谷网，http：//www.nujiang.cn/html/2016/nujiang_ 0611_ 44080.html，最后访问日期：2020 年 10 月 28 日。

级医院向结对帮扶的云南28家贫困县县级医院，共选派医务人员277人次，接诊患者11.7万人次，实施手术10392台次。[①]

二　东西部扶贫协作

20世纪80年代，中国政府实施了东部发达省市支持中西部欠发达省区帮扶发展的机制。1996年，随着中国扶贫事业的深入，国家开始正式推行中国特色社会扶贫机制之一——东西部扶贫协作。2016年，在全国东西部扶贫协作座谈会后，国家重新确立了东西部扶贫协作工作机制。2016年12月，中共中央办公厅、国务院办公厅印发了《关于进一步加强东西部扶贫协作工作的指导意见》，提出“东西部扶贫协作和对口支援要聚焦脱贫攻坚，按照精准扶贫、精准脱贫要求，把被帮扶地区建档立卡贫困人口稳定脱贫作为工作重点，帮扶资金和项目瞄准贫困村、贫困户，真正帮到点上、扶到根上”的扶贫协作原则。为此，国务院调整了全国东西部扶贫协作的省市，形成东部9个省（直辖市）、13个城市对口帮扶西部10个省（区、市），吉林、湖北、湖南的3个少数民族自治州和河北省张家口、承德、保定三市的新东西部扶贫协作机制。在这次调整后，国家重新安排了东部参与云南扶贫协作的省市和工作机制，让云南东西部扶贫协作得到实质性发展。分析2016年后云南东西部扶贫协作的变化，主要体现在以下三个方面。

（一）云南新型东西部扶贫协作的确立

2016年后，云南东西部扶贫协作机制的重要变化是：沪滇扶贫协作更加全面，新增粤滇扶贫协作，即广东3个经济发达的城市——东莞、中山、珠海市定点帮扶云南深度贫困的怒江州和昭通市。

① 《云南：沪滇携手持续深化扶贫协作工作综述，倾情帮扶　决战贫困》，《云南日报》，http://www.cpad.gov.cn/art/2018/4/27/art_5_83026.html，最后访问日期：2020年10月28日。

1. **沪滇扶贫协作**

云南东西部扶贫协作最早是由上海对口帮扶云南。1996 年，国家在提出东西部扶贫协作时确定由上海对口帮扶云南。考察沪滇扶贫协作的历史，可以分为 1996—2015 年和 2016 年后两个时期。1996 年，上海市共有 14 个区县对口帮扶云南文山、红河、普洱、迪庆 4 个州市 26 个国家重点贫困县，其中以保山市和西双版纳州为重点。2004 年增加迪庆州 3 个县作为对口帮扶对象。这样沪滇扶贫协作中共有云南文山、红河、普洱、迪庆 4 个州市 26 个县作为合作中的重点帮扶对象。2011 年，保山市、西双版纳州两个州市列为沪滇经济合作重点州市。2016 年，滇沪帮扶合作调整为上海市 14 个区与云南省 7 个少数民族自治州和 1 个地级市结对扶贫。当前，云南除昭通市、怒江州由广东省结对帮扶，以及昆明市、玉溪市外，其他 12 个州市都是沪滇扶贫协作的对象。通过调整，沪滇扶贫协作对象由以前的 4 个州市 26 个县扩大到 12 个州市 45 个贫困县。这样，沪滇扶贫协作成为东部发达省市对口帮扶云南脱贫攻坚中的主体。

2. **粤滇扶贫协作的建立**

为了深入贯彻 2016 年银川东西部扶贫协作座谈会上的精神，同时解决云南深度贫困的怒江州和昭通市在扶贫中帮扶力量不足、脱贫攻坚任务重的问题，2016 年 12 月，国务院在对东西部扶贫协作做出新的安排和调整时，增加广东省三市对口帮扶云南两州市。2016 年 9 月，云南与广东完成对口帮扶工作协议。根据云南贫困人口和贫困深度情况，粤滇对口帮扶时确定东莞市和中山市对口帮扶昭通市，珠海市对口帮扶怒江州。为了落实和完善广东三市对云南两州市的对口扶贫，云南省政府与广东省政府在 2016—2018 年制定出台了《云南省关于进一步加强沪滇粤滇扶贫协作工作的实施意见》和《云南省关于沪滇粤滇扶贫协作考核办法〈试行〉》等重要文件。此外，两个帮扶对象与 3 个扶贫市还分别签订了多个涉及具体帮扶措施的协议，如《广东省东莞市中山市与云南省昭通市扶贫协作框架协议》、《珠海市怒江州对口扶贫协作工作总体计划（2016—2019 年）》及 15

个其他专项子协议①，构建起完善的粤滇对口帮扶机制。

（二）对口帮扶机制的多样化

新时代东西部扶贫协作的工作内容根据2016年12月中央制定的《关于进一步加强东西部扶贫协作工作的指导意见》，在帮扶机制上采用市县结对、部门对口帮扶、乡镇对口支持，帮扶形式上采用企业协作、社会帮扶、人才交流、职业培训。2016年10月22日至24日，昭通市与东莞、中山市商谈对口帮扶事宜后，三市签署的《扶贫协作框架协议》规定在易地搬迁安置示范点建设、干部和人才交流培养、产业扶贫协作、招商引资、劳务培训与输出、教育人才培养、医疗卫生人才培养、社会帮扶协作等8个方面开展对口帮扶。分析新时代沪滇和粤滇扶贫协作的主要内容有以下方面。

1. 建立了完善的扶贫协作工作机制

云南省委、省政府十分重视与两个发达省市的帮扶协作，为了落实沪滇、粤滇对口帮扶工作，首先设立了由省委、省政府主要领导任组长的沪滇、粤滇扶贫协作领导小组，统筹省级层面上与两省市的扶贫协作工作，推进对口帮扶州市和基层具体落实帮扶项目和协议。2016年随着新的东西部扶贫协作的开展，沪滇、粤滇省级高层扶贫协作联席会议每年定期召开，对口帮扶州市交流十分频繁。很多重点对口帮扶州市与帮扶主体制定帮扶工作协议，如西双版纳州与上海市制定了《州沪滇扶贫协作领导小组关于西双版纳州东西部扶贫协作任务分解工作方案》《州沪滇扶贫协作领导小组关于进一步加强沪滇扶贫协作工作的通知》《西双版纳州与松江区扶贫协作“十三五”规划》，大理白族自治州制定《进一步加强沪滇扶贫协作工作的实施意见》。到2018年8月，云南受对口帮扶的15个州（市）与上海15个区、广东3个市之间互访2325人次、召开联席会议86次、签

① 《粤滇扶贫协作工作纪实：情牵云岭 合力攻坚》，《云南日报》，http://yn.people.com.cn/n2/2018/1116/c378439-32293254.html，最后访问日期：2020年10月28日。

署扶贫协作协议 82 个。[①] 这些工作机制和协议为云南与上海、广东的扶贫协作全面展开提供了保障。

2. 形成精准有效的对口帮扶机制

2016 年在精准扶贫下，东西部扶贫协作的最大变化是从以前以省级政府为中心转向以区市州、区县、乡镇街道办事、村之间的对口帮扶为主。为了让东西部扶贫协作能够更好地发挥脱贫攻坚作用，国家提出实施“携手奔小康行动”和“万企帮万村行动”。携手奔小康行动是“东部省份组织本行政区域内经济较发达县（市、区）与扶贫协作省份和市州扶贫任务重、脱贫难度大的贫困县开展携手奔小康行动。探索在乡镇之间、行政村之间结对帮扶”。云南在此基础上，形成了与两个帮扶省市所属市区县及部门与云南被帮扶州市、县区、部门、乡镇、村等多个层次上的对口帮扶协作。

在市级和县级对口帮扶上，2018 年上海 15 个区、广东 3 个市与云南 88 个贫困县结成对口帮扶。广东三市中 7 个区 7 个镇分别与昭通、怒江 14 个贫困县结成脱贫奔小康示范县合作协议。[②] 2017 年 1 月 5 日，国务院扶贫办公布了携手奔小康行动结对帮扶名单，其中上海与云南结对帮扶区县是：徐汇区帮扶元阳县、长宁区帮扶红河县、静安区帮扶广南县、虹口区帮扶马关县、金山区帮扶墨江哈尼族自治县、黄浦区帮扶澜沧拉祜族自治县、浦东新区帮扶弥渡县、崇明区帮扶南涧彝族自治县、嘉定区帮扶武定县、杨浦区帮扶大姚县、松江区帮扶勐腊县、青浦区帮扶梁河县、闵行区帮扶香格里拉市、宝山区帮扶维西傈僳族自治县等。[③] 广东三市中的香洲区帮扶泸水市、斗门区帮扶福贡县、金湾区帮扶贡山独龙族怒族自治县、横琴新区帮扶兰坪白族普米族自治县、清溪镇帮扶镇雄县、黄江镇帮扶彝

---

① 《云南省沪滇粤滇扶贫协作成效明显帮助 11.48 万建档贫困人口脱贫》。

② 《粤滇扶贫协作工作纪实：情牵云岭 合力攻坚》，《云南日报》，http://yn.people.com.cn/n2/2018/1116/c378439-32293254.html，最后访问日期：2020 年 10 月 28 日。

③ 《国务院扶贫办公布携手奔小康行动结对帮扶名单》，《人民日报》，http://news.cnwest.com/content/2017-01/06/content_14377961.htm，最后访问日期：2020 年 10 月 28 日。

良县、石碣镇帮扶昭阳区、大岭山镇帮扶威信县、莞城街道帮扶鲁甸县、樟木头镇帮扶巧家县、中山市火炬开发区帮扶大关县、石岐区帮扶盐津县、东区帮扶绥江县、小榄镇帮扶永善县等。[①] 这样被云南纳入对口帮扶的贫困县都有明确的帮扶主体。

在乡镇（街道）、村的对口帮扶上，主要是通过创建“2 帮 1”“1 对 1”结对帮扶模式来落实东西部扶贫协作。2018 年，上海市 15 个区的镇（街道）与云南 361 个贫困乡（镇）、2353 个贫困村建立了结对帮扶。广东东莞、中山、珠海 3 个市的 66 个镇（区、街道）与昭通市、怒江州 73 个贫困村建立了结对帮扶。

在“万企帮万村”行动上，2018 年，上海市 224 家市属国企和知名民企与云南 74 个贫困县、2433 个深度贫困村建立结对帮扶；广东省 259 家企业与昭通市、怒江州 306 个贫困村建立结对帮扶。这样云南很多贫困村有了新的帮扶主体。

3. 推进和落实产业为中心的帮扶

在云南东西部扶贫协作中，产业为中心的帮扶是整个扶贫工作的核心。为了加快云南产业和工业发展，在沪滇帮扶协作中，云南省与上海市达成以促进贫困地区产业和工业发展为目标的“沪企入滇”和“云品入沪”两个协作工程。实施“沪企入滇”工程后，双方在产业扶贫上获得了巨大进步。2018 年双方达成的合作项目达到 373 个，到位资金 485.3 亿元，其中上海复兴集团、新沪商联合会等一批知名企业、商会到云南投资办厂；2017 年双方实施合作项目 217 个，到位资金 324.3 亿元，同比增长 94.3%，带动贫困人口脱贫 7955 人，吸纳就业脱贫人口 2950 人。[②] 为了实施“云品入沪”工程，云南省商务厅与上海市商务委签订了《“云品入

---

① 《国务院扶贫办公布携手奔小康行动结对帮扶名单》，《人民日报》，http://news.cnwest.com/content/2017-01/06/content_14377961.htm，最后访问日期：2020 年 10 月 28 日。

② 《云南：沪滇携手持续深化扶贫协作工作综述，倾情帮扶 决战贫困》，《云南日报》，http://www.cpad.gov.cn/art/2018/4/27/art_5_83026.html，最后访问日期：2020 年 10 月 28 日。

沪”产销对接精准扶贫专项行动计划（2017—2020年）》，为云南高原特色产品开拓了市场，建立了11个云南与上海蔬菜产销对接基地。如松江区41家企业与勐腊县19个贫困村、勐海县21个贫困村结对，实现结对帮扶全覆盖，签订村企结对帮扶协议，从产业、项目、资金上全力支持贫困村发展。①

在粤滇帮扶机制下，广东省全面支持对口帮扶的两州市产业发展，让两州市的产业发展有了资金、项目和市场的支持。2018年，昭通市和东莞市、中山市共建昭通粤商产业园，东莞华坚鞋业集团制鞋项目、润丰国际蔬菜交易中心、中山市中顺洁柔纸业10万吨生活用纸项目已入园生产或正开展前期工作。中山素果食品公司、中山市卉盛农业发展有限公司、深圳澳牛集团落户昭通，投资4.3亿元，实施产业合作直接带动贫困群众增收。东莞、昭通两地旅游部门不断强化旅游交流，促成岭南园林公司投资22亿元在鲁甸县实施创园环境综合提升及全城旅游开发，广东清州文化公司投资6000万元实施莞昭文化旅游项目。中山、昭通两地农业部门组建“食出鲜风”高原特色农产品体验馆在中山市安家落户。

珠海市在对怒江对口扶贫后，组织国有企业和民营企业到怒江开展各种形式的产业扶贫。“携手奔小康”结对区投入2400万元帮助对口县发展产业，发动华发集团、九洲控股集团、免税集团等5家国企投入3500万元设立产业帮扶基金，实施可持续性支持发展。珠海市拨付145万元支援泸水市龙威生猪定点屠宰场升级改造。珠海农控集团在怒江州投资2000万元，注册成立“珠海农控怒江投资有限公司”，开展农业产业帮扶。在产业运作上采取“分散组织生产，集中规模经营”模式，成功实施冬早蔬菜、羊肚菌、天麻和高黎贡山猪、中华蜂等种养殖项目。金湾区组织“丽珠集团”、“韩源药业”和“金鸿药业”等多家企业到贡山发展特色生态农业，种植草果、山药、百合等土特产和养殖贡山猪、牛、羊等。珠海举办怒江特

① 《沪滇肩并肩 携手奔小康》，《西双版纳报》，http：//www.yn.xinhuanet.com/minzu/2018-08/03/c_137365874.htm，最后访问日期：2020年10月28日。

色农副产品展销会和“江海情·携手行”怒江旅游文化宣介活动，让怒江近50家企业、上千种产品参与展销，两地企业签订了包括高黎贡山猪养殖、云黄连种植加工在内的19个项目合作协议或意向。为了让贡山产品能够畅通外销，金湾区在政府引导下由百家商贸有限公司建立健康食品创新平台，解决产业扶贫中销售上的最后难题。① 珠海市与怒江州两地11家旅行社签订旅游客源互换合作协议，共推怒江旅游线路和产品。

这些以产业为中心的扶贫有力推动了云南对口帮扶州市县的产业和工业发展，为这些地区脱贫攻坚取得成功提供了坚实基础。

4. 人才技术交流、教育支持和劳务协作

人才技术交流和教育支持是东部发达省市对西部欠发达地区扶贫协作的重要内容，也是补足西部省区贫困地区和群体发展短板的关键所在。在沪滇和粤滇扶贫协作中，派遣两省市干部到云南帮扶对象中进行工作指导和接受云南受帮扶地区干部到帮扶省市挂职、培训是重要扶贫机制。2016年后，上海、广东选派了121名干部到云南挂职锻炼，选派了323名专业技术人才到云南开展智力帮扶；云南选派了403名干部赴上海、广东挂职学习，选派了1390名教育、医疗技术骨干到上海、广东学习交流，选派了5108名专业技术人才赴上海和广东参加培训。其中，仅2018年，上海市就增派28名干部到云南挂职，使第十批援滇挂职干部人数达到109人；广东省第三、第五、第六批扶贫协作工作组和挂职干部57人进驻怒江、昭通开展帮扶。2018年，两省市选派483名专业技术人才到云南开展智力帮扶，云南共选派275名干部到上海、广东挂职锻炼，选派农业、教育、卫生、文化、科技、规划等专业技术人才1008人次到两省市学习培训。这些技术人才的交流培训，为云南脱贫攻坚提供了重要的智力支持。

创造就业机会，让贫困人口就业，增加收入实现脱贫是脱贫攻坚的重要形式。为此，在沪滇、粤滇对口帮扶中，劳动力转移就业成为工作的重

① 《珠海金湾区与怒江州贡山县不断深化结对帮扶工作》，省扶贫办帮扶协作处，http://www.ynysca.com/news/show-746.html，最后访问日期：2020年10月28日。

点。为了更好地吸收云南贫困地区的劳动力，上海市、广东省相关部门和企业在云南举办了248场招聘会，开展了816期共94572人次的就业培训，帮助建档立卡贫困户实现就业36823人次。此外，上海交通大学、同济大学等30多家高校、科研院所、企业与云南省签订科技合作项目118项。[①]东莞、中山市与昭通市签订《对口帮扶劳务输出和劳动力转移就业协作协议》，珠海市与怒江州签署《珠海市对口怒江州扶贫协作劳动力转移就业和技能培训工作协议》，建立劳动力协作和就业信息共享机制，举办139场专场招聘会，昭通市累计输出10777人次到东莞、中山务工，其中建档立卡贫困人口共2992人。建立技能人才双向交流机制，昭通市技工学校派10名中层干部到东莞、中山技师学校学习交流，中山市技师学院派5名学科带头人到昭通技工学校开展教学交流。珠海市扶持怒江州人社部门劳动力转移就业和参加技能培训，在工作经费上给予240万元支持，针对贫困劳动力、村组干部、中介机构、用工企业等出台系列奖补政策。怒江建立珠海企业培训站，开展订单培训和定向输送；珠海、怒江两地互设劳务服务工作站，建设“怒江员工之家”，积极探索就近就地转移就业；鼓励校企合作，实施“双百工程”；引入社会组织设立智力帮扶基金。2018年3月，累计转移到珠海就业1545人次，其中建档立卡贫困劳动力有742人次。[②]

在教育帮扶上，重点帮扶云南贫困人口接受职业技术教育。为此，上海市和广东省针对云南贫困家庭中的“两后生”实施特别职业教育支持计划。2018年，上海市中等职业学校在云南部分州市建档立卡贫困户“两后生”中实施对口单独培养和分段式培养，招收学生2000人。广东针对昭通市和怒江州探索实施“职教0+3”“粤教云”教育帮扶模式，通过开设“珠海班”“怒江班”，招收昭通籍学生2942人，怒江州中职技校的150名学生到珠海企业实习。此外，还开展普通教育帮扶。如广东省珠海市泸水

---

① 《云南：沪滇携手持续深化扶贫协作工作综述，倾情帮扶 决战贫困》，《云南日报》，http：//www.cpad.gov.cn/art/2018/4/27/art_ 5_ 83026.html，最后访问日期：2020年10月28日。

② 李洁琼：《珠海怒江开展东西扶贫协作》，《南方都市报》2018年3月30日，ZB02版。

一中和兰坪一中开设“珠海班”，建立结对学校“珠海班”试点合作办学。“珠海班”通过采取合作共建形式，根据教育的长期性、基础性特点，充分发挥珠海教育特色优势，实现带头示范效应。

帮扶和支持定点帮扶对象提高教师教学技能是教育扶贫的主要形式。珠海市每年从全市高中中选派 40 人次赴“珠海班”支教，三年共选派 120 人次。珠海市四所中职学校（珠海技师学院、珠海市卫生学校、珠海市理工技术学校和珠海市第一中等职业学校）帮扶怒江州职教中心进行专业建设，协助怒江州职教中心打造 2 ~3 个骨干专业。帮扶怒江州职教中心制定实训基地建设方案，共建实训基地和生产线；打造怒江职教中心“双师素质”和“双师结构”教学团队，珠海市每年每个专业选派 1 ~2 名教师到怒江州民族中等专业学校指导和支教，三年共选派 40 人次，同时置换出 2 ~4名教师到珠海顶岗学习，三年共选派 60 人次。两地五州市不断创新教育帮扶机制，推进“两班一堂、百校千人”的培训模式，探索“职教 0 + 3”“珠海班”“怒江班”教育帮扶模式。东莞、中山市通过“职教 0 + 3”帮扶模式，接收昭通市的 1350 名学生到东莞理工学院、电子科技学校、商贸学校等 10 余所学校就读；怒江州 4 个高中阶段的“珠海班”，获得了 2017 年中考录取分数线全州最高的成绩；第一批职业教育“怒江班”的 56 名学生赴珠海技师学院就学。首批 50 名怒江州中小学教师赴珠海接受培训，珠海名校长、名教师赴怒江讲座 34 场次，培训怒江教师 1800 余人次。

在教学资料共享上，通过“粤教云”课堂帮助怒江中小学进一步完善教育信息基础条件，提高“三通两平台”配置水平。选定 4 所学校作为“粤教云”怒江首批试点学校，将珠海“粤教云”权威数字教材和数字教辅资源引入怒江课堂，通过网络、光盘等媒介传递给怒江已接通宽带网络的 113 所中小学。

5. 创新金融协作模式，加大金融帮扶支持

借助上海市、广东省金融市场资金优势，国开行云南分行与上海分行签署了《金融支持东西部扶贫协作协议》，云南省富滇银行与上海浦发银行签署《战略合作协议》，上海浦发银行、新沪商联合会在云南省设立扶贫基金，用于贫困地区基础设施、产业发展，积极探索金融支持帮扶协作新模式。

（三）沪滇、粤滇扶贫协作成效显著

随着新型东西部扶贫协作的开展，云南东西部扶贫协作取得显著成绩。在扶贫资金投入上，仅2017年沪滇对口帮扶资金就达到42.07亿元，粤滇对口帮扶资金有3亿多元。2018年，在沪滇、粤滇扶贫协作中，上海市、广东省累计投入财政帮扶资金27.07亿元，实施帮扶项目820多个，帮助11.48万建档贫困人口脱贫。[①] 2018年4月，广东在云南累计投入财政帮扶资金4.3亿元，东莞、中山两市在昭通市10个县建设的1802户民居扶贫协作示范点项目完成，244个村级卫生室建设项目推进良好。珠海市帮扶怒江州近2亿元援建资金已到位，5个示范点中已有3个点共873户全面动工建设，预计5个示范点主体工程于2018年6月全部完工。珠海格力集团出资5400万元承建格力小学和格力幼儿园标志性工程获得推进。[②]

在人才智力帮扶上，2018年上海市参与对口帮扶的15个区组织了410人次深入云南贫困地区调研对接，召开联席会议101次；云南省13个州（市）、74个贫困县主要领导相继到上海市互访交流，签署帮扶协议。广东省东莞、中山、珠海三市组成123个代表团到云南省考察调研对接，昭通市、怒江州党政领导80人次赴广东考察学习。

东莞、中山和昭通两地13家医疗机构开展对口帮扶，中山市重点医院组成专家组赴昭通开展首批200余人医学技术人才培训，昭通市130名医疗骨干赴中山市进修；珠海市派出32名卫生专业人才在怒江州9家医疗机构开展帮扶工作，接诊门急诊患者6652人次，授课128次，培训当地卫生

---

① 《粤滇扶贫协作力度不断加大》，《云南经济日报》2018年5月14日，A2版，

② 《粤滇扶贫协作力度不断加大》，《云南经济日报》2018年5月14日，A2版。

人才4830人次，推广新技术52项。珠海市帮助制定《珠海—怒江结核病防治精准帮扶项目工作方案》，培训怒江州结核病防治人员126人，动员蓝海之略公司投资4838.7万元，在怒江州人民医院首批建设心血管介入、病理等3个重点科室。2017年珠海市金湾区与怒江州贡山县结对扶贫以来，双方签订了《建立友好区县协议书》，拟定了《对口扶贫协作方案》。金湾第一批医疗工作组在贡山县接诊，派驻的3名医疗干部和3名执业医师到贡山县3个乡镇卫生院挂职并开展工作，捐赠贡山人民医院及各乡镇卫生院空调共109台，总价值约55万元。在教育帮扶上，安排6名优秀教师赴贡山开展送教活动，贡山“金湾班”在2017年9月正式开课，金湾区计划2018年选派一批教师赴贡山试点学校任教，同时接受一批贡山教师到金湾跟班学习，援建远程教学“粤教云”平台建设。2017年，贡山组织举办春季首场大型招聘会，动员贡山的贫困劳动力到珠海转移就业。2017年底，共有61名贡山劳动力转移至珠海工作，提前完成年度目标。①

三　社会组织参与扶贫

社会组织，有时称为NGO或非政府组织，在当前中国社会扶贫类型中，非政府社会组织是最准确的称谓。2014年国务院发布的《国务院办公厅关于进一步动员社会各方面力量参与扶贫开发的意见》（国办发〔2014〕58号）中界定的社会组织是“社会团体、基金会、民办非企业单位等各类组织”。从这个定义可知，当前中国参与社会扶贫的社会组织有社会团体、慈善基金会和民办非企业单位等三类。2015年11月，《关于打赢脱贫攻坚战的决定》中强调“实施扶贫志愿者行动计划和社会工作专业人才服务贫困地区计划”；国务院在《“十三五”脱贫攻坚规划》中明确提出在精准扶贫中要“进一步发挥社会工作专业人才和志愿者扶贫作用，制定出台支

① 以上数据来源于《脱贫路上东西部携手硕果丰——2018年沪滇、粤滇扶贫协作工作纪实》，《云南日报》，http://yn.people.com.cn/n2/2018/1217/c378439-32416577.html，最后访问日期：2020年10月28日。

持专业社会工作和志愿服务力量参与脱贫攻坚专项政策”。可以说，国家早就发现在脱贫攻坚中必须发挥社会组织和社工组织的力量。

2019 年 2 月 9 日，全国社会组织数据系统登记在案的社会组织超过了 81.6 万个，其中民政部登记的社会组织有 2300 个。其中，全国各地区约 700000 个社会组织参与社会扶贫。[①] 2017 年 12 月，国家宣布鼓励社会力量参与扶贫活动。[②] 全国主要参与社会扶贫的公益性社会组织有“中国光彩事业”“希望工程”“母亲水窖”“幸福工程”“母亲健康快车”“贫困地区儿童营养改善”“春蕾计划”“集善工程”“爱心包裹”“扶贫志愿者行动计划”等。

20 世纪 80 年代中后期至 90 年代，国内外社会组织开始参与到中国的扶贫事业中，其中较有名的有中国扶贫基金会、中华慈善总会、全国妇联巾帼扶贫行动、全国残联扶贫活动、希望工程、光彩事业、幸福工程、宋庆龄基金会扶贫救助项目、中国社会科学院小额信贷中心、爱德基金会、香港乐施会等。2017 年，民政部为了引导社会组织参与和支持深度贫困地区脱贫攻坚，成立了专门的领导小组，协调组织中国扶贫基金会、中国慈善联合会、腾讯公益慈善基金会等 180 家全国性社会组织到全国深度贫困地区参与社会扶贫。其中，2017 年和 2018 年间，民政部针对“三区三州”等深度贫困地区为社会组织设立了 290 多个扶贫项目，资助资金 1 亿多元。[③] 2019 年，中央财政拨出约 1.9 亿元支持社会组织参与社会服务项目，鼓励相关社会组织积极参与脱贫攻坚。2018 年，云南共有 15 个项目成功申报立项，重点资助社会组织在扶老助老服务、关爱儿童服务、扶残助残服

① 《我国登记社会组织超过 81 万个成脱贫攻坚重要力量》，新华每日电讯 2 版，http：//www. xinhuanet. com//mrdx/2019 - 02/11/c_ 137812226. htm，最后访问日期：2020 年 10 月 28 日。

② 《刺激扶贫和艰苦劳动的社会生活水平——社会组织参与扶贫工作总结》，新华社，http：//blog. sina. com. cn/s/blog_ 1621144e20102xfwo. html，最后访问日期：2020 年 10 月 28 日。

③ 罗争光：《我国登记社会组织超过 81 万 成脱贫攻坚重要力量》，新华网，http：//society. people. com. cn/n1/2019/0210/c1008 - 30616127. html，最后访问日期：2020 年 10 月 28 日。

务、社会工作服务、救助扶贫服务、能力建设和人员培训领域的社会服务。2013 年，云南省就采用购买服务的方式进行社会扶助工作，颁行了《云南省县级以上政府向社会组织购买服务暂行办法》，2015 年出台了《云南省人民政府办公厅关于政府向社会力量购买服务的实施意见》。2015 年云南省级部门投入 1. 2 亿元购买社工服务、养老服务、社会组织服务等。

在社会组织扶贫中，最具代表性的有中国人口福利基金会、中国教育发展基金会、亿利公益基金会等，这 3 家全国性社会组织在脱贫攻坚战中积极开展以项目为载体的扶贫。中国人口福利基金会通过实施“健康暖心——锐珂贫困地区基层医生培训润土计划”“健康暖心——基层医疗装备联心助医计划”“健康暖心”扶贫基金等，积极参与脱贫攻坚，累计投入资金 27965. 46 万元。其中，“健康暖心——锐珂贫困地区基层医生培训润土计划”是通过管理层培训、重点科室培训和志愿对口支援等形式实施医疗扶贫，覆盖吕梁山片区、宁夏回族自治区、贵州黔东南州、甘肃省定西市和临夏州、云南省等连片贫困地区 50 余个国家级贫困县，培训贫困地区基层医疗机构管理人员和临床医生 2448 人，累计投入 1000 万元。“健康暖心——基层医疗装备联心助医计划”项目旨在改善基层地区县乡医疗卫生机构装备水平、提高服务能力。项目开展以来，累计为贫困地区的 487 家基层医院捐赠医疗装备 1360 套（台），合计捐赠价值 24115. 46 万元。“健康暖心”扶贫基金立足于国家重点扶贫地区——吕梁山片区，同时辐射部分国家级贫困县，累计投入扶贫基金 2850 万元，分别用于贫困患者救助、为贫困患者购买大病救助保险、基层医务人才培养、乡镇医院建设等项目。

中国教育发展基金会通过开展教育助学助教项目，支持学校基础设施建设、资助家庭经济特别困难教师、资助和奖励家庭经济困难学生，累计投入资金 6686. 88 万元。为推进优质教育资源共建共享，与阔地教育科技有限公司合作，投入价值约 3741. 88 万元的移动课堂产品，并提供网络同步教学云平台长期使用权和免费升级、维护等服务，累计在 3 个地（市）、32 个区（县）、1037 个学校提供并开通了教育云平台的使用权限和服务，实现了天津红桥区对甘南藏族自治州、珠海市对云南省怒江傈僳族自治州和西藏自治区米林县、吉林对西藏日喀则市的教育精准帮扶，并支持西藏自治区林周县范围内实现优质教育资源共建共享。“蓝色梦想——中国移动多媒体教室”与中国移动慈善基金会合作，投入 210 万元，为四川省凉山州雷波县、盐源县等部分农村学校建设了 90 间教室，惠及师生约 3400 人。立足于优化“三区三州”等深度贫困地区学校基础设施建设，中国教育发展基金会开展“中央专项彩票公益金教育助学项目润雨计划”项目，项目涉及云南、青海、新疆、西藏多地，投入资金总计 2635 万元。

亿利公益基金会立足产业特色优势，通过种植业扶贫、畜牧养殖产业扶贫等方式，累计投入资金达 2793. 8 万元。开展种植业扶贫，捐款 200 万元用于宁夏吴忠市同德生态移民村建设枸杞种植基地，帮助近千户贫困农民解决收入来源问题；捐资 237. 8 万元支持四川雅安芦山县地震灾区发展红心猕猴桃种植产业，通过发展猕猴桃产业帮助当地受灾群众恢复生产；捐赠 1620 万元支持内蒙古鄂尔多斯市杭锦旗杭锦淖尔生态扶贫新村项目建设。开展畜牧养殖产业扶贫，亿利公益基金会向内蒙古杭锦旗 1219 户（3058 人）建档立卡国家级贫困户每户捐赠 10 只基础母畜。目前，亿利公益基金会投入资金达 736 万元。该项目让贫困户通过养羊、育羊等途径实现增收创收，帮助其发展养殖业，做到扶贫项目精准、措施精准、对象精准。设立“光彩·亿利生态教育和就业扶贫专项基金”，该基金联合光彩事业基金会共同发起设立，本着“能力建设与生态建设相结合、培训教育与生态产业相结合、扶贫与扶智相结合”的指导思想，在蒙藏新滇甘五省区实施生态职业教育与就业扶贫行动。从 2018 年起，三年投入 12000 万元，资助西部生态环境脆弱地区的少数民族地区建档立卡贫困家庭子女和贫困劳动力 5 万人次完成生态职业教育与就业技能培训。①

中国光彩事业促进会作为中国专门进行扶贫的社会组织，于 1994 年开

① 数据来自“民政部社管局关于中国人口福利基金会等全国性社会组织参与深度贫困地区脱贫攻坚情况的通报”，http：//baijiahao. baidu. com/s? id = 1602709684081630315&wfr = spider&for = pc，最后访问日期：2020 年 10 月 28 日。

始活动。1995 年 10 月 25 日，经国家民政部批准正式成立，成员由非公有制企业、非公有制经济人士和在内地投资的港澳等工商界人士自愿组成，是实施社会扶贫的具有法人地位的全国性非营利性社会团体。

2006 年，红河州光彩事业促进会成立，积极引导全州民营经济人士参与到帮扶等活动中，投资农业产业扶贫项目 226 个，到位资金 1.26 亿元，带动群众脱贫 12.31 万人。2016 年后，中国光彩事业促进会在云南参与扶贫主要由两个活动组织。其一是 2016 年 9 月“中国光彩事业德宏行”活动，在活动中其与德宏傣族景颇族自治州共签约 190 个招商引资项目，协议引资 3401 亿元。2017 年 9 月底，在“中国光彩事业德宏行”190 项招商引资项目中，合同项目有 141 项，合同资金为 1806.03 亿元，协议项目合同转化率为 74.21%；在合同项目中，已开工 95 项，合同项目开工率为 67.38%，累计到位资金为 410.63 亿元。陇川县王子树乡、勐约乡桑蚕养殖项目、肉牛养殖项目也在顺利推进。[①] 其二是 2018 年 10 月“中国光彩事业怒江行”活动，共签约项目 50 个，投资总额为 295.4 亿元。活动累计公益捐赠超过 1.6 亿元，将用于为怒江州贫困群众配备生活设施、建立产业帮扶基金以及开展“百企帮百村”精准扶贫行动。[②]

2013 年，国家开始鼓励和支持社会工作专业组织和人员参与社会扶贫，其中重点开展社会工作教育对口扶贫计划，社会工作服务机构“牵手计划”，社会工作专业人才服务贫困地区、边疆地区、革命老区计划等。对于社工组织在精准扶贫中的作用，有学者指出“专业社会工作‘嵌入’精准扶贫带来的是服务和资源的增量，而专业社会工作对精准扶贫的‘浸

① 《云南：“中国光彩事业德宏行”项目稳步推进》，云南省工商联，http://www.acfic.org.cn/gdgsl_362/yunnan/yngslgz/201711/t20171127_47109.html，最后访问日期：2020 年 10 月 28 日。

② 《中国光彩事业助力云南怒江精准扶贫》，新华社，http://www.yn.xinhuanet.com/reporter/2018-10/13/c_137529211.htm，最后访问日期：2020 年 10 月 28 日。

润'，表现为对贫困人口深切的价值关怀、对贫困问题的系统化思考、更科学的解决方法和更规范的工作流程"①。2010 年，《社会工作专业人才队伍建设中长期规划（2011—2020 年）》提出到2020 年实现每个国家重点扶贫县至少建立一个社会工作服务站，以带动形成 5 万名农村社会工作专业人才。为此，2015 年 3 月，云南省委组织部、省委政法委、省发改委、省民政厅等 18 个部门联合下发了《云南省社会工作专业人才队伍建设中长期规划（2015—2020 年）》。2017 年，中共云南省委组织部、云南省民政厅、云南省人社厅和省扶贫办等六部门联合印发了《云南省关于支持社会工作专业力量参与脱贫攻坚的实施意见》，明确了社会工作专业力量参与六个方面的脱贫攻坚：参与贫困群众救助帮扶、参与贫困群众脱贫能力建设、参与贫困群众产业发展、促进易地搬迁贫困群众融合适应、参与贫困地区留守儿童关爱保护、针对其他特殊困难人群开展关爱服务。2015 年 7 月，在省、市、县三级民政部门支持下，"云南振滇社会组织发展研究院"选派专业社工到寻甸县开展"三区"计划。2013 年以来，省民政厅累计选派了 520 名社会工作专业人才深入贫困地区，积极帮扶贫困群众增收致富，搭建网络销售平台，链接各类资源帮助当地农民解决困难，提高农民的专业化、组织化程度。目前，社会工作专业服务已覆盖了全省 16 个州（市）68 个县（市、区），直接服务贫困群众 20 万人次以上，间接服务贫困群众百万人次。

四 民营企业和商会参与扶贫

在新时代中国社会扶贫中，国家重点扶持和鼓励参与社会扶贫的主体是民营企业和私营企业组成的商会。民营企业参与扶贫最早开始于1994 年国家颁布并实施"国家八七扶贫攻坚计划"之时。1994 年 4 月，刘永好等 10 名民营企业家联名倡议《让我们投身到扶贫的光彩事业中来》，开了中

① 席晓丽：《社会工作助力精准扶贫的"嵌入"和"浸润"路径》，《贵州社会科学》2018 年第 5 期。

国民营企业参与扶贫事业的先河。2008 年 9 月，在国务院扶贫办主办的“企业社会责任”研讨会上，人们对企业扶贫行为进行深入探讨，把企业扶贫正式纳入中国社会扶贫的范围。2009 年，国务院扶贫办组织召开了多个企业参与扶贫开发的政策研讨会。之后，企业参与扶贫逐渐在全国铺开。当前，中国民营企业参与社会扶贫主要有中国光彩事业促进会和“万企帮万村”精准扶贫行动两个机制。由于中国光彩事业促进会是一个法人社会组织，其参与的扶贫已经属于社会组织扶贫。当前，真正意义上的民营企业和商会参与扶贫的是“万企帮万村”精准扶贫行动。

“万企帮万村”精准扶贫行动是 2015 年 10 月 17 日由全国工商联、国务院扶贫办、中国光彩事业促进会发起的特别社会扶贫行动。该行动以民营企业为帮扶方，以建档立卡贫困村、贫困户为帮扶对象，以签约结对、村企共建为主要形式，力争用 3 年到 5 年时间，动员全国 1 万家以上民营企业参与，帮助 1 万个以上贫困村加快脱贫进程。根据统计，2018 年 6 月底，全国进入“万企帮万村”精准扶贫行动台账管理的民营企业达到 5.54 万家，精准帮扶 6.28 万个村（其中建档立卡贫困村 3.99 万个），帮助惠及 755.98 万建档立卡贫困人口；产业投入 597.52 亿元，公益投入 115.65 亿元，安置就业 54.92 万人，技能培训 58.31 万人。[①] 从这些数据看，该行动已经完成了最初的规划，成为全国最具影响力的社会扶贫力量。

云南省“万企帮万村”精准扶贫行动始于 2016 年。2016 年 4 月，云南省工商联、省扶贫办和省光彩事业促进会印发《云南省“万企帮万村”精准扶贫行动方案》。云南省“万企帮万村”精准扶贫行动确定帮扶主体是民营企业，帮扶对象是建档立卡贫困村；帮扶机制是“采取一企帮一村、多企帮一村、一企帮多村等方式，通过产业联村、项目带村、智力扶村、捐赠帮村等手段，增加农民收入脱贫致富”；计划用 3 年至 5 年时间，动员全省 300 家以上民营企业参与，帮助 300 个以上贫困村。2016 年 10

① 《全国“万企帮万村”精准扶贫行动先进民营企业表彰大会暨扶贫日论坛在京举行》，http://www.sohu.com/a/259984207_798956，最后访问日期：2020 年 10 月 28 日。

月 17 日，在第三个国家“扶贫日”活动时，云南省正式启动“万企帮万村”精准扶贫行动。当日，活动现场有 20 家民营企业、异地（行业）商会与贫困村签署了“万企帮万村”精准扶贫行动村企结对帮扶协议。[①] 2017 年 12 月 4 日，全省共有 1693 家民营企业参与“万企帮万村”精准扶贫行动，实施了 2505 个项目，投入资金 20.4624 亿元，受帮扶贫困村 1987 个，受帮扶贫困群众达到 595274 人。[②] 2018 年 1 月，全省共有 2016 家企业参与“万企帮万村”精准扶贫行动，实施了 4005 个项目，投入资金 23.5286 亿元，受帮扶贫困村有 2466 个，受帮扶贫困人口有 649949 人。[③] 2018 年 10 月，云南省启动了 2128 家民营企业对口帮扶 2066 个贫困村，以共建为主要形式的“万企帮万村”精准扶贫行动。[④]

> 云南龙云大有实业有限公司在结对帮扶祥云县小庄子村委会过程中，通过土地流转建成 1 万多亩蔬菜标准化种植核心示范基地，实现了土地流转助贫困户增收、转移就业助贫困户脱贫、产业带动助贫困户发展；云南哲林实业有限公司通过产业联村、项目带村、智力扶村、产业扶贫、就业扶贫、入股分红等方式，多方多策促贫困户增收脱贫；德宏正信实业股份有限公司通过“公司 + 专业化小蚕共育基地 + 农户”的产业化发展模式，实现了贫困户精准脱贫和企业发展互动双赢。

2016—2018 年，保山市共有 137 家民营企业挂钩帮扶 169 个村，占全市 413 个建档立卡贫困村的 40.9%；共计实施帮扶项目 277 个，投入资金 10 亿元以上，投入物资 2148.55 万元，受益贫困群众 4.59 万人。全市电子商务进农村综合示范项目有序推进，全市网点数达到 1.08 万家，带动就业 2 万多人，完成电子商务交易额 10 亿多元。

---

① 杜托：《凝聚强大合力 构建大扶贫格局》，《昆明日报》2016 年 10 月 18 日，第 1 版。

② 《云南 1693 家民企参与精准扶贫万企帮万村行动》，中央统战部网站，http://www.rmzxb.com.cn/c/2017-12-28/1915214.shtml，最后访问日期：2020 年 10 月 28 日。

③ 《云南省 2016 家企业参与“万企帮万村”精准扶贫行动 帮扶贫困人口近 65 万人》。

④ 宋媛：《云南省扶贫开发报告》，《新西部》2018 年 2～3 月上旬刊。

腾冲市高黎贡山生态茶业有限责任公司采用“三产融合、茶旅养生”的发展思路，通过“企业+基地+农户”的方式，树立“茶农与企业利益共享，风险由企业承担”的发展理念，流转建设万亩生态茶园，加大扶持力度，打牢脱贫基础。公司以农业围绕市场，带动当地产业发展，为当地村民提供了大量的就业机会，现有职工1000多人，直接安排建档立卡贫困户就业17人，带动茶农3万多户。其中，建档立卡贫困户859户、建档立卡贫困人口3416人，直接受益茶农10万多人。年实现产值1.9亿元，带动茶农增收6000多万元。云南品斛堂生物科技有限公司依托龙陵县35个石斛专业合作社，指导农户按照公司品质要求进行规范种植，并对符合品质要求的产品进行战略收储，目前带动10个乡镇共12000余户农户从事石斛产业，其中包括建档立卡贫困户896人。①

2016年统计显示，昆明市在过去5年有103个机关事业单位、9个发达区（市）、32家国有企业、167家民营企业、21家农业龙头企业、101个商会、30个驻昆部队参与，参与挂钩扶贫的单位（企业）商会数量达到463个，是“十一五”期间140个挂钩帮扶单位的3.3倍，实现贫困村“一村一企”帮扶全覆盖。建立起“发达县（市）区和党政机关企事业单位包乡（村）对口帮扶、市级领导联县挂乡、社会力量广泛参与的宽领域、广覆盖社会扶贫大格局”。②

2018年，福建商会出资20万元帮助梁河县曩宋乡马茂村发展村集体经济，主要用于马茂村103户建档立卡户发展200亩百香果扶贫产业基地。③

2016年8月4日晚，云南省政府同浙商总会签署战略合作协议及战略精准扶贫协议。集中签订了投资合作类项目23个，协议总金额达到338亿

① 宁玲：《保山“万企帮万村”精准扶贫在行动：先富帮后富 携手奔小康》，《保山日报》，http://yn.people.com.cn/news/yunnan/n2/2018/0802/c385762-31889360.html，最后访问日期：2020年10月28日。

② 《昆明搭起社会扶贫“大格局”》，《昆明日报》2016年2月22日，第8版。

③ 《云南：德宏州工商联积极引导商会组织参与“万企帮万村”精准扶贫行动》，云南省工商联，http://www.acfic.org.cn/gdgsl_362/yunnan/df_wqbwc/201805/t20180530_53374.html，最后访问日期：2020年10月28日。

元，涉及电子商务、生物科技、商贸物流、旅游文化、高原特色农业等多个领域。其中，昆明市政府、云南滇中新区与浙商总会签订框架合作协议，协议总额达200亿元。①

五 个人参与扶贫

个人参与扶贫是指各类扶贫志愿者、扶贫捐赠者和以其他方式投身扶贫活动的公民个人的扶贫方式的总称。中国社会扶贫中的个人扶贫主体和形式，根据国家有关部门的总结，是“社会成员和港澳同胞、台湾同胞、华侨及海外人士，通过爱心捐赠、志愿服务、结对帮扶等多种形式参与扶贫”。从这里看，中国当前的个人参与扶贫的人士有大陆公民、港澳同胞、台湾同胞、华侨和海外人士，即中国人、华侨和外国人，参与扶贫的形式有捐赠钱物、参与志愿服务活动和结对帮扶贫困对象。中国政府为了鼓励个人参与扶贫，1993 年在修订《中华人民共和国个人所得税法》时规定“个人将其所得对教育事业和其他公益事业捐赠的部分，按照国务院的有关规定从应纳税所得额中扣除”。此后，在 2006 年、2011 年两次修订《中华人民共和国个人所得税法》时都重申了这一规定。志愿者在云南社会扶贫中较为活跃，其中以“三支一扶”和上海沪滇扶贫协作下的志愿者扶贫最为显著。上海市在沪滇帮扶协议下，从 1998 年起招募志愿者到云南进行各种形式的个人扶贫。到 2016 年，先后组织了 19 批共 400 名来自各行各业的优秀青年志愿者赴云南迪庆、红河、文山等州（市）的 20 余个县（市、区），开展为期半年的医疗卫生、基础教育、农业种植、心理咨询等方面的志愿服务活动。② 在志愿者扶贫上，云南有很多成效明显的个案，成为云南社会扶贫中志愿者扶贫的典型。其中，张国立、邓婕夫妇，上海的张华军，玉溪的李枝官是众多个人扶贫志愿者的代表。

---

① 《马云携浙商总会与云南省签 338 亿大单 助力当地扶贫开发》，中国新闻网，http://fupin. youth. cn/shfp/201807/t20180718_ 11673081. htm。

② 《云南省志愿者协会》，中国文明网，http://www. wenming. cn/specials/zyfw/4g100_39622/zjzyfwzz/201611/t20161104_ 3865077. shtml，最后访问日期：2020 年 10 月 28 日。

张国立、邓婕夫妇在云南希望工程实施20年（截至2010年10月30日）之际倡导发起云南青基会“国立爱心基金”。“国立爱心基金”帮助385名家庭经济困难先心病青少年重获新生。“国立爱心基金”累计筹集爱心善款1100余万元，在云南扶贫上的公益项目涉及助学、助医、地震救灾及抗旱等。2018年，张国立再次联合社会各界爱心人士，通过云南青基会“国立爱心基金”捐赠60万元善款。

上海地洲新能源科技有限公司董事长张华军创建萤火虫助学团在云南开展有效的扶贫，在2018年9月被云南省扶贫开发领导小组表彰为“社会扶贫模范”。萤火虫助学团由张华军于2008年“5·12”汶川大地震后组建。2017年，经云南省沪滇协作指挥部、州沪文协作联络小组和上海驻麻联络员的联系、牵线，萤火虫助学团决定对麻栗坡县高中阶段困难家庭学生进行新一轮资助。2017年11月4日至7日，张华军带领11人组成的志愿者团队，分四组深入麻栗坡县11个乡镇49个村，逐一走访了93个学生家庭，决定对麻栗坡县62名学生给予每人每月400元的生活补助，资助到他们高中毕业，每学年总下发助学金30万元。2018年，萤火虫团队再次到麻栗坡县开展走访助学，确定新增资助学生50人，受资助总人数达到112人。①

云南玉溪仙福钢铁（集团）有限公司总经理李枝官作为企业家积极参与社会扶贫。在李枝官的资助下，新平县大开门社区村民普四成与企业签订就业合同，每月收入在4000元左右。企业为600多名建档立卡贫困人口提供就业，支付工资1亿多元，并且每年投入200万元对贫困人口进行培训，提高他们的技术和文化水平；投入资金近8000万元，帮助坝分田小组86户人家进行住房整体搬迁。李枝官在17年

① 《云南省2018年脱贫攻坚社会扶贫模范之张华军》，文山新闻网麻栗坡，http：//ws-news.com.cn/mlp/NewsView.aspx？ID＝213241&DepartmentID＝5，最后访问日期：2020年10月28日。

中累计为公益事业无偿捐资2亿多元。①

第三节 精准扶贫下的“挂包帮”驻村帮扶模式

定点扶贫新机制“挂包帮”② 驻村帮扶模式是云南省委、省政府为深入贯彻落实习近平总书记扶贫开发重要论述和考察云南重要讲话精神，实施精准扶贫、精准脱贫，在定点扶贫模式上新形成的扶贫模式。云南社会扶贫中最具特色和创新的是全省各级党政机关定点扶贫下形成的“挂包帮”“转走访”扶贫机制。这种扶贫模式虽然是广义上的定点扶贫，但与定点扶贫存在较大差别。云南省定点扶贫中的“挂包帮”驻村帮扶模式的帮扶主体由“挂包帮”定点扶贫人员和驻村扶贫工作队构成，在扶贫工作机制上由“挂包帮”和“转走访”两种机制组成。“挂包帮”是“领导挂点、部门包村、干部帮户”的简称，“转走访”是“转作风走基层遍访贫困村贫困户”的扶贫工作形式。两者分别解决扶贫中扶贫主体是谁和扶贫工作如何做的问题。这种扶贫模式形成并完善成为云南省“各级各有关部门和单位履行定点扶贫责任的制度性安排”③，使云南省党政机关、企事业单位参与扶贫有了明确的工作要求和标准。

一 云南省“挂包帮”驻村帮扶模式的提出

云南省“挂包帮”驻村帮扶模式是在2014年党中央提出精准扶贫及

① 《李枝官——当好社会扶贫的“排头兵”》，云南省扶贫办，http://www.yn.xinhuanet.com/marketing/2018-11/09/c_137594701.htm，最后访问日期：2020年10月28日。

② “挂包帮”作为一种政府针对基层社会工作中的机制最早始于汶川大地震后四川省的重建工作。当前，在扶贫工作中全面推行和建立起完整机制的典型代表是云南省。2010年3月四川就开始采用“挂包帮”扶贫。《四川：“挂包帮”活动成效明显》，《紫光阁》2011年第4期。

③ 《云南扎实推进“挂包帮”工作 齐心协力打赢脱贫攻坚战》，云南网，http://www.yn.gov.cn/yn_ynyw/201601/t20160121_23512.html，最后访问日期：2020年10月28日。

2015 年习近平总书记考察云南重要讲话精神下，云南省委、省政府结合党中央、国务院及云南扶贫工作的需要和总结以往扶贫经验基础上形成的一种具有云南特色的扶贫模式。2015 年，云南省委、省政府为构建“挂包帮”驻村帮扶模式，出台了好几个相应文件，其中重要的有《中共云南省委 云南省人民政府关于举全省之力打赢扶贫开发攻坚战的意见》（云发〔2015〕14 号）、《中共云南省委办公厅　云南省人民政府办公厅关于建立扶贫攻坚“领导挂点、部门包村、干部帮户”长效机制扎实开展“转作风走基层遍访贫困村贫困户”工作的通知》（云办通〔2015〕38 号）和《中共云南省委办公厅　云南省人民政府办公厅关于印发〈省级领导扶贫攻坚挂片联县方案〉和〈省级部门（机关）、企事业单位和中央驻滇单位扶贫攻坚挂联县方案〉的通知》（云办通〔2015〕45 号）等。

2015 年 7 月 21 日，云南省印发的《中共云南省委办公厅　云南省人民政府办公厅关于建立扶贫攻坚“领导挂点、部门包村、干部帮户”长效机制扎实开展“转作风走基层遍访贫困村贫困户”工作的通知》（云办通〔2015〕38 号）标志着“挂包帮”驻村帮扶模式被正式提出。根据 2015 年 38 号文件，这种扶贫模式主要有以下四个方面的内容。

第一，为了实现贫困县、贫困乡、贫困村、贫困户、贫困人口有明确的定点扶贫主体，云南省通过“挂包帮”机制，实现每一个贫困县都有领导挂联，每一个贫困乡（镇）、贫困村都有领导和部门、单位挂包，每一个贫困村都有驻村扶贫工作队，每一户贫困户都有干部职工结对帮扶。

第二，参加“挂包帮”定点扶贫的有省、州（市）、县（市、区）党委、人大常委会、政府、政协领导班子成员，省、州（市）、县（市、区）、乡（镇）机关和企事业单位及中央驻滇单位领导干部职工，村干部、新农村建设指导员、村支部第一书记、大学生村官等。

第三，2015 年 38 号文件规定 2015 年实施“挂包帮”“转走访”定点扶贫的工作步骤是：2015 年 8 月底前完成“挂包帮”组织配备到位，10 月底以前完成第一轮“转走访”任务。此后每年至少回访一次。

第四，该模式的目标是对 2014 年云南确定的扶贫对象完成全覆盖，即对云南4个集中连片特困地区、93个贫困县（含重点县和片区县），476个建档立卡贫困乡（镇）、4277个建档立卡贫困村，194.5万建档立卡贫困户、574万建档立卡贫困人口建立有效的帮扶机制。①

二 云南省“挂包帮”驻村帮扶模式的扶贫机制

云南省“挂包帮”驻村帮扶模式的扶贫机制通过省、市、县、乡四级联动，对云南集中连片特困区、贫困县、贫困乡、贫困村、贫困户和贫困人口定点扶贫对象实现“3个全覆盖”。这种扶贫模式由两个机制组成："挂包帮”和“转走访”。

（一）“挂包帮”扶贫机制

云南省“挂包帮”驻村帮扶模式中的“挂包帮”扶贫机制是为了解决全省五类扶贫对象的扶贫主体的问题。这种机制，让云南省从片区至贫困户都有明确帮扶主体，为云南脱贫攻坚确定精准责任主体。

第一，通过“挂包帮”实现对全省确定的五类扶贫对象在定点扶贫上的主体全覆盖。根据云南集中连片特困区、贫困县、贫困乡、贫困村、贫困户和贫困人口五类扶贫对象脱贫攻坚的需要，38名省级领导挂联4个连片贫困区、43个贫困县，300家省级、2087家州（市）级、10948家县（市区）级部门（单位）挂包476个贫困乡（镇）、4277个贫困村，组织57万名干部职工对口帮扶159万户贫困户。

第二，通过驻村工作队实现对全省贫困村扶贫组织上的全覆盖。以贫困村作为扶贫对象是2001—2011年国家扶贫工作贫困瞄准的基本形式。在云南省扶贫工作中，扶贫工作瞄准选择贫困村作为对象，是消除云南广大农村贫困问题的最佳选择。此外，随着全国精准扶贫的深入，各种扶贫主体和资源交叉重叠进入云南各种扶贫对象中，各自为政地进行扶贫，导致

① 《云南：绝不允许驻村扶贫干部“滥竽充数”》，新华网，http://finance.sina.com.cn/roll/2016-08-09/doc-ifxutfyw0984759.shtml，最后访问日期：2020年10月28日。

资金和项目出现重复，所以只有把各种扶贫资源进行有效整合，才能消除扶贫中各自为政产生的弊病。为此，云南省以贫困村为基点，整合包村部门、单位及新农村建设指导员、帮户干部和大学生村官等各种力量，组建驻村扶贫工作队，成为云南省脱贫攻坚工作中的“战斗连”，作为各种资源投向扶贫对象的聚合点。为了让驻村扶贫工作队有组织力量，每个驻村工作队设村支部第一书记，目标是让全省每个贫困村都有驻村扶贫工作队，每个工作队都有第一书记。全省选派驻村扶贫工作队员 20324 人，计划继续充实驻村扶贫工作队人员，从开始时的 3 人增至 5～10 人。根据云南省贫困村的数量，全省组建的驻村扶贫工作队有 6081 支，其中 4277 支建在建档立卡贫困村中，队员达到 14372 人，第一书记选配了 4966 人，第一书记兼任驻村扶贫工作队长有 4277 人。通过这种机制，每个建档立卡贫困村都有了驻村扶贫工作队，为云南省全面实现精准扶贫目标提供了坚强的组织力量。

第三，“转走访”全覆盖。为了明确“挂包帮”和驻村扶贫工作队扶贫工作，实现有效管理，提出建立“转走访”工作机制。首轮“转走访”工作在 2015 年 8 月 21 日启动，全省 62 万人次集中在 70 多天内深入挂包点走访调研，在 10 月 31 日全面完成，做到对所有贫困村和贫困户基本情况全面把握。

第四，建立健全精确的结对帮扶机制。“挂包帮”驻村帮扶模式作为云南省定点扶贫工作制度的创新，其核心功能是让全省五类扶贫对象找到有力的扶贫主体。为此，设置承担五类扶贫对象的具体机制成为这种扶贫模式的核心。2015 年 38 号文件中规定省市县主要领导挂联片区、贫困县、贫困乡和贫困村，部门定点帮扶贫困乡镇和贫困村，领导干部结对帮扶贫困户三级结对扶贫机制。

省市县主要领导挂联片区、贫困县、贫困乡和贫困村具体由省委、省政府主要领导和分管领导挂联 4 个集中连片特困区；省级领导各挂联 1 个贫困县，同时在挂联贫困县中挂包 1 个贫困乡（镇）、1 个贫困村，结对帮扶不少于两户贫困户；州（市）党委、人大常委会、政府、政协领导班子成员原则上各挂联 1 个贫困县，挂包 1 个贫困乡（镇）、1 个贫困村，结对帮扶不少于两户贫困户；省、州（市）机关和企事业单位及中央驻滇单位主要负责人在本部门本单位挂联县内，挂包 1 个贫困乡（镇）、1 个贫困村，结对帮扶不少于两户贫困户；县（市、区）党委、人大常委会、政府、政协领导班子成员原则上挂包 1 个贫困乡（镇）、1 个贫困村，结对帮扶不少于两户贫困户。这样，让全省连片贫困区、贫困县、贫困乡、贫困村都有省市县领导挂包。

在部门定点扶贫贫困乡镇和贫困村上，省、州（市）机关和企事业单位及中央驻滇单位各挂包 1 个贫困乡（镇）、不少于 1 个贫困村，县（市、区）部门各挂包 1 个贫困村。

在领导干部结对帮扶贫困户上，由省、州（市）、县（市、区）、乡（镇）机关和企事业单位及中央驻滇单位的干部职工承担，具体是在本部门、本单位挂包的乡村内确定帮扶对象，采取“一帮一”、“一帮几”、“几帮一”或“支部帮”等形式，结对帮扶所有建档立卡贫困户，实现对全省贫困户结对帮扶全覆盖。

（二）“转走访”工作机制

根据 2015 年 38 号文件，为了避免承担帮扶主体在扶贫工作中流于形式，建立了六项“转走访”考核工作机制。六项“转走访”工作内容有：一是进村入户做调查，填写《云南省贫困村访谈问卷》和《云南省贫困户访谈问卷》；二是完善建档立卡资料，主要针对贫困村和贫困户；三是宣传支农惠农和扶贫开发政策，增加贫困村、贫困户发展信心和动力；四是制定帮扶措施，具体内容是制定贫困村、贫困户脱贫发展计划；五是收集村情民意化解矛盾，听取群众意见，记录民情日记，撰写民情报告；六是指导基层组织建设，帮助整顿软弱涣散基层党组织，加大乡村综合服务平台建设。这在本质上明确了扶贫工作队的扶贫职责和内容。

（三）落实责任和加强管理

作为云南省实施精准扶贫工作的制度，保证云南省“挂包帮”驻村帮扶模式的有效实施成为云南省完成党和国家提出扶贫工作目标的基本保障。为此，云南省从落实责任和加强管理两个方面进行制度建设。2015 年制定了《云南省驻村扶贫工作队管理办法》（云贫开发〔2015〕23 号），对驻村扶贫工作队类型、来源、组成、职责、经费保障、考核、奖罚做出明确规定。云南省驻村扶贫工作队分为贫困村和非贫困村两种；成员来源有各级党政机关、人民团体、大专院校、企事业单位等；驻村扶贫工作队成员具体由村部门（单位）驻村帮扶干部、新农村建设指导员、村党组织第一书记和大学生村官等组成；在驻村工作队人数上，每支至少 3 人，由村党组织第一书记兼任队长；驻村工作队有六大职能和驻村工作队队长五大职责；驻村工作队经费由省财政和派出单位工作经费构成；驻村扶贫工作队人员有考核和罚奖制度。为了强化驻村扶贫工作队员的个人职责，2016 年 4 月，云南省制定了《驻村扶贫工作队员召回办法》，在第四条中规定了“十种召回情形”。办法生效后，从 2016 年 4 月至 10 月，全省召回了 1117 名驻村干部。为了强化驻村工作队员的工作纪律，2017 年云南省相关部门制定了《关于严肃驻村扶贫工作队员纪律的通知》，规定驻村扶贫工作队员遵守“八必须、八严禁”，即必须自觉看齐，严禁妄加议论；必须驻村入户，严禁挂名走读；必须踏实干事，严禁欺骗群众；必须按章办事，严禁优亲厚友；必须崇德向善，严禁参与赌博；必须尚俭戒奢，严禁酗酒滋事；必须廉洁自律，严禁收受财物；必须洁身自爱，严禁伤风败俗。[①] 此外，云南省还制定了《驻村扶贫工作队总队长副总队长选派管理办法》《驻村扶贫工作队管理办法》《驻村扶贫工作队第一书记选派管理办法》等。这些办法规定对全面夯实扶贫工作，特别是驻村工作队和扶贫人员的工作责任起到了保障作用。

三　云南省“挂包帮”驻村帮扶模式的成效

自 2015 年实施云南省“挂包帮”驻村帮扶模式后，云南省精准扶贫

① 《云南省新规要求驻村扶贫工作队员做到“八必须、八严禁”》，云南机关党建网，http：//ynjgdj. yn. gov. cn/Home/Articles/11485/，最后访问日期：2020 年 10 月 28 日。

有了制度上的保障，提供了全省精准扶贫的抓手，为云南省贯彻执行党中央、国务院和省委、委政府脱贫攻坚政策制定工作机制。这种扶贫模式在2015年后得到全面的、严格的执行，构成云南省精准扶贫中“人”的保障机制。《云南省人民政府关于印发云南省脱贫攻坚规划（2016—2020年）》统计，2015年底，全省在五类扶贫对象的定点扶贫上，滇西边境片区、乌蒙山片区和滇桂黔石漠化片区分别由教育部、国土资源部、水利部、国家林业局作为联系部委；全省省级300个、州市级2087个、县级10948个单位挂包全省88个贫困县（其中有85个片区县和未纳入片区县的东川区、富源县、文山市3个国家扶贫开发工作重点县）和4277个贫困村，组织了57万名干部职工定点帮扶159万户贫困户。在这种扶贫模式下，云南省“社会扶贫力量空前壮大”，实现了省委、省政府设置制度的目标。此后，扶贫工作根据实际需要，在实施人员和对象上不断调整。2016年底，云南省共有38名省级领导挂钩帮扶4个片区、42个贫困县，13335个部门（单位）定点帮扶88个贫困县、4277个贫困村，63.4万名干部结对帮扶159万户贫困户。[①] 根据统计，2016年全省各级挂联单位计划争取的帮扶资金达到55.13亿元，2016年8月已经到位28.51亿元。全省驻村扶贫工作队人员共帮助驻地争取到位的扶贫项目有9352个，争取到位的各类资金及物资（折合人民币）达到39.46亿元。[②] 2017年，全省有1.36万名省州县领导干部、1.76万个党政机关和企事业单位挂联88个贫困县、挂包4277个贫困村，59万名干部职工结对帮扶159万户贫困户，组建驻村扶贫工作队6770支，选派驻村扶贫工作队员37379人，贫困村第一书记6006人。[③] 这样，全省扶贫对象从贫困县、贫困村、贫困户上都有一名以上的扶贫干部或职工结对实行点对点的帮扶。

---

① 宋媛：《云南省扶贫开发报告》，载《新西部》2018年2～3月上旬刊。

② 瞿姝宁：《云南“结对帮扶”“驻村扶贫”覆盖4277个贫困村》，《云南日报》，http://dw.xgll.gov.cn/html/2016/xw_xwgz_yw_0822/10847.html，最后访问日期：2020年10月28日。

③《凝心聚力决战脱贫攻坚》，云南网（昆明），http://news.163.com/17/0926/07/CV8AN7C7000187VG.html，最后访问日期：2020年10月28日。

2015 年昆明市共选派了 854 人作为扶贫工作队员，共组建了 301 支驻村扶贫工作队，选派 1325 名村第一书记，近 4 万名干部职工参与“挂包帮”“转走访”扶贫工作。①

2016 年，省冶金集团与对口帮扶的西畴县新发村和黄龙山中队村实施美丽乡村建设，集团投入 145 万元重点帮助改进进村道路硬化，修建活动室，安装太阳能路灯等工程。此外，还帮扶农户改造住房条件，具体标准为改造住房彩钢瓦 4600 元/户、阳台 3600 元/户、墙体 5000 元/户、厨房 1000 元/户、卫生间 1000 元/户。两个项目共惠及群众 161 户共 682 人，其中包括建档立卡贫困户 30 户共 168 人，受省冶金集团直接挂包帮扶的有 22 户共 84 人。②

第四节　新时代云南社会扶贫的经验与启示

作为全国贫困人口、深度贫困县和深度贫困少数民族较多的省份③，云南省为了在 2020 年完成党中央和国务院提出的 2020 年全面建成小康社会，消除绝对贫困的目标，省委、省政府在充分利用国家给予的社会扶贫制度和机制下，进行了充分创新，让社会扶贫在云南当前脱贫攻坚中起到了重要的作用。

一　云南社会扶贫的成效

云南省自十八大以来，特别是在国家提出精准扶贫后，整个扶贫工作取得了显著成绩，其中社会扶贫起到的作用是十分明显的。2015 年后云南

① 《昆明搭起社会扶贫“大格局”》，《昆明日报》2016 年 2 月 22 日，第 8 版。

② 《岭实践：省级挂包帮单位助力西畴县脱贫攻坚纪实》，《人民网》，http：//news. eastday. com/eastday/13news/auto/news/china/20170210/u7ai6483423. html，最后访问日期：2020 年 10 月 28 日。

③ 根据云南省扶贫的统计，2018 年底云南省建档立卡贫困户 47. 65 万户 181. 04 万人，27 个深度贫困县、307 个深度贫困乡、3539 个深度贫困村，贫困人口居全国第一。

社会扶贫发生的变化主要体现在定点扶贫和东西部扶贫协作获得前所未有的发展上。2015 年 10 月，云南社会扶贫得到快速发展体现在中央机关定点帮扶单位从 27 家增至 67 家，上海有 14 个区、两个大型企业挂钩帮扶云南 4 个州市、26 个县，省级国家机关从 217 家增加到了 302 家，实现了全省 93 个贫困县全覆盖。① 2016 年，在云南参与定点帮扶的中央国家机关和有关单位、片区牵头单位等达到了 68 家，参与“挂包帮”定点扶贫的省级机关从 257 家增至 300 家。② 2017 年，上海市扶贫协作范围扩大到 12 个州市共 42 个贫困县，广东省东莞市、中山市、珠海市与云南省昭通市、怒江州 14 个贫困县结成定点帮扶，2017 家民营企业开展了“万企帮万村”行动。2018 年中央定点帮扶单位有 64 家，省级定点扶贫单位有 260 家，驻滇部队师以上单位和 2000 余家省属非公有制企业以及一些民间机构、社会团体组织参与了云南的精准扶贫。③

参与社会扶贫的不同主体自 2015 年后开始加大对云南扶贫的投入，如 2016 年，49 家中央定点扶贫单位直接投入资金 9.56 亿元，帮助引进资金 263.4 亿元。其中，上海市投入帮扶资金 13.94 亿元，广东省投入资金 1.4 亿元。④ 这些社会扶贫主体大量投入扶贫资金为云南脱贫攻坚提供了动力。此外，一般的社会个体捐钱、捐物也成为云南社会扶贫的重要力量。2016 年，据云南省扶贫办统计，自 2014 年国家设立“10·17 全国扶贫日”以来，云南省在 2014 年、2015 年两个国家“扶贫日”系列活动中，共收到社会各界捐款捐物 8.36 亿元。⑤

---

① 《云南省 2015 年扶贫日开展 九项活动将搭建社会扶贫服务平台》，云南政府网，http://afea.ynhrss.gov.cn/NewsView.aspx?ClassID=526&NewsID=15350，最后访问日期：2020 年 10 月 28 日。

② 《云南省不断完善社会扶贫工作体系》，中央政府门户网站。

③ 宋媛：《云南省扶贫开发报告》，《新西部》2018 年 2~3 月上旬刊。

④ 《凝心聚力决战脱贫攻坚》，云南网（昆明），http://news.163.com/17/0926/07/CV8AN7C7000187VG.html。

⑤ 吉哲鹏：《云南：“十二五”期间已全面构建三位一体大扶贫格局》，新华社（昆明）2016 年 2 月 13 日专电。

社会扶贫在云南脱贫攻坚中的作用还可以从怒江州参与社会扶贫的力量中看出，据统计，2017 年，怒江全州有 21 家中央、省级机关、企事业单位挂钩 25 个贫困村，选派工作队员 102 人，投入帮扶资金 4113 万元。其中，珠海市在对口扶贫协作下实现了对怒江州四个县结对帮扶全覆盖，输送 124 名“两后生”到珠海市接受职业技能培训，选派 20 名干部到珠海市挂职，40 名校（园）长、125 名骨干教师到珠海市顶岗学习，300 名各级干部到珠海市接受培训。此外，三峡、中交、大唐、云南能投等国有集团投入帮扶资金 4.78 亿元，扶持特色种养业，建设安居房 4114 户、幼儿园 3 所，组建名师工作室 10 个，19 所学校与上海、天津、珠海等地学校建立帮扶协作关系。① 这些体现了新时代社会扶贫力量在云南深度贫困地区脱贫攻坚中的贡献。

二　云南社会扶贫的特点

（一）社会扶贫成为新时代云南精准扶贫中的重要力量

十八大以后，特别是在 2015 年后，随着国家全面推行精准扶贫，云南社会扶贫发生了重大变化，社会扶贫为云南落实精准扶贫战略和目标提供了人力上的支柱、财物上的重要补充。其中，社会扶贫中的定点扶贫和东西部扶贫协作中的干部、驻村工作队员以及一般社会扶贫中的个体志愿者成为云南实施精准扶贫的人才保障。“携手奔小康”行动和“万企帮万村”行为为云南脱贫攻坚扩大了资金和资源渠道。这些力量成为云南扶贫事业在 2020 年取得胜利的重要动力，云南脱贫攻坚中的政府扶贫力量和社会扶贫力量构成了两个车轮，驱动着云南当前的脱贫攻坚向国家预定的目标前进，实现国家扶贫规划。

① 《怒江州抓实社会帮扶力推脱贫攻坚》，云南网，http：//nnujiang. yunnan. cn，最后访问日期：2020 年 10 月 28 日。

（二）定点扶贫和东西部扶贫协作是云南社会扶贫的两根支柱

在云南新时代精准扶贫中，各级党政机关企事业单位的定点扶贫成为精准扶贫实施的基本力量，东西部扶贫协作成为重要资源补充。两者为云南脱贫攻坚提供了大量的“人”和“物”上的支持。“人”和“物”两种要素是保障精准扶贫得以有效实施的前提条件。云南通过全面推行“挂包帮”和驻村工作队两种工作机制，让云南所有扶贫对象，从四大特殊贫困片区、贫困县、贫困乡镇、贫困村、贫困户五级瞄准对象上，都有了明确的帮扶主体，保证精准扶贫措施的实施，同时让扶贫资源能够用在相应的扶贫对象身上。东西部扶贫协作为云南脱贫攻坚提供了大量资金和技术，补充了云南贫困地区发展中很多稀缺的技术和资金，让云南脱贫攻坚获得了保障。

（三）云南社会扶贫拥有显明的地方特色

云南省委、省政府在全面贯彻党中央和国务院精准扶贫战略和措施时，通过大量的制度创新，保障了云南精准扶贫的有效开展，其中，云南省在定点扶贫上创制形成的“挂包帮”和驻村工作队机制让云南所有扶贫对象获得了具有公权力背景的组织和个人的帮扶，让国家扶贫政策和措施的执行畅通无阻。这是任何国家、社会组织都无法在扶贫工作中形成的机制，体现了中国扶贫模式具有的优势和特点。面对11个深度贫困的“直过民族”和人口较少民族，在脱贫攻坚机制上，云南省委、省政府通过与5个大型国有企业合作，形成每个企业承担一个或几个“直过民族”和人口较少民族脱贫攻坚的“国企对口包族扶贫”机制，为这些深度贫困群体脱贫提供了强有力的资金支持。志愿者扶贫和各种社会性质的社会组织大量参与是云南社会扶贫的重要内容。

（四）新型社会扶贫机制在云南贫困治理中快速发展

在新时代云南精准扶贫中，社会扶贫除中国特有扶贫主体得到加强和创新外，传统社会扶贫力量开始出现新的形式，为2020年后云南贫困治理中新型社会扶贫主体的形成和培育提供了坚实的基础。在当前云南社会扶贫中，民营企业和商会参与扶贫为云南脱贫攻坚获得社会资金提供了新的途径。中国专业非政府组织和社工专业组织参与社会扶贫是当前社会扶贫中的新力量。这两种扶贫主体开展的大量专业扶贫让中国贫困治理有了重要的社会力量。

云南社会扶贫中专业非政府组织起到了十分重要的作用。云南专业性社会扶贫在形成上有很多创新，如中国扶贫基金会、中国慈善联合会、云南省扶贫基金会等全国性和地方性社会组织在云南开展了很多以特定项目为依托的社会扶贫。社工专业组织参与社会扶贫是新时代中国社会扶贫中的新兴力量，其中，“三区”（边远贫困地区、边疆民族地区和革命老区）社会工作人才支持计划成为云南社工专业扶贫的重要力量和机制。当前，很多专业社工组织大量承担民政部门招标购买的各种扶贫项目，这成为云南社会扶贫的新内容。统计显示，2013年以来，云南省民政厅累计选派了520名社会工作专业人才参与社会扶贫，帮助贫困地区解决了发展中的各种平台和技术支持问题。2018年7月，云南社工专业服务扶贫遍及全省16个州（市）68个县（市、区），直接为贫困群众服务20万次以上，间接为贫困群众服务达百万人次。①

（五）未来两年云南脱贫攻坚中完善社会扶贫的对策

当前云南脱贫攻坚已经进入关键时期，剩下的贫困县多是深度贫困县，在实现脱贫攻坚目标上越来越困难。为了实现脱贫攻坚的“最后一公里”，在社会扶贫上应充分利用东西部扶贫协作、中央机关定点扶贫的力量，争取获得更多资金、技术上的支持，让剩下的贫困县在发展上获得强大支持。企业和商会加快参与脱贫攻坚，在“携手奔小康”行动和“万企

① 《云南：社会工作专业力量助力精准扶贫》，中华志愿者杂志社，https://mp.weixin.qq.com/s?__biz=MzU0NTAyODE5MA%3D%3D&idx=2&mid=2247488222&sn=85b54d7f16286b1eece0776aeaf9dcb3，最后访问日期：2020年10月28日。

帮万村”行动中，要注意发挥省内外的社会力量参与，更要让这些参与企业在技术、产业、销售等方面加大力度，让贫困县脱贫攻坚能够获得产业发展的动力。加大社会组织与社工组织扶贫力度。脱贫工作中的“最后一公里”，很多时候不仅需要物质、资金、技术上的支持，还需要给予心理等方面的支持，而这种支持工作只有依靠社会组织和社工组织来完成，才能获得成效。另外，应充分利用和支持企业家、外出打工者等返乡下乡创办实业、承担项目、担任志愿者等，使他们为贫困乡村发展提供各种支持。

三 2020 年后云南社会扶贫的展望

2020 年后，随着国家以“两不愁，三保障”为指标的消除绝对贫困战略目标的实现，云南在贫困治理上将会出现以下问题，同时需要新的扶贫机制和主体来承担贫困治理工作。

（一）云南贫困治理主体将面临不足和缺失

2020 年后，随着绝对贫困的消除，脱贫攻坚中的各级党政机关企事业单位定点扶贫和东西部扶贫协作将会退出国家贫困治理层面，云南贫困治理中的两大社会扶贫支柱将会减弱或者消失。这种变化将对云南贫困治理中现有脱贫群体的返贫阻断、相对贫困管控产生明显影响，因为它将导致云南贫困治理中的“人”和“物”剧减，同时在扶贫主体上无法获得有组织、执行力高的扶贫主体。

（二）新时期云南贫困将出现新内容和重点

2020 年后云南在消除绝对贫困后，贫困治理上的任务将以阻止现有脱贫群体返贫支持机制，管控相对贫困群体和地区陷入绝对贫困，以及让相对贫困群体和地区不在比较下构成“赤贫”为任务。虽然当前国家推行的“乡村振兴计划”会在消除和控制相对贫困上具有重要作用，但仍然需要针对相对贫困群体和地区发展上的不足进行持续性的帮扶支持，进而帮助相对贫困群体和地区获得发展的内生动力。这种帮扶在未来云南贫困治理中，只能通过有计划的培育和支持形成新的社会扶贫主体来承担这方面的职能。

（三）新时期云南社会扶贫需要新主体

从当前存在的各种社会扶贫主体看，新时期选择专业非政府组织和社工专业社会组织是最佳选择。社会志愿者无法独立承担这种贫困治理的需要，因为个体志愿者存在时间短、计划性差、组织和动员能力差等问题，在解决以发展技能获得为中心的贫困治理中需要的是长期专业的支持。当前，中国社会组织在有些地区发展水平已经较高。如上海市“本市社会组织已超过 1.6 万家，年度总支出超过 453 亿元。据不完全统计，2018 年上半年，本市市级社会组织扶贫投入资金达 1.2 亿元”。[①] 这些都为新时期中国的贫困治理提供了新主体。

2020 年后，随着政府主导扶贫机制的退出，是否能够构建新型有效的社会扶贫主体将关系到云南贫困治理的成败。因为在没有当前的定点扶贫下，社会扶贫组织将承担“毛细血管”的功能，将国家针对贫困对象投入的扶贫资源输送到需要帮扶的对象手中。为此，2020 年后，云南社会扶贫将从以定点扶贫和东西部扶贫协作为中心转向以专业非政府组织和社工专业组织为中心。

2020 年后云南社会扶贫主体将出现缺陷，若没有新的力量形成，现有贫困治理的成果维持机制和新的发展支持机制将无法形成。云南社会扶贫力量完全寄希望于个体志愿者是不可能的，因为志愿者在工作机制、工作目标、工作规划等方面都缺少相应的条件，而 2020 年后的贫困治理需要的是一种能力养成培育帮扶机制，这需要形成新的社会扶贫主体。

专业非政府组织在国家层面上具有很强的力量，但省级及以下的专业非政府组织在云南社会扶贫中仍然具有发育得不够成熟和能力存在明显的

---

① 李丹、张一波、施继辉等：《上海社会组织参与对口扶贫的建议》，《党政论坛》2019 年 1 月号。

不足等问题，这都会影响2020年后云南的贫困治理。社工专业群体组成的非营利组织是让云南省社会扶贫能够有效进行的最好形式，为此培育形成具有一定数量和规模的专业社会工作非营利性扶贫组织是当前和未来云南社会扶贫工作中，政府应该重点加强的内容。

（四）融通乡村振兴，让农村贫困治理获得新保障

2020年脱贫攻坚的胜利以实现每个农村个体摆脱生存基本需要的贫困为目标，而保持脱贫攻坚的成果将是2020年后国家农村贫困治理的重中之重。利用乡村振兴战略规划的实施，以“村”为治理单元，以建设农村基础设施、现代化公共服务体系为目标，通过让村民参与，获得发展的新能力和技能，实现现代化的乡村自治治理体系，将是2020年后中国农村贫困治理中的最佳选择。这种治理模式可以称为2001—2010年“整村推进扶贫模式”的升级版。所以当前乡村振兴战略应基于以下三大功能：新型乡村公共服务体系的建设、现代化乡村治理体系的构建、新型乡村贫困治理模式的实现。在这种乡村振兴模式中，将以自治、参与、服务、支持、引导为机制，实现国家乡村治理体系的现代化。

（本章由胡兴东执笔）

第八章

“少深边”扶贫：云南啃了脱贫攻坚的“硬骨头”

本章节云南省“少深边”扶贫，囊括云南省境内的少数民族、深度贫困地区及边境地区三个范畴，是一个贫困区域分布的概念，也是一个贫困群体分布的概念。将“少深边”三者并提，是基于云南省的特殊省情，云南是一个集民族、边疆、山区、贫困“四位一体”的省份。云南与缅甸、老挝、越南毗邻，国境线长达 4060 公里，分布有 25 个边境县，110 个沿边乡镇、814 个行政村（社区），其中沿边一线有 373 个行政村（社区）、少数民族人口占 79.4%。同时，云南省有 25 个世居少数民族，其中有 16 个跨境民族、8 个人口较少民族，9 个“直过民族”。其中，独龙、德昂、基诺、怒、阿昌、普米、布朗、景颇、佤、拉祜、傈僳等 11 个民族为“直过民族”和人口较少民族，主要分布在云南省的 13 个州（市）的 61 个县（市、区），聚居于保山、红河、普洱、大理、西双版纳、迪庆、丽江、德宏、怒江、临沧等 10 个州（市）的 36 个县（市、区）148 个乡（镇）的 422 个建制村。其中，10 个州（市）中有 8 个为边境州（市），是人口较少民族和“直过民族”的核心聚居区。因此，无论从贫困区域范围还是贫困群体分布上来说，少数民族、深度贫困、边境这三者都交错杂融，不可分割。以深度贫困“三区三州”之一的怒江州为例，它既是深度贫困区，也是怒、傈僳、普米、独龙等人口较少民族、“直过民族”的主要聚居区，同时贡山、福贡、泸水还是毗邻缅甸的边境县。此外，云南省境内的许多边境地区，如西双版纳、德宏等都是基诺、布朗、德昂、景颇、阿昌等人口较少民族、“直过民族”以及跨境民族的聚居地，兼具少数民族，尤其是人口较少民族、深度贫困、边境三个特点，是国家和云南省少数民族扶贫开发、兴边富民实施的主要战场。瞄准云南特点，以“少深边”视角来考察云南省针对特殊区域和特殊群体的扶贫开发制度建设及实践，可以很好地展现新时期云南精准扶贫的有益探索。

第一节 云南“少深边”地区扶贫开发的制度建设

云南省有25个世居少数民族，其中11个“直过民族”和人口较少民族主要分布在13个州市（除昭通、曲靖、文山外）61个县市区，聚居在322个乡镇1400个行政村，其中有222个行政村是沿边行政村，聚居区共有人口72.72万户286.15万人。到2014年底，建档立卡贫困村有642个，贫困人口有70.27万人，占全省贫困人口的12%。一是“直过民族”有独龙、德昂、基诺、怒、布朗、景颇、佤、拉祜、傈僳等9个民族，主要聚居在13个州市（除昭通、曲靖、文山外）58个县市区的271个乡镇1179个行政村，聚居区共有人口234万，其中建档立卡贫困人口有66.75万。二是人口较少民族有独龙、德昂、基诺、怒、阿昌、普米、布朗、景颇等8个民族，有6个（除普米族、阿昌族外）属于“直过民族”，共有人口42.1万，民族和人口分别占全国28个人口较少民族的28.6%和24.8%，主要分布在保山、红河、普洱、西双版纳、大理、德宏、怒江、迪庆、丽江、临沧10个州市35个县市区138个乡镇的422个行政村，其中普米族、阿昌族聚居区有建档立卡贫困人口3.52万。[①] 习近平总书记强调“全面实现小康，少数民族一个都不能少，一个都不能掉队”，这是针对我国少数民族和民族地区发展现状而提出的新任务新要求。没有民族地区和各少数民族的现代化，就没有中国的现代化；没有民族地区和各少数民族的全面小康，就没有中国的全面小康。随着我国进入全面建成小康社会决胜阶段，“一带一路”建设加快推进，脱贫攻坚全面展开，民族地区奔小康行

① 云南省民宗委内部统计数据。

动深入实施，国家对民族地区、边疆地区、贫困地区全方位扶持力度不断加大。

一　云南少数民族扶贫开发制度建设

（一）国家少数民族扶贫开发制度设计

“十二五”期间，国家制定一系列特殊扶持政策，加快推进少数民族和民族地区脱贫攻坚进程。2011 年 12 月，中共中央　国务院印发《中国农村扶贫开发纲要（2011—2020 年）》，将少数民族作为重点扶贫开发群体纳入规划。该纲要在全国范围内划定了 14 个集中连片特困区及 592 个国家扶贫开发工作重点县，其中分布在民族地区的集中连片特困区有 11 个，国家级重点贫困县有 263 个。可见，民族地区是我国农村扶贫开发的重点和难点区域，为此，该纲要也明确指出要统一组织，同步实施，同等条件下优先安排，加大对民族地区的支持力度。同时，该纲要还专门指出，要继续开展兴边富民行动，帮助人口较少民族脱贫致富。2011 年 6 月，国家民委、国家发展改革委、财政部、中国人民银行和国务院扶贫办联合编制《扶持人口较少民族发展规划（2011—2015 年）》（民委发〔2011〕70 号），以基础设施建设、特色优势产业发展和群众增收、民生保障、繁荣发展民族文化、人力资源开发、和谐家园建设等“六大工程”建设加快推进人口较少民族发展，使人口较少民族聚居行政村基本实现“五通十有”①，人口较少民族聚居区基本实现“一减少、二达到、三提升”② 目标。2012 年，国务院办公厅印发《少数民族事业“十二五”规划》（国办

① “五通十有”为：人口较少民族聚居村通油路，通电，通广播电视，通信息（电话、宽带），通沼气（清洁能源）；有安全饮用水，有安居房，有卫生厕所，有高产稳产基本农田（草场、经济林地、养殖水面）或增收产业，有学前教育，有卫生室，有文化室和农家书屋，有体育健身和民族文化活动场地，有办公场所，有农家超市（便利店）和农资放心店。

② 人口较少民族聚居区贫困人口数量减少 1/2 或以上；农牧民人均纯收入达到当地平均或以上水平；1/2 左右的民族的农牧民人均纯收入达到全国平均或以上水平；基础设施保障水平、民生保障水平、自我发展能力大幅提升。

发〔2012〕38号），提出要改善牧区、边境地区、人口较少民族聚居地区和少数民族贫困地区群众生产生活条件，并明确民族地区经济发展及教育、文化服务、医疗卫生、社会保障公共服务发展目标，对加快民族地区脱贫致富，促进各民族共同繁荣发展，民族地区全面建成小康社会具有重要意义。据统计，2012—2015年，中央财政安排少数民族发展资金145.9亿元，专项支持推进兴边富民行动、扶持人口较少民族发展以及开展少数民族特色村寨和少数民族传统手工艺品的保护与发展。国家安排中央预算内投资55亿元，用于帮助边境地区和人口较少民族聚居区的基础设施建设、群众生产生活条件改善和社会事业发展。“十二五”期间，内蒙古、广西、西藏、宁夏、新疆5个自治区和少数民族分布集中的贵州、云南、青海3个省的贫困人口从2011年的3917万人下降到1813万人，减少2104万人，减少幅度为53.7%；贫困发生率从27.2%下降到12.4%，下降了14.8个百分点。①

2016年12月，国务院印发《“十三五”促进民族地区和人口较少民族发展规划》（国发〔2016〕79号）（以下简称《“十三五”民族发展规划》），主要阐明国家支持少数民族和民族地区发展、加强民族工作的总体目标、主要任务和重大举措，是“十三五”时期促进少数民族和民族地区精准扶贫和全面建成小康社会的行动纲领。《“十三五”民族发展规划》指出要以科学治贫、精准脱贫理念，按照“五个一批”要求②，坚持精准扶贫、精准脱贫基本方略，加大国家扶持力度，积极整合各方资源，调动各方力量合力攻坚，加快解决少数民族和民族地区发展瓶颈，稳定实现民族地区贫困人口“两不愁，三保障”③，在现行标准下使贫困人口全部脱贫，贫困县全部摘帽，确保如期实现少数民族和民族地区脱贫目标，确保2020年少数民族和民族地区与全国同步进入全面小康社会。《“十三五”民族发

① 《中国的减贫行动与人权进步》白皮书（全文）。

② “五个一批”即发展生产脱贫一批、易地搬迁脱贫一批、生态补偿脱贫一批、发展教育脱贫一批、社会保障兜底一批。

③ “两不愁，三保障”为：不愁吃、不愁穿，义务教育、基本医疗和住房安全有保障。

展规划》以分类推进特殊贫困地区发展，因地制宜，分类施策为原则：①对居住在生存条件恶劣、生态环境脆弱、“一方水土养不起一方人”的民族地区的建档立卡贫困人口，积极实施易地扶贫搬迁并促进搬迁群众稳定脱贫；②帮助特困民族地区的建档立卡贫困户、贫困村的少数民族群众学用普通话、普及科技知识、提高生产生活技能，提升贫困群众素质和激发内生动力扶贫；③对人口较少民族聚居的建档立卡贫困村，推进整村整族精准脱贫，分期分批推进贫困村退出、贫困人口脱贫；④对守土成边不宜搬迁的陆地边境抵边一线乡镇贫困村边民，采取特殊扶持政策，加大边民扶持力度，改善边民生产生活条件，加强边民脱贫致富能力，确保边民安心生产生活、安心守边固边。同时，《“十三五”民族发展规划》还特别强调要促进人口较少民族加快发展，确保同步迈入全面小康。要重点扶持总人口在30万以下的28个人口较少民族聚居行政村及所辖人口相对集中的自然村落，基本公共服务体系建设延伸至人口较少民族的民族乡、自治县、自治州，集中帮扶发展相对滞后的人口较少民族整体率先脱贫，推进发展水平较高的人口较少民族整体率先奔小康，分批分步实现全面小康。到2020年，人口较少民族聚居行政村在实现“一达到、二退出、三保障”的基础上，基本实现“四通八达”①。

（二）云南省少数民族扶贫开发制度建设

2011年，云南省人民政府印发《云南省加快少数民族和民族地区经济社会发展“十二五”规划》（云政发〔2011〕163号），科学统筹“十二五”期间少数民族和民族地区经济社会发展。立足云南民族、边疆、山区和贫困一体化省情，明确提出了“十二五”期间扶持少数民族贫困地区及

① 一达到指农村居民人均可支配收入增长幅度达到或高于当地平均水平，二退出指建档立卡贫困村、贫困人口脱贫退出，三保障指义务教育、基本医疗和基本住房安全有保障。四通指通硬化路、通客运班车、通宽带、通电商，八达指集中式供水、清洁能源、卫生厕所、垃圾污水集中处理、综合性公共文化设施和场所、村务便民服务站、便民连锁超市、稳定增收产业（或创业致富带头人）达到有关建设要求。

贫困群体发展的目标及具体举措。该规划特别指出，要扶持边远、少数民族、贫困地区深度贫困群体、人口较少民族、特困民族、散居民族脱贫发展，重点实施易地搬迁、安居温饱、基础设施、社会事业、增收致富“五项工程”，对8个人口较少民族聚居的建制村及所辖自然村进行专项扶持，实施基础设施建设、特色优势产业发展和群众增收、民生保障、民族文化繁荣发展、人力资源开发、和谐家园建设“六大工程”，以佤、拉祜、傈僳等特困民族聚居建制村和自然村为单位，对特困民族聚居建制村进行扶持，实施安居温饱、基础设施建设、产业发展、社会事业发展、自我发展能力建设、生态保护与能源建设“六项工程”，在规划时限期基本解决规划区内现有贫困人口的温饱问题，基础设施得到明显改善，特色优势产业不断培育壮大，社会事业得到较快发展，劳动者素质明显提高，少数民族群众自我发展能力和可持续发展能力不断增强的综合发展目标。同年，为进一步加快人口较少民族发展，促进人口较少民族发展迈上新台阶，《云南省人民政府关于进一步加快人口较少民族发展的决定》（云政发〔2011〕177号）（以下简称《决定》）印发。按照《决定》要求，云南省民委、发展改革委、财政厅、人民银行昆明中心支行和省扶贫办联合编制《云南省扶持人口较少民族发展规划（2011—2015年）》（云族联发〔2011〕8号），涉及我省8个人口较少民族主要聚居的395个建制村3520个自然村，以及被冠以人口较少民族称谓的13个民族乡、3个民族自治县、1个民族自治州，重点实施基础设施建设、特色产业培植、民生保障改善、民族文化发展、人力资源开发、和谐家园建设6项工程共56个项目。该规划特别指出：要加大对人口较少民族聚居贫困地区扶贫开发的支持力度，对贫困自然村实施整村推进，对人口较少民族主要聚居乡实施整乡综合扶持，整合各方资源，重点解决群众温饱问题，加快区域性基础设施建设步伐，加大产业化扶贫力度，大力扶持特色优势产业发展，巩固提高群众收入，确保2015年人口较少民族聚居建制村基本实现“五通十有”，人口较少民族聚居区基本实现“一减少、二达到、三提升”目标。

2016年《云南省脱贫攻坚规划（2016—2020年）》（云政发〔2017〕

44号）颁布，作为云南省精准扶贫的纲领性文件，它明确指出要对少数民族贫困地区进行精准施策精准帮扶，要采取“一个民族一个行动计划”“一个民族一个集团帮扶”模式，因族因村施策，实施全面打赢“直过民族”脱贫攻坚战行动计划和怒江州脱贫攻坚全面小康行动计划，动员和引导三峡集团、华能集团、大唐集团、云南中烟工业有限责任公司、云南烟草专卖局（公司）等中央、省级企业集团，结对帮扶“直过民族”及人口较少民族，实现精准脱贫。此外，该规划还强调要加大少数民族贫困地区脱贫攻坚力度，推动政策、帮扶项目、扶持资金等向少数民族贫困地区倾斜，促进少数民族地区资源环境、经济社会可持续发展。

云南“直过民族”贫困面大、贫困程度深、致贫因素多元，人均受教育年限低于全国平均水平。2015年，“直过民族”聚居区建档立卡贫困人口有18.73万户66.75万人，贫困乡（镇）有107个，贫困村有601个，占全省的12%，贫困发生率达28.6%，高于全省平均数15.4个百分点，农村居民人均可支配收入较低的独龙族仅为3011元、怒族仅为3097元、傈僳族仅为3786元，同时，因病、因残、因灾、缺技术技能、自身发展动力致贫问题突出。①《云南省全面打赢“直过民族”脱贫攻坚战行动计划（2016—2020年）》围绕独龙、德昂、基诺、怒、布朗、景颇、傈僳、拉祜、佤9个“直过民族”，用5年攻坚行动计划，聚焦“两不愁，三保障”目标，瞄准贫困对象和脱贫任务，把“直过民族”和人口较少民族作为全省脱贫攻坚的重中之重，分别制定了“直过民族”和人口较少民族脱贫攻坚实施方案，着力实施提升能力素质、组织劳务输出、实施安居工程、培育特色产业、改善基础设施、实施生态环境保护六大工程，打赢“直过民族”脱贫攻坚战，确保到2019年实现“直过民族”聚居区66.75万建档立卡贫困人口脱贫。到2020年，稳定实现“直过民族”贫困人口不愁吃、不愁穿，义务教育、基本医疗和住房安全有保障；“直过民族”聚居区农村常住居民人均可支配收入增幅高于全国平均水平，基本公共服务主要领

① 云南省民宗委经济处统计数据。

域指标达到全国平均水平。

按照习近平总书记提出把云南建设成为我国民族团结进步示范区的指示精神，云南省出台了《云南省建设我国民族团结进步示范区规划(2016—2020年)》（云发〔2017〕8号）。该规划瞄准少数民族和民族地区如期实现全面脱贫全面小康目标，指出要在规划期内实现少数民族和民族地区农村建档立卡贫困人口如期脱贫，贫困县、贫困乡、贫困村如期摘帽出列任务。该规划以民生持续改善、发展动力增强、民族教育促进、民族文化繁荣、民族团结创建、民族事务治理“六项重点工程”为引领，实施民族地区全面脱贫、持续改善沿边群众生产生活条件、加快民族地区基础设施建设等30个项目。在该规划指导下，云南省民族宗教委又先后印发《云南民族团结进步示范区建设“十县百乡千村万户示范创建工程”三年行动计划（2016—2018年)》（云民宗发〔2016〕11号)、《云南民族团结进步示范区建设“十县百乡千村万户示范创建工程”三年行动计划(2019—2021年)》（云民宗发〔2018〕59号)，按照“率先发展、全面小康”、“精准脱贫、跨越发展”和“突出特色、融合发展”三种类型，2016—2018年创建10个示范县、100个示范乡镇、1000个示范村（特色村寨、社区）和10000户民族团结进步示范户；2019—2021年，坚持示范创建与脱贫攻坚相结合、民族因素与区域因素相结合、突出重点与统筹兼顾相结合，以88个贫困县为重点，向“三区三州”、深度贫困地区、边境地区、民族自治地方倾斜，在全省范围内继续选择创建16个示范县、100个示范乡镇、1000个示范村（含940个示范村、60个示范社区)、10000户示范户，并强调示范点创建重点向“直过民族”和人口较少民族聚居区倾斜安排，打造一批民居有特色、产业强、环境好、民富村美人和谐的民族特色示范村镇。

此外，云南省省级各部门按照行业职能，不断完善专项规划措施，精准落地指导实施。例如，教育厅的《加快发展民族教育的实施意见》在怒江等人口较少及“直过民族”深度贫困地区实施14年免费教育，对考入普通高校的9个“直过民族”贫困家庭学生在专科或本科学习期间给予每生每年5000元的学费奖励；《关于在云南直过民族聚居区普及国家通用语言工作方案》对云南省独龙族、德昂族、基诺族、怒族、布朗族、景颇族、佤族、拉祜族、傈僳族等9个“直过民族”普及国家通用语言，确保2020年45岁以上人口能够熟练使用国家通用语言交流；云南省交通运输厅《云南省“直过民族”地区沿边地区较大人口规模自然村通硬化路建设规划》计划投资112.5亿元，专项用于“直过民族”、人口较少民族和沿边地区9049个自然村共计2.5万公里通硬化路建设；民宗委《云南省少数民族特色村镇保护与发展规划（2016—2020年）》等专项规划颁布实施，按照“保护改造特色民居、发展特色产业、改善人居环境、传承特色文化、促进团结进步”的建设方向，少数民族特色村镇进一步提档升级。此外还有云南省发展改革委印发的《直过民族基础设施建设行动计划》、云南省农业厅印发的《直过民族聚居区扶贫产业培育行动计划》等专项行动计划助推人口较少民族和“直过民族”脱贫攻坚。

二　云南边境地区兴边富民制度建设

（一）国家兴边富民制度设计

我国陆地与14个国家接壤，陆地边境线长2.2万公里，其中1.9万公里在民族地区。边境地区国土面积为197万平方公里，人口有2300多万，其中少数民族人口占近1/2，有30多个民族与周边国家同一民族毗邻而居。为推动边境地区加快发展，扶持边境各族人民尽快致富奔小康，党中央、国务院做出了实施兴边富民行动的战略决策。为确保边境地区与全国同步全面建成小康社会，2011年国务院办公厅颁布《兴边富民行动规划（2011—2015年）》（国办发〔2011〕28号），规划实施范围包括内蒙古、辽宁、吉林、黑龙江、广西、云南、西藏、甘肃、新疆等9个省、自治区的136个陆地边境县、旗、市、市辖区，以及新疆生产建设兵团的58个边境团场。在“十二五”时期，国家不断加大财政扶贫开发投入力度，并向边境贫困地区倾斜，重点支持国家扶贫开发工作重点县、集中连片分布的贫困区域加快减贫步伐，支持边境贫困地区部分村优先实施整村推进，改善边境群众生产生活状况。在“十二五”时期，边境地区综合经济实力明显增强，边境地区基础设施进一步完善，边民生活质量明显提高，贫困人口数量明显减少，特色优势产业较快发展，自我发展能力进一步提高，为边境地区全面建成小康社会奠定了坚实基础。

《国务院关于支持沿边重点地区开发开放若干政策措施的意见》（国发〔2015〕72号）着眼于实现稳边安边兴边，综合考虑经济发展、边疆稳定、民族团结、周边安宁的需要，从深入推进兴边富民行动、改革体制机制、调整贸易结构、促进特色优势产业发展、提升旅游开放水平、加强基础设施建设、加大财税支持力度、鼓励金融创新与开放等8个方面提出了31条政策措施。

“十三五”时期是我国全面深化改革的关键时期，也是边境地区同步全面建成小康社会的决胜阶段。随着“一带一路”建设加快推进，区域协调发展不断深化，脱贫攻坚全面展开，国家对边境地区全方位扶持力度不断加大。2017年，国务院办公厅印发《兴边富民行动“十三五”规划》（国办发〔2017〕50号），规划实施范围扩大到我国陆地边境地区9个省区的140个陆地边境县（市、区、旗）和新疆生产建设兵团的58个边境团场。该规划着力实施强基固边、民生安边、产业兴边、开放睦边、生态护边、团结稳边等主要任务和重点工程。①围绕“强基固边”推进边境地区基础设施建设，实施沿边公共服务设施建设，边境交通脱贫攻坚，“一带一路”国际铁路通道建设，沿边铁路、沿边公路贯通，兴地睦边土地整治，边境农村饮水安全巩固提升，边境地区信息安全，沿边重点城镇建设，边境地区少数民族特色村镇工程。②围绕“民生安边”全力保障和改善边境地区民生，实施护边脱贫、兴边富民整村推进、安居守边、边民就业创业、边民健康、边境地区文化建设、边境地区教育建设工程。其中，边境地区就地就近脱贫专项行动，对居住在沿边境特殊区域的建档立卡贫困户综合采取经济扶持、金融支持、生活保障、优化服务等措施，彻底解决其生产生活后顾之忧，引导其增强国家认同感和自豪感，安心生活、定心守边。同时，坚持精准扶贫与区域发展相结合，精准到人、扶持到户与整村推进、整乡推进、整县推进相结合，国家各项扶贫政策向边境地区倾斜。全力推进产业扶贫、就业扶贫、教育扶贫、科技扶贫、健康扶贫、生态保护扶贫、残疾人脱贫和兜底保障，提升贫困边民生产生活水平。③围绕“产业兴边”大力发展边境地区特色优势产业，推进边境地区特色优势农业、特色加工制造业、特色服务业及边境地区产业园区发展，实施边境地区特色优势农业培育、边境地区特色林业富民、多彩边境旅游工程、民贸民品和少数民族特色手工艺品发展、边境产业园区建设、边境创新品牌行动、扩大食品农产品出口工程；围绕开放睦边着力提升沿边开发开放水平，推动边境地区深度融入“一带一路”建设，加强边境地区开发开放平台建设，实施边境口岸建设、边境口岸产业培育、边民互市贸易点建设、边境人员往来便利化工程；围绕生态护边加强边境地区生态文明建设，筑牢国家生态安全屏障，实施边境生态安全保障工程、人居环境综合整治、边境地区动植物疫病防控工程；④围绕“团结稳边”通力维护民族团结和边防稳固，实施民族团结进步创建、兴边富民行动示范、爱民固边模范村创建、边境地区平安建设工程。同时，针对边境地区的重要战略地位和特殊性，国家出台边民扶持、财政、金融、土地、社会保障、资源开发与生态保护补偿、对口支援等政策，同时最大限度地向边境地区尤其是边境贫困地区、贫困村、贫困人口倾斜，加大对边境地区建档立卡贫困户脱贫奔小康的支持力度，着力补齐边境地区全面建成小康社会的特殊短板和薄弱环节，确保到2020年，边境地区同步全面建成小康社会。

（二）云南省兴边富民制度建设

云南省与缅甸、老挝、越南三国有4060公里边境线，人口较少民族、“直过民族”和跨境民族主要聚居在边境沿线和生态功能区，它们担负着守土固边和生态保护“双重”任务，不宜或不能通过易地扶贫搬迁方式解决脱贫问题。同时，云南边境一线多为人口较少民族和“直过民族”聚居区，具有民族性、整体性、广泛性深度贫困的特点。扶贫脱贫难度大，是云南乃至全国全面打赢脱贫攻坚战的难点。

在“十二五”时期，云南省先后颁布《关于深入实施“十二五”兴边富民工程的决定》（云发〔2011〕15号）、《云南省兴边富民工程“十二五”规划》（云政办发〔2011〕177号）、《云南省加快少数民族和民族地区经济社会发展“十二五”规划》（云政发〔2011〕163号）等纲领性文件，在保山、红河、文山、普洱、西双版纳、德宏、怒江、临沧等8个州（市）的腾冲、龙陵、河口、金平、绿春、麻栗坡、马关、富宁、澜沧、西盟、孟连、江城、景洪、勐海、勐腊、芒市、瑞丽（含畹町）、盈江、陇川、泸水、福贡、贡山、镇康、耿马、沧源等25个边境县（市）全面实施兴边富民工程。项目实施涵盖基础设施、温饱安居、产业培育、民生保障、城镇建设、素质提高、边境和谐、民族文化、开放窗口、生态保护等。在该规划指引下，经过5年的艰苦努力，边境县（市）的公路、能源、通信、口岸、城镇等基础设施建设得到全面提升；经济与产业结构进一步优化，绿色农业、特色加工、现代物流、跨境旅游、国际贸易等外向型现代产业体系逐步形成；城乡基本公共服务、社会保障制度基本覆盖，居民收入水平、文化素质明显提高；江河流域生态优良可持续发展能力明显增强；民族团结、社会和谐、边防巩固的良好局面得到进一步巩固。

进入新时期，面对脱贫攻坚、稳边固边、兴边富民及小康社会建设重大任务，云南省从2015年到2020年，先边后内，实施两轮沿边三年行动计划。以25个边境县110个沿边乡镇所辖814个行政村和沿边19个农场为范围，覆盖9036个自然村、426个农场生产队，60.5万户共242万人，覆盖人口占边境县总人口的35.4%。第一轮“兴边富民沿边三年行动计划”，从2015年至2017年，与“十二五”兴边富民规划相衔接，在2011年至2015年兴边富民工程基础上，以《云南省深入实施兴边富民工程改善沿边群众生产生活条件三年行动计划（2015—2017年）》（云政发〔2015〕57号）为指导，以25个边境县（市）的110个沿边乡镇所辖373个沿边一线行政村为范围，覆盖3783个自然村，同时，兼顾沿边19个农场。第一轮沿边三年行动计划实施抗震安居、产业培育壮大、基础设施建设、公共服务提升、村寨环境整治、劳动者素质提高6项工程共31个子工程，三年总投入65.6亿元。其中，安居房建设和培育壮大富民产业是重中之重。抗震安居工程包括实施农村危房改造和安居房建设，将实施7万户（其中边境农场0.18万户）农村危房改造及抗震安居房建设，三年投入28.2亿元，占计划总投入资金的43.0%；产业培育壮大工程包括实施特色优势农产品种植、特色经济林、畜禽产品养殖、农产品加工企业扶持、高稳产农田地、退耕还林还草、贫困村村级互助资金、村级产业发展互助资金、科技兴边富民专项建设9个子工程，总投入6.735亿元，占计划总投入资金的10.3%。此外，投入较大的还有基础设施建设工程，包括实施乡村公路硬化、村内道路硬化、农村电网全覆盖、农村安全饮用水提升改造、宽带互联网、广播电视户户通6个子工程，总投入24.64亿元。基本思路是通过具体工程的实施，整合资源、整村推进、项目到村、扶持到户，切实推进“新房新村、生态文化、宜居宜业”的新农村建设，力争使边境地区与全省同步全面建成小康社会。通过沿边三年行动计划的实施，沿边地区贫困发生率从2014年的31.2%下降到2017年的13.9%，农村居民人均可支配收入年均增幅达到14.6%，群众增收致富、自我发展能力得到较大提升。①

第二轮沿边三年行动计划从2018年至2020年。按照《国务院办公厅关于印发兴边富民行动“十三五”规划的通知》（国办发〔2017〕50号）和《云南省人民政府关于印发云南省兴边富民工程“十三五”规划的通知》（云政发〔2017〕25号）要求，云南省以沿边乡镇为范围，以沿边城镇化为重点，制定新一轮《云南省深入实施兴边富民工程改善沿边群众生产生活条件三年行动计划（2018—2020年）》（云政办发〔2018〕76号）。第二轮沿边三年行动计划以25个边境县市的110个沿边乡镇878个行政村（社区）和19个沿边农场为范围，覆盖9424个自然村的59.4万户共235.6万人。第二轮兴边富民三年行动计划实施六大任务共38项重点工

① http://wemedia.ifeng.com/84883368/wemedia.shtml，最后访问日期：2019年3月13日。

程，计划总投入建设资金 126.1 亿元，明确两类建设目标。一是城镇建设目标。以距国境线 3 公里以内的 21 个乡镇政府所在地（非县政府所在地）、9 个抵边口岸城镇（除非国境线、县乡政府所在地、与抵边乡镇重合的口岸外）和 18 个常住居民在 3000 人以上或 600 户以上的抵边小集镇为重点，巩固提升基础设施、公共服务、特色产业等，力争到 2020 年，城镇功能更加完备、辐射带动能力进一步增强，成为边民就地就近创业和就业、产业发展和商品流通、守土固边和睦邻友好的支点。二是村寨建设目标。对 373 个抵边行政村（社区）、19 个边境农场进行巩固提升，对 505 个非抵边行政村（社区）按“缺什么补什么”原则进行建设，力争到 2020 年，沿边建档立卡贫困户精准脱贫，农村常住居民人均可支配收入增幅达到全县平均水平，交通出行、饮水安全等基础设施进一步改善，特色产业促进就业和增收能力进一步增强，沿边乡镇所有行政村（社区）全部实现“五通八有三达到”目标。重点实施支持沿边集镇建设、加强基础设施建设、培育特色优势产业、完善基本公共服务、提升开放活边水平、加强稳边固边建设等六大任务共 38 项重点工程，计划总投入建设资金 126.11 亿元，比上一轮投入任务 65.6 亿元增加 60.51 亿元，增加一倍左右。其中，支持沿边集镇建设投入 8.8 亿元，加强基础设施建设投入 70.76 亿元，培育特色优势产业投入 8.65 亿元，完善基本公共服务投入 18.29 亿元，提升开放活边水平投入 5.64 亿元，加强稳边固边建设投入 13.97 亿元。

《云南省“直过民族”地区、沿边地区较大人口规模自然村通硬化路建设规划》（云交规划〔2017〕10 号）以专项规划形式助力兴边富民和沿边少数民族脱贫攻坚，计划投资 112.5 亿元，专项用于“直过民族”、人口较少民族和沿边地区 9049 个自然村共计 2.5 万公里通硬化路建设。此外，《云南省沿边地区开发开放规划（2016—2020 年）》（云政发〔2016〕55 号）、《云南省人民政府关于支持沿边重点地区开发开放若干政策措施的实施意见》（云政发〔2016〕91 号）等文件着力推进沿边重点地区开发开放，改善沿边群众生产生活条件，科学规划并鼓励边境地区群众搬迁安置到距边境 0～3 公里范围，建立动态边民补助机制，加大对边境回迁村的扶持力度，加强沿边地区生态环境保护，加大生态脆弱地区扶持力度，促进边境稳定及经济发展。

三　云南深度贫困地区扶贫开发制度建设

（一）国家扶持深度贫困地区制度设计

2017 年 6 月 23 日，习近平总书记召开深度贫困地区脱贫攻坚座谈会并发表重要讲话，就攻克坚中之坚、解决难中之难、坚决打赢脱贫攻坚战做出部署安排。习近平在深度贫困地区脱贫攻坚座谈会上指出，第一，深度贫困地区是脱贫攻坚的坚中之坚。深度贫困主要分布在西藏和四省藏区、南疆四地州、四川凉山、云南怒江、甘肃临夏等连片的深度贫困地区、14 个省区的深度贫困县及 12.8 万个建档立卡贫困村。深度贫困地区、贫困县、贫困村具有“两高、一低、一差、三重”① 特征且致贫原因和贫困现象有许多共同点，主要体现在：一是集革命老区、民族地区、边疆地区于一体，基础设施和社会事业发展滞后，社会发育滞后、社会文明程度低，生态环境脆弱、自然灾害频发，经济发展滞后、人穷村也穷，因病致贫、因病返贫具有普遍性等。习近平指出要大力推进深度贫困地区脱贫攻坚，坚持精准扶贫、精准脱贫基本方略，合理确定脱贫目标、加大投入支持力度，集中优势兵力打攻坚战、精准扶贫发力，加大各方帮扶力度、加大内生动力培育力度，加大组织领导力度，加大检查督查，坚持中央统筹、省负总责、市县抓落实的管理体制，坚持党政一把手负总责的工作责任制，坚持专项扶贫、行业扶贫、社会扶贫等多方力量、多种举措有机结合和互为支撑的“三位一体”大扶贫格局，以解决突出制约问题为重点，以重大扶贫工程和到村到户帮扶措施为抓手，以补短板为突破口，强化支

① “两高”即贫困人口占比高、贫困发生率高，“一低”即人均可支配收入低，“一差”即基础设施和住房差，“三重”即低保五保贫困人口脱贫任务重、因病致贫返贫人口脱贫任务重、贫困老人脱贫任务重。

撑保障体系，加大政策倾斜力度，确保深度贫困地区和贫困群众同全国人民一道进入全面小康社会。

2017 年 9 月 25 日，中共中央办公厅、国务院办公厅印发《关于支持深度贫困地区脱贫攻坚的实施意见》（厅字〔2017〕41 号），对深度贫困地区脱贫攻坚工作做出全面部署。该实施意见指出：第一，西藏、四省藏区、南疆四地州和四川凉山州、云南怒江州、甘肃临夏州（以下简称“三区三州”），以及贫困发生率超过 18% 的贫困县和贫困发生率超过 20% 的贫困村是脱贫攻坚中的硬骨头，补齐这些短板是脱贫攻坚决战决胜的关键之策；第二，中央要统筹重点支持“三区三州”，加大中央财政投入力度、金融扶贫支持力度、项目布局倾斜力度、易地扶贫搬迁实施力度、生态扶贫支持力度、干部人才支持力度、社会帮扶力度，集中力量攻关，构建起适应深度贫困地区脱贫攻坚需要的支撑保障体系；第三，落实行业主管责任，对“三区三州”和其他深度贫困地区、深度贫困问题，予以统筹支持解决，重点解决因病致贫、因残致贫、饮水安全、住房安全等问题，加强教育扶贫、就业扶贫、基础设施建设、土地政策支持和兜底保障工作，打出政策组合拳；第四，地方要统筹整合资源，紧盯最困难的地方，瞄准最困难的群体，扭住最急需解决的问题，集中力量解决本区域内深度贫困问题，要落实脱贫攻坚省负总责的主体责任，明确本区域内深度贫困地区，制订计划，加大投入，要做实做细建档立卡，加强贫困人口精准识别和精准退出，实现动态管理，打牢精准基础，要加强驻村帮扶工作，调整充实第一书记和驻村工作队，明确工作任务，加强日常管理，要实施贫困村提升工程，推进基础设施和公共服务体系建设，改善生产生活条件，发展特色优势产业，壮大村集体经济；第五，发挥政治优势和制度优势，发挥贫困地区贫困群众主动性和创造性，凝聚起各方面力量，坚定打赢深度贫困地区脱贫攻坚战的信心，坚持精准扶贫、精准脱贫基本方略，深入推进抓党建促脱贫攻坚，加强扶贫资金监管，激发深度贫困地区和贫困人口脱贫致富内生动力，确保完成深度贫困地区脱贫攻坚任务。

2018年教育部、国务院扶贫办印发《深度贫困地区教育脱贫攻坚实施方案（2018—2020年）》（教发〔2018〕1号）作为专项实施方案，聚焦深度贫困地区教育扶贫，用3年时间打好深度贫困地区教育脱贫攻坚战，采取精准建立“三区三州”教育扶贫台账，稳步提升“三区三州”义务教育基本公共服务水平，加强乡村教师队伍建设，实施“三区三州”现有免费教育政策，建档立卡贫困学生资助全覆盖，加大少数民族优秀人才培养力度，面向“三区三州”实施推普脱贫攻坚行动、多渠道加大“三区三州”教育扶贫投入等举措，确保深度贫困地区如期完成“发展教育脱贫一批”任务。根据方案要求，到2020年“三区三州”等深度贫困地区教育总体发展水平显著提升，实现建档立卡贫困人口教育基本公共服务全覆盖。保障各教育阶段建档立卡学生从入学到毕业的全程全部资助，使贫困家庭孩子都可以上学，不让一个学生因家庭经济困难而失学。更多建档立卡贫困学生接受更好更高层次教育，有机会通过职业教育、高等教育或职业培训实现家庭脱贫，教育服务区域经济社会发展和脱贫攻坚的能力显著增强。

（二）云南省深度贫困地区扶贫开发制度建设

云南省加快推进深度贫困地区脱贫攻坚进程。《云南省建设我国民族团结进步示范区规划（2016—2020年）》（云发〔2017〕8号）指出，要实施怒江州脱贫攻坚全面小康行动计划、迪庆藏区脱贫攻坚三年行动计划，为探索集中连片困难地区脱贫攻坚和实现民族地区同步全面小康做出示范。①着力推进怒江州脱贫攻坚全面小康行动计划。2016年2月，为确保怒江州农村贫困人口到2020年如期脱贫并与全省同步全面建成小康社会，省委、省政府决定从2016年到2020年集中力量，突出重点，以超常规措施打赢怒江州脱贫攻坚战，制定出台了《怒江州脱贫攻坚全面小康行动计划（2016—2020年）》。该计划坚持脱贫攻坚与区域发展相结合，坚持精准扶贫、精准脱贫基本方略，确定脱贫攻坚任务，明确了发展目标。到2019年，全州4个县21个贫困乡镇181个贫困村14.93万建档立卡贫困人口分期实现摘帽、出列、脱贫。到2020年，稳定实现农村贫困人口不愁吃、不愁穿，义务教育、基本医疗、住房安全有保障，与全省同步建成小康社会。农村常住居民人均可支配收入在10000元以上，其中建档立卡贫困人口人均可支配收入不低于6000元。九年义务教育巩固率达到85%，高中阶段教育毛入学率达到80%。城乡三项医疗保险参保率达到100%，村卫生室标准化率达到100%。围绕“五个一批”精准施策，重点实施基础设施、产业发展、美丽宜居乡村和安居建设、社会事业、生态保护、民族团结六大工程，办好25件实事。②实施藏区脱贫攻坚。云南扶贫开发领导小组印发《迪庆藏区脱贫攻坚三年行动计划（2016—2018年）》，采取6个到村到户精准扶贫措施，实施基础设施工程、产业发展、美丽宜居乡村和安居建设、社会事业发展、生态保护、民族团结建设等六大建设工程，总投资122.86亿元。此外，迪庆州立足实际编制形成《迪庆藏区脱贫攻坚三年行动计划（2016—2018年）》《迪庆藏族自治州深度贫困脱贫攻坚实施方案》《迪庆州关于打赢精准脱贫攻坚战三年行动的实施方案》等扶贫规划及配套实施方案。③开展沿边少数民族扶贫攻坚。结合25个边境县沿边的110个乡镇814个行政村的特殊困难，出台《云南省深入实施兴边富民工程改善沿边群众生产生活条件三年行动计划（2015—2017年）》（云政发〔2015〕57号），实施6项工程31个子工程，三年总投入65.6亿元；《云南省深入实施兴边富民工程改善沿边群众生产生活条件三年行动计划（2018—2020年）》（云政办发〔2018〕76号）计划实施六大任务38项重点工程，总投入建设资金126.1亿元。

2018年11月，云南省深度贫困地区脱贫攻坚现场推进会在怒江召开，为云南省打赢深度贫困地区攻坚战指明了目标和方向。会议指出，云南深度贫困地区脱贫攻坚是关系脱贫攻坚全局的控制性工程。云南打赢深度贫困地区脱贫攻坚战，要聚焦“两不愁，三保障”，把扶贫工作重心、政策支持重心、社会帮扶重心进一步向深度贫困地区聚焦，加强统筹协调，集中优势兵力，打好产业扶贫、就业扶贫、易地扶贫搬迁、生态扶贫、教育医疗住房“三保障”这“五场硬仗”，坚决攻克深度贫困堡垒。

第二节　云南“少深边”扶贫开发的实践

一　科学规划“一个民族一个实施方案”

云南省有11个“直过民族”和人口较少民族，主要分布在13个州市（除昭通、曲靖、文山外）61个县市区，聚居在322个乡镇1400个行政村13333个自然村，其中有222个行政村是沿边行政村，聚居区共有人口72.72万户286.15万人。有建档立卡贫困村642个，贫困人口70.27万，占全省贫困人口的12%。一是“直过民族”有独龙、德昂、基诺、怒、布朗、景颇、佤、拉祜、傈僳等9个民族，主要聚居在13个州市（除昭通、曲靖、文山外）58个县市区的271个乡镇1179个行政村，聚居区共有人口234万，其中建档立卡贫困人口有66.75万。二是人口较少民族有独龙、德昂、基诺、怒、阿昌、普米、布朗、景颇等8个民族，有6个（除普米族、阿昌族外）属于“直过民族”，共有人口42.1万，民族和人口分别占全国28个人口较少民族的28.6%和24.8%。主要分布在保山、红河、普洱、西双版纳、大理、德宏、怒江、迪庆、丽江、临沧10个州市35个县市区138个乡镇的422个行政村，其中普米族、阿昌族聚居区有建档立卡贫困人口3.52万。

“直过民族”和人口较少民族扶贫是云南省脱贫攻坚战略的重要组成部分，也是最难啃的“硬骨头”，是全省脱贫攻坚的重中之重。云南省加强组织领导、完善政策措施，围绕“两不愁，三保障”目标，采取超常规举措，精准施策，按照因地制宜、因族举措、分类指导的原则，采取“一族一策”“一个民族一个实施方案”举措，“不让一个兄弟民族掉队”，以科学规划为指导，聚集力量，决战决胜“直过民族”和人口较少民族脱贫攻坚战，探索走出了一条脱贫攻坚的特色之路。

在脱贫攻坚工作中，按照《云南省全面打赢直过民族脱贫攻坚战行动计划（2016—2020年）》要求，云南省扶贫办、民族宗教委员会联合编制针对基诺、布朗、德昂、景颇、阿昌、普米、怒、傈僳、独龙、佤、拉祜11个"直过民族"和人口较少民族的脱贫攻坚实施方案。同时，各州市、县市根据区域"直过民族"和人口较少民族分布情况，分别制定州市、县市"直过民族"和人口较少民族脱贫攻坚实施方案，建立"省级统筹，州（市）负总责，县（市）乡（镇）抓落实"工作机制，在全省范围内全面实施"一个民族一个实施方案"精准施策、精准帮扶。例如，西双版纳勐海县根据县域布朗、景颇、拉祜、佤四个"直过民族"和人口较少民族贫困现状，分别制定《勐海县布朗族精准脱贫攻坚实施方案（2016—2020年）》《勐海县景颇族精准脱贫攻坚实施方案（2016—2020年）》《勐海县拉祜族精准脱贫攻坚实施方案（2016—2020年）》《勐海县佤族精准脱贫攻坚实施方案（2016—2020年）》以科学规划确定脱贫攻坚目标、发展思路、建设任务等，搭建整合平台实现合力推进，确保四个人口较少民族及"直过民族"聚居区如期全面建成小康社会。

西双版纳傣族自治州勐海县为全国最大的布朗族聚居区，主要分布在西定、布朗山、打洛、勐满、勐遮5个乡（镇）的20个行政村，聚居区总人口为53101人，其中建档立卡贫困人口有1510户共6057人。经过多年扶持，虽然基本实现了"四通五有三达到"，但资金投入有限，难以支撑起长期、持续、稳定的发展需求。当前，普遍存在贫困户生活质量较差、思想观念落后、公共服务水平低、产业结构单一、生产生活方式相对落后等贫困难题，人口素质偏低、生产方式落后、基础设施滞后仍是制约聚居区脱贫的主要原因。主要表现在：由于长期居住在边远区和边境一线，交通不便，自然条件差，村内道路、供水供电、农田水利等基础设施薄弱；受教育年限低于全省平均水平，许多群众还不通汉语，接受新技术、新信息渠道少；在农业生产方面普遍采取粗放耕作方式，生产技术落后，优质品种比例较小，导致广种薄收，加之传统的自产自销模式根深蒂固，产业结构单一，销售渠道不畅，种植栽培管理粗放，经济效益低，收入渠道少；思想观念落后，“等、靠、要”思想突出，安于现状、得过且过，发展意识和自我发展动力不足。

勐海县根据贫困实际编制《勐海县布朗族精准脱贫攻坚实施方案（2016—2020年）》，科学规划确定精准扶贫、精准脱贫目标：即到2016年末，实现聚居区建档立卡贫困人口6057人脱贫，5个乡（镇）、20个行政村如期实现脱贫摘帽、出列；2017年至2020年重点发展壮大增收产业、提升素质、培养人才，巩固脱贫成果，夯实发展基础；2020年，稳定实现布朗族贫困人口不愁吃、不愁穿，义务教育、基本医疗和住房安全有保障，农村常住居民人均可支配收入增幅高于全省平均水平，基本公共服务主要领域指标达到全省平均水平。同时，该实施方案还精准设定分项建设任务，规划总投资29453.919万元。①基础设施建设项目。实施乡村道路建设73.3公里，村组道路建设301.3公里，饮水安全巩固提升工程18个，土地整治120亩，农村电网改造升级5件，易地搬迁点电网建设两个村；投入19660.429万元，占总投资的66.75%。②特色产业培育项目。民族团结示范乡镇、特色旅游乡镇建设两个，民族团结示范村、特色旅游村（寨）建设两个，实施县级电商服务中心建设1个，乡镇电商服务站建设4个，村级电商服务点建设6个，培养农村电商带头人6人，发展农村专业合作组织7个，经济作物4万亩，经济林果0.04万亩，猪、牛、羊等畜类4800头，鸡、鸭、鹅等禽类8万只。农业产品加工业两个。投入5238.880万元，占17.79%。③安居工程项目。实施易地搬迁156户，农村安居房建设及危房改造885户；总投入3646.2万元，占12.34%。④提升素质能力项目，开展中小学及幼儿园教师、校长（园长）培训90人次，建设农村学前教育校舍两所，培养民族干部22人，50名乡村干部及群众到发达地区学习，培养农村致富带头人120人。投入408.8万元，占1.39%。⑤劳务输出项目，实施职业技能培训800人次。劳动力转移培训及劳务输出1500人。投入168万元，占0.57%。⑥生态环境保护。实施25度以上坡耕地退耕还林还草工程0.1万亩，节柴节煤灶及以电代柴715台，村庄环境整治两个。投入331.610万元，占1.13%。

二 整族帮扶“一个民族一个企业帮扶”

云南省着力推进企业集团结对帮扶，形成了由三峡集团、华能集团、大唐集团、中烟云南公司、省烟草专卖局（公司）等5家企业集团履行社会责任，对口精准帮扶布朗、阿昌、怒、普米、景颇、拉祜、佤、傈僳等8个“直过民族”和人口较少民族聚居区（涉及8个州市21个县市区）的“一个民族一个企业帮扶”的整族帮扶精准帮扶之路，以帮助43万贫困人口精准脱贫。①云南中烟工业有限责任公司帮扶保山市布朗族脱贫攻坚。2015—2017年，云南中烟工业有限责任公司聚焦保山市两县13个布朗族聚居村9742户贫困人口，共帮扶6亿元。实施安居工程、产业发展、基础设施、社会事业保障、素质提升、生态环境保护、基层党组织凝聚力战斗力提升等七大工程63个项目，方案总投资12.51亿元。②云南烟草专卖局（公司）帮扶德宏州阿昌族脱贫攻坚。2015—2017年，云南烟草专卖局（公司）聚焦德宏州4个县市33个阿昌族村委会1.7万贫困人口，3年帮扶8.5亿元，实施经济发展、生产条件改善、安居建设、综合推进提升四大工程16类60个项目，总体方案投资11.58亿元。③三峡集团帮扶怒族、普米族、景颇族脱贫攻坚。2016—2019年，三峡集团每年投入5亿元共20亿元，帮扶丽江、怒江、德宏、迪庆4个州市11个县市怒族、普米族、景颇族聚居区10万户建档立卡贫困人口脱贫，实施能力素质提升、劳务输出、安居工程、培育特色产业、改善基础设施、生态环境保护等六大工程24个项目，方案总投资81.23亿元。④华能集团帮扶拉祜族佤族脱贫攻坚。2016—2019年，华能澜沧江集团公司每年投入5亿元共20亿元，帮扶普洱、临沧两个市4个县拉祜族、佤族聚居区15万贫困人口，帮扶拉祜族、佤族脱贫攻坚，实施提升素质能力、组织劳务输出、安居工程、培育特色产业、改善基础设施、生态环境保护等六大工程57个项目，方案总投资84.8亿元。⑤大唐集团帮扶傈僳族脱贫攻坚。2016—2019年，大唐集团投入10亿元，帮扶丽江、怒江、楚雄3个州市6个县傈僳族聚居区16万建档立卡贫困人口脱贫。到2016年底，三峡帮扶怒族、普米族、景颇族聚居区贫困人口由10万人减少到6万人，华能集团帮扶拉祜族、佤族聚居区贫困人口由15.09万人减少到14.24万人，中烟云南公司帮扶保山布朗族聚居区贫困人口由9742人减少到2874人，省烟草专卖局帮扶德宏阿昌族聚居区贫困人口由1.15万人减少到5386人①，成效巨大。

中烟公司整族帮扶陇川阿昌族户撒乡

户撒阿昌族乡位于陇川县西北部，距县城46公里，西南与缅甸接壤，是全国阿昌族最大的聚居地，也是陇川县唯一的民族乡，辖11个村民委员会，136个村民小组，全乡共有5608户25941人。2013年建档立卡贫困人口有510户1799人，贫困发生率为6.93%。至2018年贫困对象动态管理后全乡有建档立卡人口有801户3204人。

陇川县阿昌族帮扶项目于2015年7月启动，涉及3个乡（镇）13个村委会，中烟草公司专项扶持资金41579.54万元。重点实施“四大工程”。（1）产业扶持。一是烟草产业成为脱贫的主力军，2018年有1565户6730人种植烤烟，种植面积为1.4083万亩，户均面积9.0亩，户均收入3.35万元，实现了一亩烤烟脱贫一人的目标；二是非烟产业，投资新建1个户撒乡板鹅加工厂、1个生猪养殖示范场、两个生猪循环养殖示范村、5个养牛小区；另扶持种植猕猴桃940亩、草果1.78万亩、反季节甜玉米2万亩。（2）基础设施建设。重点开展以烟水工程、机耕路、土地整治、水源工程为重点的基础设施配套，2015年至2018年，总投入6786.51万元建

① 来源于《云南日报》，2017年8月5日。

设196个水利设施、20条机耕路、1091个烟叶烘烤调制设施、74个农机设备。（3）安居工程。至2018年，总投资7298万元（烟草资金6660万元、农危改资金638万元），动工1236户，已完工1050户（拆除重建975户，抗震加固32户，房屋改造43户）。（4）综合工程推进提升生产生活水平。①活动室、道路建设及小集镇改造。投资852万元建设了25个文化活动室，投入10442.3万元；实施8条村村道路、27条村内道路、1条43公里的环乡幸福大道，新建公路里程达90公里；投入帮扶援助资金703万元，进行了户撒小集镇人行道、排水工程、市政道路、路灯及绿化工程改造；②教育设施及配套帮扶，投入帮扶资金780万元新建了户早示范村幸福小学，548万元建设户撒中学教师宿舍和运动场；同时，对考入大学的阿昌学子，云南烟草商业每年还给予5000元的助学奖励，2015年对204名大学生给予了助学奖励，补助资金102万元，2016年对255名大学生给予了助学奖励，补助资金127.5万元；③整治提升村庄环境，投入烟草援助资金353万元，完成了25个公共厕所、30个垃圾处理箱、两个垃圾焚烧站、90盏路灯、一家一个垃圾处理箱等环境整治项目的建设；④医疗卫生条件完善，提升就医幸福指数，投入460万元资金用于完善乡卫生院建设，建设面积为1507.4平方米的综合楼；⑤发展提升旅游产业，投资646.4万元建设1个阿露窝罗文化广场、投资100万元建成1个户撒坝全景观景台，投资330万元建成3个旅游休憩小站，投资210万元建设户撒乡东、西两个寨门；⑥示范村建设，户早来细示范村总投资1445.1万元，主要用于文化传习馆、文化活动广场、旅游接待站、村内道路建设，村委会办公楼及村卫生室改建，以及养牛场、停车场、农田整治，美化和改造民居，安装太阳能路灯等提升改善公共基础设施和人居环境。

中国长江三峡集团对口帮扶芒市景颇族

芒市景颇族主要聚居在西山乡、五岔路乡、轩岗乡等9个乡镇28个行政村。2015年底，芒市景颇族人口数为30380人，其中建档立卡贫困户为

753户2479人。三峡集团对口帮扶芒市景颇族，按照《三峡集团对口帮扶芒市景颇族精准脱贫实施方案》要求，从2016年起至2019年，每年投入1500万元，计划总投入6000万元。2016年至2018年，三峡集团共计投入帮扶资金4500万元，主要扶持以下工程。①安居工程。投入帮扶资金917.25万元，用于328户贫困群众安居工程建设，改善贫困户住房更困难问题。②特色产业发展。共投入1473.75万元用于贫困群众发展产业。其中，养殖肉牛1224头、商品猪和能繁母猪1563头，建设1个肉牛养殖小区和3个商品猪养殖小区，涉及建档立卡户246户，有效带动群众增收。③贫困村环境提升工程。2016年至2018年，三峡集团共投入改善贫困村基础设施建设资金1713万元、生态环境保护资金390.5万元，项目帮扶涉及村组道路、村内道路、公共活动场地、人畜饮水工程、农田水利、公厕、太阳能路灯、垃圾处理等各项民生工程，改善群众出行难问题，美化了村容村貌。

通过各项三峡集团帮扶项目的实施，项目区群众的经济得到了较快发展，收入持续增收，贫困人口减少，贫困发生率明显下降。截至2018年，三峡集团帮扶的4个贫困行政村已经出列，共减贫276户1054人。其中，遮放镇河边寨建档立卡户101户354人，已脱贫98户301人，贫困发生率为14.97%。为此，遮放镇制作了河边寨专题片《感恩共产党，铭记三峡情》。

三　发展产业“抓牛鼻壮实力”

产业精准扶贫是云南少数民族、边境地区及深度贫困地区脱贫攻坚、兴边富民的最重要的举措之一。从产业扶贫的领域来说，主要包括：农业，主要是种植业和养殖业；加工业，主要是特色农产品加工业；服务业，主要是在旅游业领域。主要致力于：推动传统农业现代化、实现农产品加工产业升级，旅游产业扶贫逐渐成为民族地区产业扶贫的重点领域，同时，形成了龙头企业带动，如“公司+基地+农户”“公司+合作社+农户”等，合作社带动，如“合作社+农户”“专业合作社+基地+农户”以及国有企业带动等产业扶贫模式。具体做法是①“做特做优”传统产业，继续推进特色产业扶贫，着力构建“一村一品、多村一品、一乡一业、一县一特”的特色产业发展体系；挖掘和利用特色农业资源优势，以规模化、产业化、标准化、品牌化发展为重点，壮大特色优势种植业、养殖业、林业发展体系。②大力发展乡村旅游，探索“旅游+扶贫”新机制。挖掘贫困地区旅游资源，以市场为导向，开发提升以生态观光、文化旅游、城郊游憩、休闲农业等为重点的乡村旅游产品。同时，加快贫困地区旅游基础设施建设，注意开发丰富特色旅游产品，打造民族文化旅游品牌，有针对性地对贫困人口开展旅游服务能力培训，提高旅游服务质量，拓宽贫困人口就业增收渠道。③积极鼓励入股分红，探索资产收益扶贫新机制。贫困地区水电、矿产等资源开发，赋予土地被占用的村集体股权，优先让贫困人口分享资源开发收益，真正实现“资源变股权、资金变股金、农民变股东”，积极鼓励并推动股份合作、保底分红、二次返利、财政投入形成的资产量化到户，推进资产收益扶贫。④培育发展农村电商产业，探索“互联网+扶贫”新机制。在贫困地区推行电子商务脱贫模式，通过互联网把生产基地和消费市场连接起来，带动贫困地区脱贫致富。⑤着力提升专业科技，探索科技产业扶贫新机制。加大农林技术推广和培训力度，强化贫困地区基层农业技术推广体系建设，强化新型职业农民培育，扩大贫困地区培训覆盖面，着力提高贫困人口素质和贫困家庭劳动力技能，提升贫困地区产业发展专业科技水平，为贫困地区产业发展注入持久动力。

中缅边境贫困县陇川产业扶持带动贫困户增收

西双版纳傣族自治州陇川县地处云南省西部，德宏州西南部，与缅甸毗邻，国境线长50.899公里。全县面积为1931平方公里，辖5个乡4个镇和1个农场，68个村委会，5个社区，772个村民小组，总人口为19.54万，其中少数民族人口为10.51万，占总人口的53.79%。少数民族以景颇族、傣族、正常组、傈僳族、德昂族5种世居民族为主，全国近1/3的景颇族和1/2的阿昌族居住在县内，形成大杂居、小聚居的乡村形态。陇川县仅仅抓住产业扶持“牛鼻子”，2014—2018年，累计投入产业扶持资金1.99亿元，用于支持贫困户发展种养殖业，贫困群众产业扶持实施全覆盖。①传统产业发挥基础作用。发展和巩固传统支柱产业，发展甘蔗种植34.32万亩，涉及农户31028户，其中建档立卡户有3172户，种植甘蔗5.5万亩，带动户均增收7320元；发展烟草种植5.99万亩，涉及农户8686户，其中建档立卡户有789户，带动户均增收9310元；发展畜牧业养殖户14047户，包括3118户建档立卡户，其中，肉牛养殖带动户均增收10143万元，生猪养殖带动户均增收4760元；发展茶园44530亩，茶农达5600户，其中建档立卡户有3620户，带动群众增收4592元。②新兴产业起到带头作用。大理培育发展蚕桑产业。2018年共发展桑园4.4万亩，涉及农户5156户，其中建档立卡户有2768户，重视面积达13381亩，带动户均增收4900元。③特色产业促进贫困群众增收。引导贫困群众大力发展猕猴桃、高端水果、林下经济等特色产业，提供政策支持，增加收入。户撒阿昌族乡发展种植猕猴桃5000亩，产值达2029元。④合作经济组织带动贫困群众发展产业。采取“党组织+公司+合作社+建档立卡户”“致富带头大户+建档立卡户”等种养殖模式，不断提高产业发展组织化程度，探索建立合理礼仪分配机制，带动建档立卡户增收。截至2018年，陇川县共组建农民专业合作社355个、家庭农场24个，与建档立卡户建立利益联结机制的新型经营主体达147个，覆盖贫困人口117456人；19家龙头企业带动贫困户7674户。此外，烟草、甘蔗、蚕桑等产业均采用农户与企业订单帮扶方式，稳定保障农户生产收益。

四　教育扶贫“提智力增志气”

云南省紧盯薄弱短板精准施策，针对内生动力不足、增收渠道单一等突出贫困特点，以提升智力、增长志气为根本，坚持民族教育优先发展，制定超常规措施，因贫精准施策。加上云南省滇西边境山区是教育部定点帮扶的连片特困区，教育扶贫以强有力举措深入推进。①推进学前免费教育。在迪庆州、怒江州实施学前2年免费教育，并逐步向“直过民族”和人口较少民族聚居区、沿边行政村、少数民族人口占30%以上的行政村推行。②改造义务教育薄弱学校。全面改善民族地区义务教育薄弱学校基本办学条件，逐步使中小学生均占地面积、生均校舍面积、教学仪器配备、图书、体育场、绿化面积等指标基本达到国家标准。③提升中等教育水平。办好云南师范大学附属中学、云南民族大学附属中学、云南民族中学高中民族班。扩大省和州市优质高中民族班招生规模，逐步提高民族学校、民族班生均公用经费和贫困学生生活补助标准。率先在怒江州、迪庆州实施普通高中3年免费教育，逐步在“直过民族”和人口较少民族聚居区、边境县、民族自治地方推行。推广怒江州、迪庆州农村学生中等职业教育全覆盖试点经验，逐步在边境县、“直过民族”和人口较少民族聚居区实现未能升学的初高中毕业生职业技术教育全覆盖。④发展民族高等教育。建立健全省内高校对口帮扶民族地区的长效机制，鼓励省内高校每年招收一批掌握民族语言的少数民族学生，着力提高少数民族人口接受高等教育的比例。加快培养云南世居少数民族硕士生、博士生。⑤办好云南农业大学、云南林业职业技术学院、云南民族中等专业学校特有民族本科及大中专班，给予学费免除和生活费补助。支持云南民族大学少数民族预科教育基地，以及东南亚、南亚和西亚语言文化教育基地建设，办好民族语言文化专业，采取免费等方式培养少数民族语言文化人才，确保云南民族大学在校少数民族学生比例不低于70%。⑥加快发展高等职业教育，建设云南民族文化职业学院。⑦普及国家通用语言教育。在“直过民族”聚居区创建州市级以上语言文字规范化示范学校（园）650所，全面提高国家通用语言普及程度，有计划、分批次重点培训13万人次，确保45周岁以下人口能熟练使用国家通用语言。在不通汉语地区小学低年级推行双语教育，确保少数民族学生在小学三年级以前通过汉语关，学会说普通话。每年完成1000人次少数民族双语教师普通话培训，确保普通话口语达到二级乙等以上水平。在民族地区学校每年举办中华经典诵读和规范汉字书写比赛，提升学生国家通用语言文字应用能力。自2016年9月开始，云南省优先在迪庆藏族自治州、怒江傈僳族自治州深度贫困地区实施14年免费教育。结合语言培训与实用技能、生活技巧，启动了“双语科普”促进“直过民族”聚居区普及国家通用语言工作，通过开展“小手牵大手”推普活动，2.42万不通汉语的少数民族群众达到汉语“脱盲”标准。①

西双版纳州教育扶持政策及“直过民族”普通话培训

西双版纳傣族自治州位于云南省的西南部，境域面积为1.91万平方公里，辖一市两县，生活着傣、景颇、基诺、布朗、德昂、拉祜等13个世居少数民族、其中多为人口较少民族和“直过民族”。西双版纳南部与西南部分别与老挝、缅甸相连，国境线长达966.3公里，约为云南边境线的1/4。西双版纳州积极开展教育资助，保证所有学生特别是建档立卡贫困家庭学生应助尽助、应贷尽贷。2018年，学前教育助学金资助覆盖面由10%扩大至30%，义务教育在“两免一补”“两个全覆盖”的基础上，增加至小学1000元/（生·年）、初中1250元/（生·年）的生活补助，普通高中学生享受2500元/（生·年）的国家一等助学金、2500元/（生·年）生活费补助和免除学杂费政策；中职学生享受免学费、2000元/（生·年）国家助学金和“雨露计划”3000元/（生·年）生活费补助；高等教育本专科学生享受一等国家助学金、生源地信用助学贷款和学费奖励政策，基本实现各级各类教育建档立卡贫困学生资助政策全覆盖。2014年以来，共资助学生108.27万人次，累计资金9.6亿元。其中：义务教育阶段96.38万人次，资金7.9亿元；非义务教育阶段11.89万人次，资金1.7亿元。2018年建档立卡贫困户（含已脱贫户）各学段学生全部享受资助。

同时，西双版纳州以有力举措加大“直过民族”教育扶贫力度。2016年州民族中学开办“直过民族班”，面向全州招收建档立卡贫困户子女47

① 来源于《云南日报》，2017年8月5日。

人，该班学生除享受国家资助政策外，学校还免除住宿费、发放生活补助和生活用品。各县（市）民族中小学在招生工作中对“直过民族”建档立卡贫困户子女倾斜，并提供相应的就学补助和资助。组织乡村教师对“直过民族”年龄在45岁以下不通汉语人群开展普通话培训，使其能用普通话交流，说好普通话，过上好日子，2016年培训2000人，2017年培训1000人。2018年，针对“直过民族”推普工作，州教育局与州民宗局、州扶贫办协作做好全州400人“直过民族”脱贫攻坚及国家通用语言文字推广培训工作。同时，景洪市、勐腊县实施景洪市勐龙镇帮飘村和勐腊县瑶区乡两个乡镇的拉祜族、瑶族18～45岁不通普通话的青壮年人员培训，同时加强普通话教师的业务技能培训。由于西双版纳州70%以上的人口为少数民族，少数民族又主要集中在农村，受培训经费、师资、交通及村民接受培训的意识和言语环境等多重因素的影响，普通话培训不能做到全覆盖。目前最新办法是采用手机App模式进行持续跟踪培训，但学员使用手机进行月保底消费，导致村民的积极性不高，而且因为语言环境相对封闭，培训结束一段时间后，又出现部分村民不会讲普通话的现象，且培训教师还要承担自身的教学工作，培训质量难以保证。

边境贫困县陇川教育扶持助贫助学

陇川县有建档立卡贫困户学生7830人，其中包括学前教育学生1079人，小学学生3775人，普通高中学生442人，职业高中学生525人，高职高专学生245人，本科学生206人，研究生5人。陇川县坚持扶贫与扶智相结合，全面贯彻“两免一补”、营养改善计划、国家助学金等教育扶持政策。2014年以来，共发放上级教育专项补助资金1.74亿元。其中，发放学前教育家庭困难幼儿助学金177.89万元，农村义务教育段寄宿生生活费补助5559.19万元，营养改善计划学生补助6119.23万元，较少民族补助686.09万元，高中（职高）国家助学金发放839.81万元，免除普通高中建档立卡等家庭经济困难学生学杂费181.72万元、生活费59.92万元，办理大学生源地助学贷款4766人次、贷款资金3602.42万元，为645人共发放“雨露计划”资金193.5万元。

同时，大力开展捐资助学活动，落实中国长江三峡集团资助景颇族大学生、云南省烟草集团资助阿昌族大学生以及上海均瑶集团资助建档立卡贫困大学生工作，先后累计发放资助金769人次共336.42万元，并投入34万元对70名“十类”人员困难家庭子女就学进行资助。此外，“控辍保学”实行登记、报告、劝返等保障制度，全县建档立卡家庭适龄儿童无辍学现象。同时，截至2018年，投入资金近7亿元，用于校园标准化建设，改善学校设施设备、加强教师队伍建设，学前教育、义务教育、高中教育、职业教育协调发展，教育硬件设施和教学质量实现双提升，义务教育发展基本均衡工作通过国家认定。

五　基础设施“夯基础强民生”

交通、水利、能源、信息等基础设施薄弱是制约贫困地区经济社会发展的瓶颈。随着国家及云南省扶贫开发战略与兴边富民工程深入实施，云南省少数民族地区、边境地区交通、水利、能源、通信等基础设施得到大幅改善。在“十二五”期间，通过开展怒江州扶贫攻坚、宁蒗大会战、澜沧县拉祜族综合扶贫、红河州南部山区综合开发等特困群体重点帮扶，“少深边”地区基础设施得到进一步改善；通过实施4个集中连片特困地区区域发展与扶贫攻坚规划，基础设施投入完成5192.1亿元，占规划数的115.7%。

云南省的“少深边”扶贫开发，注重补齐发展短板，持续改善民生，加快民族地区基础设施建设，推进基本公共服务均等化。按照“五通八有三达到”要求，大力实施基础设施建设、抗震安居、人居环境提升、公共服务提升工程。主要做法如下。①道路建设。加快民族地区、沿边一线通村路、巡逻路、产业路、旅游路建设，实施危桥改、县乡道改造；加快沿边和乡村公路建设，“直过民族”和人口较少民族聚居地区、沿边地区具有一定规模的自然村（20户以上）通硬化路，行政村之间公路通畅。②水利建设。实施水源建设，实施高效节水灌溉、农村饮水安全巩固提升等工程，保障少数民族聚居村农村饮水集中供水率达到85%，农村自来水普及率在80%以上。③电网改造。实施电网改造升级工程，提高农村地区供电可靠率和综合电压合格率，实施以电代柴，逐步实现农村家庭电气化；改造升级迪庆藏区、边境地区、“直过民族”和人口较少民族聚居区农村电网。④通信网络建设。实施边境乡镇行政村（社区）通宽带、自然村和重要交通沿线通信信号覆盖工程，实现边境乡镇行政村（社区）、民族地区自然村广播电视网络全覆盖，所有行政村通光纤，城市、重要场所和行政村4G网络全覆盖。⑤安居工程建设。按照人畜分离、厨卫入户和体现地域特色、民族特色的要求，实施民族地区、边境地区整体性（D级）危房拆除重建，同步实现建档立卡危房农户基本住房有保障。⑥提升教育医疗卫生条件。民族地区、沿边一线县学校及县级医院、妇幼保健计划生育服务机构、乡镇卫生院、社区卫生服务中心加快建设并支持民族医药科研院所建设，支持有条件的民族地区建设民族医院并大力加强公立医疗卫生机构医务人员、乡村学校教师周转房及配套设施建设。⑦保护和改善生态环境。实施民族地区重点生态建设工程，建设地质灾害综合防治体系。⑧民族文化公共设施和服务体系建设。支持各级民族类博物馆、公共图书馆、文化馆（站）、边境文化长廊、边境口岸国门文化交流中心建设。通过集中扶持，边境地区、“直过民族”和人口较少民族聚居地区基础设施有了较大改善，群众生产生活条件大为改观，自我发展能力不断增强。

迪庆藏区以“六大工程”建设大幅改善基础设施

迪庆藏区以“六大工程”建设大幅改善基础设施，2016年，完成6个村民小组的通组公路建设19公里，硬化694个村民小组通组公路1965公里，硬化251个村民小组进村入户路92.50万平方米。农村安全饮水巩固提升3.91万人、农村水利建设340.47公里4430立方米，小水流域综合治理50平方公里、中低产田地改造14749亩、易地搬迁6258户24452人、危房改造2549户、安居工程建设6606户、劳动力转移培训61483人次、基层党组织阵地建设185个、活动场地建设114块、购置安装太阳能热水器5094套、太阳能路灯10183盏、农村电网改造完成投资5588万元。截至2017年3月，193个建制村道路硬化率达100%，实现通硬化路、生活用电、动力电、光纤、宽带、饮用水和党群活动场所全覆盖，自然村生活垃圾有效治理率为95.66%，农村广播电视综合覆盖率达99.25%，农村基础设施大幅提升。

第三节　云南省“少深边”扶贫开发的经验与启示

一　云南“少深边”扶贫开发的经验

（一）教育扶贫提升区域发展动力

教育扶贫是云南省扶贫攻坚的一大特色。当前，云南省“少深边”地区形成了教育部定点联系滇西边境山区、沪滇、粤滇教育对口支援，高校“挂包帮”“转走访”的教育扶贫大格局。云南省包括滇西边境山区、乌蒙山云南片区、迪庆藏区和滇黔桂石漠化片区云南片区4个连片特困地区。其中，滇西边境山区连片特困区包括云南省保山市、丽江市、普洱市、临沧市、楚雄彝族自治州、红河哈尼族彝族自治州、西双版纳傣族自治州、大理白族自治州、德宏傣族景颇族自治州和怒江傈僳族自治州等10个州（市）、61个县（市、区），区域内有48个民族自治县、19个边境县、56个贫困县、45个国家扶贫开发工作重点县，贫困人口400多万，是“少深边”扶贫开发的核心区，也是云南省脱贫攻坚的主战场。《教育部定点联系滇西边境山区工作方案》（教发函〔2012〕108号）和《教育部、云南省人民政府加快滇西边境山区教育改革和发展共同推进计划（2012—2017年）》（教发〔2013〕6号）构建了教育部定点联系滇西工作布局。借教育部定点帮扶滇西边境山区机遇，云南省以智力扶贫提升区域脱贫攻坚及发展内生动力，着力攻坚教育扶贫良好格局。①教育部定点扶贫。一方面，云南省配合编制实施2018—2020年教育部、云南省加快滇西教育改革发展共同推进计划，深化职业教育集团和教育部直属高校定点扶贫、专项扶贫，持续推进滇西地区农村青年创业人才培养计划、滇西中小学英语教师出国研修、经济管理研修班等项目，加快探索滇西人力资源开发扶贫模式；另一方面，2013年以来教育部从部机关、直属单位和直属高校选派的挂职干部几乎覆盖了云南省22个边境县市和所有人口较少民族、"直过民族"聚居县市，他们充分发挥教育优势，重点聚集智力扶持，同时发挥桥梁纽带作用，开展多路径帮扶，在医疗卫生、电子商务、民族医药、水电项目、民间工艺等领域招商引资、引导项目落地，为"少深边"地区脱贫攻坚做出了重大贡献。②沪滇、粤滇教育对口支援。云南省借沪滇、粤滇合作平台，深入推进职业教育东西协作。与上海和广东省东莞市、中山市、珠海市结成结对帮扶的地区，突出以职业教育合作帮扶为重点，统筹好基础教育、高等教育等领域的对口帮扶工作，在资金、项目等方面寻求支持的同时，推动人才培养、教师队伍建设、学校管理等方面的深入合作。③高校"挂包帮""转走访"。云南省还推进高校"挂包帮""转走访"工作，全省44家高校派驻驻村扶贫工作队，充分发挥成员单位教育、科技、医疗、人才、智力、信息等优势，深入推进教育扶贫、科技成果转化扶贫、产业扶贫、健康扶贫等，切实帮助"少深边"贫困地区改善经济、社会、教育、科技发展水平，州、县两级教育行政部门也借助"挂包帮""转走访"高校在科研、人才上的优势，助推当地教育扶贫。教育扶贫各方帮扶力量齐心共谋，合力攻坚，为"少深边"地区实现"教育脱贫一批"目标贡献力量。

（二）社会帮扶增强精准扶贫合力

云南省不断壮大人口较少民族及"直过民族"扶贫开发社会帮扶力量。中央和省级定点扶贫、上海对口帮扶、社会组织和外资扶贫稳步发展。教育部、国土资源部、水利部、国家林业局作为滇西边境片区、乌蒙山片区和滇桂黔石漠化片区联系部委，均不断加大对云南的支持力度。据统计，2015 年底政府机构“挂包帮”省级 300 个、州市级 2087 个、县级 10948 个单位挂包 88 个贫困县和 4277 个贫困村，组织 57 万名干部职工帮扶 159 万户贫困户。国有企业集团对口帮扶与各级政府机关部门挂钩帮扶相结合，构建了点、线、面结合的“大扶贫”格局，形成了“少深边”地区脱贫攻坚的强大合力。云南省探索并走出了一条国有企业整族帮扶人口较少民族和“直过民族”的特色精准扶贫之路。中国三峡集团帮扶怒族、普米族、景颇族，中国华能集团帮扶拉祜族、佤族，中国大唐集团帮扶傈僳族，中烟云南工业公司帮扶保山市布朗族，云南省烟草专卖局帮扶德宏州阿昌族，广东对口帮扶怒江州、昭通市，上海对口帮扶人口较少民族和民族地区等举措，大力推进“整乡推进、整族帮扶、到村到户、整体脱贫”。同时，云南省在少数民族、边境地区以及深度贫困地区，尤其重视“挂包帮”“转走访”政府部门定点挂钩帮扶工作。“领导挂点、部门包村、干部帮户”“遍访贫困村贫困户”，省、州、县、乡各级干部倾情投入开展“挂包帮”“转走访”，形成了“五级书记”抓脱贫攻坚的体制机制。如，陇川县有国有企业对口帮扶，云南省烟草专卖局帮扶德宏州阿昌族、中国三峡集团帮扶景颇族等，同时还有 3 家省直部门、24 家州直部门、74 家县直部门长期派驻工作队开展工作。自脱贫攻坚工作启动以来，省、州、县累计下派驻村工作队员 1200 人次，3613 名干部开展了结对帮扶，形成精准帮扶强大合力，在推动扶贫政策的精确落实上起到了主力军作用。

（三）社会宣传激发脱贫内生动力

打赢打好脱贫攻坚战，关键在“人”，关键在贫困地区干部群众的观念、干劲、能力。云南省“少深边”扶贫抓住“人”这个关键，坚持扶贫开发与扶志扶智相结合，大力开展扶贫社会宣传，建立正向激励机制，引导贫困地区干部群众消除“等、靠、要”思想，引导贫困群众艰苦奋斗、自强自立、勤劳致富，培育贫困群众自我发展意识和能力，提升贫困地区和贫困群众可持续的脱贫发展内生动力。一是社会宣传形式多样而且体现民族特色，通过设计具有本地特色、民族特色的扶贫宣传展板、漫画、标语、宣传牌、宣传标语、文化墙等，在少数民族聚居的贫困县制作民族语脱贫攻坚政策音频发放到贫困村，扶贫政策解读知识动漫视频在地方电视台分期滚动播放，报纸、广播电视、网络、手机等新闻媒体开设脱贫攻坚专题专栏进行宣传报道，电视大屏、广播、大喇叭等传统媒体与手机等新媒体相结合等多种形式，促进了扶贫宣传的全覆盖，为扎实推进脱贫攻坚工作营造了良好的舆论氛围；二是扶贫政策宣传精准化，组织讲解员与贫困村群众进行零距离讲解，尤其是在民族地区采取“民族干部包本民族贫困村组”的方式，调动素质好、能力强、作风实、懂民族语言的优秀少数民族干部，组成少数民族驻村扶贫工作队入驻各民族贫困村，“用民族干部宣讲、用民族语言讲解、用民族文字阐述、用民族节庆展示、用民族文化体现”，深入基层全面宣讲，切实提升群众对脱贫攻坚政策的知晓率和满意度，同时，“挂包帮”各部门、企业分别组建扶贫政策宣讲团，走村入户抓宣传，增加群众满意度、知晓度、认可度，驻村扶贫工作队宣传扶贫政策，传播文明知识；三是扶贫宣传立体化，创新改进宣传方式，通过群众喜闻乐见的形式开展“脱贫攻坚”奔小康、“感党恩”等系列文化活动，编排舞台艺术作品，传播苦干实干、共奔小康的社会正能量，营造了致富光荣、安贫可耻的浓厚氛围。此外，在开展文艺演出的同时，进行脱贫攻坚道德教育宣讲，开展“文明村”“最美家庭”“好婆婆、好儿媳”“十星级文明户”评选活动，在广大贫困村开展脱贫光荣户、扶贫好村官、最美扶贫干部等典型评选，通过赞乡贤、树标杆，大力弘扬各村先进典型，传播苦干实干、共奔小康的社会正能量，营造了致富光荣、安贫可耻的浓厚氛围，营造了浓厚的扶贫宣传氛围，激发了贫困户的内生发展动力。

另外，围绕激发贫困群众内生动力，助力脱贫攻坚工作目标，云南省下发《关于在脱贫攻坚中深入开展“自强、诚信、感恩”主题实践活动的通知》（云办通〔2017〕32号），决定在脱贫攻坚工作中深入开展“自强、诚信、感恩”主题实践活动。一是树立自强信心。针对部分群众“靠着墙根晒太阳，等着别人送小康”，脱贫主动意识不强、脱贫信心不足等情况，要强化思想引领、助力脱贫攻坚，教育引导群众与其怨天尤人、自暴自弃、苦熬坐等，不如自我反省，发愤图强、苦干巧干，整合各类资源，帮助贫困群众寻找出路；要大力宣传脱贫致富典型，树立脱贫致富标杆；要引导困难群众不等不靠、革除陋习、自力更生，增强脱贫内生动力，巩固扩大思想扶贫成果。二是强化诚信意识。依托“农民教育”系列活动，以开展社会主义核心价值观教育活动为载体，重点加强不诚信、不讲孝道、不懂得感恩、不守社会公德人群的法制教育，引导树立正确的婚育观、家庭观、消费观等，坚守主阵地、传播正能量，主动摒弃背信弃义、见利忘义等不良风气，倡导健康文明的生活方式，争做讲文明、讲诚信、讲正气的新型农民渐成风尚。三是激励、感恩、奋进。要把宣传落实扶贫政策放在首位，引导贫困群众在“账”上算清楚、想明白，从内心深切体会发展带来的实惠；帮助党员干部群众厘清脱贫的好措施、好办法，深刻理解党在脱贫路上“不落下一户，不丢下一人”的真切关怀，感恩从中央到地方的倾力扶持，纠正“不以贫为耻，反以贫为荣”的错误思想，激励奋发有为的干劲。云南省“自强、诚信、感恩”活动的开展，从贫困户培养脱贫志气入手，通过开展感恩教育、励志教育、民风教育、培训教育等方式，给群众灌输并更新勤劳致富理念，从骨子里挖掉“病根”，摒弃“等、靠、要”的消极思想，营造了“勤劳致富光荣、自主脱贫可贵”的风尚，大幅激发了贫困群众愿意脱贫的主体意识和内生动力。

二　云南“少深边”扶贫开发的启示

（一）边境地区脱贫攻坚与兴边富民相结合

云南省有25个世居少数民族，其中16个跨境民族、11个人口较少民族和“直过民族”聚居区均分布在边境。针对云南少数民族人口地理位置分布实际，结合少数民族贫困实际，云南省从制度设计上就重视将少数民族脱贫攻坚与兴边富民、稳边固边结合。《云南省加快少数民族和民族地区经济社会发展“十二五”规划》《云南省扶持人口较少民族发展规划（2011—2015年）》《云南省脱贫攻坚规划（2016—2020年）》《云南省全面打赢“直过民族”脱贫攻坚战行动计划（2016—2020年）》《云南省建设我国民族团结进步示范区规划（2016—2020年）》等脱贫攻坚规划，尽管以少数民族脱贫为中心规划设计，但均涉及兴边富民重要内容。同时，《云南省兴边富民工程“十二五”规划》《云南省兴边富民工程“十三五”规划》《云南省深入实施兴边富民工程改善沿边群众生产生活条件三年行动计划（2015—2017年）》《云南省深入实施兴边富民工程改善沿边群众生产生活条件三年行动计划（2018—2020年）》等规划均将边境沿线少数民族脱贫攻坚作为重点任务，例如《西双版纳傣族自治州兴边富民“十三五”规划》就明确指出：“西双版纳州13个边境乡镇贫困人口较为集中、贫困程度深、脱贫难度大。截至2015年，全州有建档立卡贫困村46个，有贫困户10042户，有贫困人口38550人。”将“深入推进精准扶贫”“全面改善边境一线群众基本生产生活条件”列入规划，指出要巩固“三位一体”大扶贫格局，深入推进扶贫开发“63686”行动计划，紧扣脱贫、摘帽、增收三大目标，科学划分贫困类型，精准扶贫对象、精准项目安排、精准资金使用、精准措施到户、精准因村派人、精准脱贫成效，实施整乡整村推进、安居工程、村组道路硬化、一村一品特色产业培育、劳动力转移就业培训、科技成果推广转化等“六个到村到户”项目，确保到2020年实现贫困县脱贫摘帽、贫困乡贫困村脱贫出列、贫困户如期脱贫，而且将“人口较少民族整族帮扶”作为实施推进精准扶贫的“八大”工程列入规划。

边境少数民族脱贫攻坚与兴边富民紧密衔接，不仅改善了沿边群众生活条件，提高了人民群众生活水平，而且凝聚了人心，加强了民族团结和国家认同，打牢了边境稳边、固边的基础。尤其是自2015年云南人口较少民族及“直过民族”精准扶贫战略与两轮兴边富民“三年行动”计划实施以来，云南沿边群众生产生活条件得到显著改善，通乡公路全部硬化、抵边自然村村村有硬化道路，电网、互联网、广播电视、移动电话网络全覆盖，实施农村安居房、饮用水安全工程，有合格的村级活动室，有卫生室和村医，有宜居的生活环境，有高产稳产农田，有经济作物，有商品畜，有劳动技能，不仅受到了云南境内沿边群众的高度赞扬，而且在沿边一线境外一方产生了良好反响。例如2016年，缅北地区爆发激烈战事，缅方民地武与缅政府均在邻近芒市芒海镇的勐古地区发生大规模军事冲突，有9479名缅甸便民涌入芒海镇。芒海镇政府采取有力措施，在边境一线的村委会、村民小组进行边界识别，对避战边民采取集中安置和投亲靠友两种安置方式。我国的安定团结、保障有力与境外的战乱贫穷、社会混乱形成强烈的对比，我国政府脱贫攻坚、兴边富民、强边睦邻政策已深入两国边民心中。又如中缅边境勐海县，积极发挥基层党建在扶贫开发与禁毒工作中的带动作用，开展扶贫开发、禁毒工作与基层党建“三推进”实践活动，坚持以党建工作为引领，一手抓扶贫，一手抓禁毒，引领扶贫攻坚和边境禁毒工作深入开展，为县域“贫困县摘帽”和“毒品走私入境通道通报警示地区摘帽”闯出一条跨越式发展路子。

（二）民族地区扶贫开发与生态保护相结合

云南地处长江、珠江、澜沧江等六大江河的源头或上游，少数民族多居住在山区及沿江沿河地带，生态环境复杂、脆弱敏感，同时居住地区又多具有生物多样性特征，维系大江大河下游的生态安全，承担巨大的生态功能。例如地处东亚、南亚和青藏高原三大地理区域交汇处的“三江并流”区域是世界自然遗产保护区，是我国生物多样性的中心和世界温带生物多样性最丰富的区域。同时，这一区域又多属我国深度贫困“三区三州”中迪庆藏区、怒江州的主要范围，扶贫开发和生态环境保护压力巨大。

针对云南少数民族分布实际，云南“少深边”地区脱贫攻坚将扶贫开发与生态环境保护结合，统筹协调，解决脱贫攻坚与生态保护、区域经济社会发展与社会可持续发展之间的问题。云南境内民族地区、边境地区扶贫开发，结合生态功能区划，注重处理生态保护与扶贫开发的关系，大力实施贫困地区生态保护修复工程，建立生态保护补偿机制，发展绿色经济，使贫困人口通过参与生态保护实现就业脱贫。在扶贫开发实践中，注重强化森林资源保护，通过整合各类林地管护项目，实施林业改革、退耕还林、生态林产业、生态补偿、完善基础设施等项目，实现生态保护与绿色脱贫统筹推进。如在中缅边境陇川县，生态资源开发利用已成为群众增收的一大途径。2014 年至 2017 年，完成完善退耕还林政策补助资金兑付 2523. 13 万元，惠及农户 4352 户；兑付生态补偿资金 2125. 2 万元，惠及农户 24719 户；投入 1594. 75 万元，实施木本油基地建设等林产业项目 13 个。同时，加快发展林下经济，制定出台《关于加快林下经济发展的意见》，积极扶持发展林业循环经济，草果、重楼等林下特色产业促进了贫困群众增收致富。此外，在公益林、天然林、国有林等重点林区设立护林员岗位，为贫困群众增收提供了有力支持。如在陇川县选聘 534 名建档立卡贫困人口担任各级护林员，每人每年给予 0. 6 万元至 1 万元不等的补助，为林区贫困群众增收提供了有力支持。总之，云南省脱贫攻坚将生态保护与产业发展、转移就业、易地安居、教育扶贫、健康扶贫、兜底保障、社会扶贫和提升贫困地区区域发展能力结合，以"绿水青山就是金山银山"为理念，把生态环境保护摆在更加重要的位置，使贫困人口从生态保护中得到更多实惠，提升了经济发展整体质量和水平，促进了扶贫开发与资源环境可持续协调发展。

（三） 扶贫开发与民族文化保护传承相结合

云南省扶贫开发始终重视将少数民族和民族地区脱贫致富、社会发展与少数民族优秀传统文化保护、传承和发展结合。在民族地方扶贫开发、兴边富民，打赢脱贫攻坚战的同时，云南省下大功夫做好民族文化繁荣与创新工作，具体来说，一是在制度建设上，如《云南省建设我国民族团结进步示范区规划（2016—2020 年）》明确将民族文化繁荣工程同民生持续改善工程、发展动力增强工程一同列入规划，特别提出在打赢民族地区脱贫攻坚战，同步进入小康社会的同时，要重视传承保护和创新开发少数民族文化。《云南省少数民族特色村镇保护与发展规划（2016—2020 年）》坚持“保护改造特色民居、发展特色产业、改善人居环境、传承特色文化、促进团结进步”的建设方向，研究提出少数民族特色村镇规范化、标准化管理的评价标准和考量指标，使少数民族特色村镇进一步提档升级。同时，认真总结特色村镇建设经验，向国家民委申报，命名挂牌中国少数民族特色村寨。2018 年，云南省已有 154 个少数民族特色村寨被国家民委命名为“中国少数民族特色村寨”，此外，积极与旅游、住建、文化、财政等部门的联合协作共同推进，在国家民委命名的基础上，继续命名挂牌一批省级民族特色村寨。二是开展民族古籍整理和翻译出版工作，拍摄制作25 个世居少数民族影像志，建成云南少数民族文化资源数据库和云南少数民族语言文字资源数据库；加强各级少数民族传统文化生态保护区、民族民间文化艺术之乡和非物质文化遗产保护利用设施建设；实施与科技、旅游、金融等融合互动发展的民族文化创意产业项目，促进民族文化的传承发展、创新利用。三是大力培养乡土民族文化能人、民族民间文化传承人，完善非物质文化遗产传承人，建设民族文化传习馆和民族民间人才工作室，打造知名的民族文化精品、民族民间文化传承创新带头人等，保护、传承和开发优秀民族文化，提升民族地区文化软实力，推进民族文化创造性转化和创新性发展。四是通过开展优秀民族传统文化进校园活动，如在中小学开展民族文化传承和传播活动，在职业院校和高等院校依托学科及专业优势创新民族文化传承人才培养，加强民族文化师资队伍建设和技能人才培养，完善民族文化特色专业和课程建设等形式实现民族文化校园传承。五是通过支持少数民族新闻出版、云南广播电视台民族语频道建设，并开办少数民族语言广播电视节目、网站，建设云南省少数民族语言节目译制中心和少数民族文字出版基地等形式增强民族文化传播能力。民族地区扶贫开发，通过基础设施建设、产业扶贫、教育扶贫、生态扶贫、易地搬迁、社会扶贫等强有力举措，尤其是精准扶贫战略的实施，使得少数民族地区实现了社会经济的跨越式发展。少数民族，尤其是“直过民族”社会经济跨越式发展的背后所连带的便是民族传统文化面临的巨大变迁，少数民族优秀传统文化的传承保护成为扶贫开发不得不面对的一个问题。当前，云南省扶贫开发与民族文化传承与保护相结合的现实实践可以为我国其他一些地区，尤其是多元文化富集的少数民族地区的扶贫开发提供一些思路和启示。

（本章由张翠霞执笔）

参考文献

著作

《摆脱贫困》，福建人民出版社，2014。

《习近平谈治国理政》第1卷，外文出版社，2014。

《习近平谈治国理政》第2卷，外文出版社，2017。

《习近平扶贫论述摘编》，中央文献出版社，2018。

《十八大以来重要文献选编（中）》，中央文献出版社，2016。

《十八大以来重要文献选编（下）》，中央文献出版社，2018。

汪三贵等：《城乡一体化中反贫困问题研究》，中国农业出版社，2016。

《中国精准脱贫攻坚十讲》，人民出版社，2016。

李培林等主编《中国扶贫开发报告（2016）》，社会科学文献出版社，2016。

李培林等主编《中国扶贫开发报告（2017）》，社会科学文献出版社，2017。

康晓光：《中国贫困与反贫困理论》，广西人民出版社，1995。

关信平：《中国城市贫困问题研究》，湖南人民出版社，1999。

丁建定：《社会福利思想》，华中科技大学出版社，2005。

童星：《社会转型与社会保障》，中国劳动社会保障出版社，2007。

吕学静：《社会保障国际比较》，首都经济贸易大学出版社，2007。

李炳炎：《共同富裕经济学》，经济科学出版社，2006。

徐春：《人的发展论》，中国人民公安大学出版社，2007。

王卓：《中国贫困人口研究》，四川科学技术出版社，2004。

李超民：《埃及社会保障制度》，上海人民出版社，2011。

张磊：《中国扶贫开发政策演变（1949—2005年）》，中国财政经济出版社，2007。

吴碧英等：《城镇贫困成因、现状与救助》，中国劳动社会保障出版社，2004。

丁文锋：《经济现代化模式研究》，经济科学出版社，2005。

司树杰等：《中国教育扶贫报告（2016）》，社会科学文献出版社，2016。

黄承伟：《中国反贫困：理论 方法 战略》，中国财政经济出版社，2002。

张新伟：《市场化与反贫困路径选择》，中国社会科学出版社，2001。

王文静等：《中国教育扶贫报告（2017）》，社会科学文献出版社，2018。

朱玲等：《以工代赈与缓解贫困》，上海人民出版社，1994。

孟春：《中国财政扶贫研究》，经济科学出版社，2000。

中国改革发展研究院《反贫困研究》课题组：《中国反贫困治理结构》，中国经济出版社，1998。

陈纯瑾：《教育精准扶贫与代际流动》，华东师范大学出版社，2017。

国家统计局农调队：《中国农村贫困监测报告》，中国统计出版社，2000。

张岩松：《发展与中国农村反贫困》，中国财政经济出版社，2004。

王雨林：《中国农村贫困与反贫困问题研究》，浙江大学出版社，2008。

曾天山：《教育扶贫的力量》，教育科学出版社，2018。

向德平、程玲著，黄承德、王铁志编《连片开发模式与少数民族社区发展》，民族出版社，2013。

左常升：《中国扶贫开发政策演变》，社会科学文献出版社，2016。

国家民委政策研究室：《国家民委民族政策文件选编（1979—1984）》，中央民族学院出版社，1988。

张磊、黄承伟等编《贫困监测预评估区域研讨会论文集》，中国农业出版社，2009。

丁忠兰：《云南民族地区扶贫模式研究》，中国农业科学技术出版社，2012。

杨临宏等：《扶贫学论纲》，中国社会科学出版社，2019。

《高校定点扶贫典型案例集（2012—2015年）》，云南人民出版社，2017。

杨临宏：《滇西发展研究》第1辑，云南大学出版社，2014。

杨临宏：《滇西发展研究》第2辑，云南大学出版社，2015。

杨临宏：《滇西发展研究》第3辑，云南大学出版社，2016。

杨临宏：《扶贫问题研究2016》，云南大学出版社，2017。

杨临宏：《扶贫扶贫问题研究2017》，云南大学出版社，2018。

杨临宏：《滇西发展研究2017》，云南大学出版社，2018。

胡兴东等：《中国扶贫模式研究》，人民出版社，2018。

〔英〕亚当·斯密：《国富论》，商务印书馆，2007。

〔美〕西奥多·舒尔茨：《穷人经济学——诺贝尔经济学奖获奖者演说文集》，罗汉译，上海人民出版社，1998。

〔英〕马尔萨斯：《人口原理》，朱泱等译，商务印书馆，1992。

〔英〕庇古：《福利经济学》，金摘译，华夏出版社，2007。

〔德〕普里威·赫尔：《发展与减贫经济学——超越华盛顿共识的战略》，刘攀译，西南财经大学出版社，2006。

〔印〕阿马蒂亚·森：《以自由看待发展》，任于真译，中国人民大学出版社，2002。

〔印〕阿马蒂亚·森：《贫困与饥荒——论权利与剥夺》，商务印书馆，2004。

期刊

宿盟：《农村资产收益扶贫实践探讨——以光伏产业扶贫为例》，《中国高新技术企业》2016年第11期。

汪翠荣：《以财政扶贫资金建立资产收益型产业——河北省威县资产收益型扶贫模式为例》，《财税论坛》2016年第4期。

余佶：《资产收益扶持制度：精准扶贫新探索经济》，《红旗文稿》2016年第2期。

向雪琪等：《改革开放以来我国教育扶贫的发展趋向》，《中南民族大学学报》（人文社会科学版）2015年第5期。

吴霓、王学男：《党的十八大以来教育扶贫政策的发展特征》，《教育研究》2017年第9期。

李兴洲、邢贞良：《攻坚阶段我国教育扶贫的理论与实践创新》，《教育与经济》2018年第2期。

李丹、张一波等：《上海社会组织参与对口扶贫的建议》，《党政论坛》2019年1月号。

王嘉毅、封清云、张金：《教育与精准扶贫精准脱贫》，《教育研究》2016年第7期。

张云英：《消除知识贫困：解决农村贫困的根本途径》，《湖南社会科学》2004年第3期。

范永明：《中国民族地区扶贫开发面临的问题及解决对策》，《经济研究导刊》2010年第24期。

苏海、向德平：《社会扶贫的行动特点与路径创新》，《中南民族大学学报》2015年第3期。

向德平、刘风：《价值理性与工具理性的统一：社会扶贫主体参与贫困治理的策略》，《江苏社会科学》2018年第2期。

林万龙等：《全面深化改革背景下中国特色社会扶贫政策的创新》，

《经济纵横》2016 年第 6 期。

李周：《社会扶贫的经验、问题与进路》，《求索》2016 年第 11 期。

论文

朱霞梅：《反贫困的理论与实践研究》，复旦大学博士学位论文，2010。

文秋良：《新时期中国农村反贫困问题研究》，华中农业大学博士学位论文，2006。

曹洪民：《中国农村开发式扶贫模式研究》，中国农业大学博士学位论文，2003。

龚晓宽：《中国农村扶贫模式创新研究》，四川大学博士学位论文，2006。

许源源：《中国农村扶贫瞄准问题研究》，中山大学博士学位论文，2006。

后　记

后记者，乃写于完书或成文后之文字也，对书或文的写作分工、经过、价值做些说明。于本书而言，我本不打算写这些文字，因为作为一个研究机构，出版一些研究成果实属平常之事，不值一提，但在特定的时期，还是有写的必要。按照近期学校的机构改革方案，云南大学滇西发展研究中心将被合并到其他部门，承担本书撰写工作的诸位同人也将各就新职，而我也将不再负责打理中心的工作，重回已经离开了十余年的讲台。虽然自己所领导的部门被“收编”，于内心而言多少有点感伤，但于教书人而言，能够回归讲台，从事自己所热爱的工作，算是“改邪归正”，算是件幸事。记或不记，无太大的意义。但出人意料的是学校的机构改革和干部人事调整方案因程序规范严谨未能如期在 2020 年春节前完成，又因新冠肺炎疫情的影响新学期未能如期开始，机构调整之事还要一些时日，我还需要继续看守，在此背景下写点文字还算有点意思。

促使我写下这些文字的事由还有如下数端。一是敬告读者，本书写作时限截至 2019 年。2019 年 3 月 6 日习近平总书记在决战决胜脱贫攻坚座谈会上发表的重要讲话精神，云南省将与全国一道如期完成脱贫攻坚任务、所有的贫困县都将全部摘帽的成绩未能完全在本书中体现和展示。二是本书是云南大学滇西发展研究中心全体同人共同努力的成果。写作分工是：第一章 杨临宏；第二章 陈忠言；第三章 蒋莹；第四章 琚婷婷；第五

章 董云云；第六章 胡仕林；第七章 胡兴东；第八章 张翠霞。三是囿于作者水平所限，能力不足，书中错讹浅陋之处定然有之，敬请大方之家斧正！

是以记之，于人于己都算是交代！

杨临宏

2020 年 3 月 10 日于云南大学东陆园

图书在版编目（CIP）数据

精准扶贫在云南 / 杨临宏等著. --北京 ：社会科学文献出版社，2020.11
（新时代云南民族地区发展研究丛书）
ISBN 978 -7 -5201 -7644 -6

Ⅰ. ①精… Ⅱ. ①杨… Ⅲ. ①扶贫 - 研究 - 云南
Ⅳ. ①F127.74

中国版本图书馆 CIP 数据核字（2020）第 232925 号

· 新时代云南民族地区发展研究丛书 ·
精准扶贫在云南

著　　者 / 杨临宏 等

出 版 人 / 王利民
组稿编辑 / 宋月华
责任编辑 / 罗卫平
文稿编辑 / 程彩彩

出　　版 / 社会科学文献出版社 · 人文分社（010）59367215
地址：北京市北三环中路甲 29 号院华龙大厦　邮编：100029
网址：www.ssap.com.cn
发　　行 / 市场营销中心（010）59367081　59367083
印　　装 / 三河市东方印刷有限公司

规　　格 / 开 本：787mm × 1092mm　1/16
印 张：19　字 数：279 千字
版　　次 / 2020 年 11 月第 1 版　2020 年 11 月第 1 次印刷
书　　号 / ISBN 978 -7 -5201 -7644 -6
定　　价 / 158.00 元

本书如有印装质量问题，请与读者服务中心（010 - 59367028）联系